编写说明

　　马克思主义理论专业的学生要学会读经典，善于读经典，不仅要通过读经典掌握马克思主义的立场、观点、方法，而且要通过研读把握经典的精神实质和内在理路，从而不断提高自身的思维能力和马克思主义理论素养，最终把读马克思主义经典、悟马克思主义原理当作一种不可或缺的理论基础、一种生活习惯、一种精神追求。

　　这本《马克思恩格斯经典著作导读》是供马克思主义理论专业的本科生研读马克思恩格斯经典著作参考用的。马克思恩格斯经典著作卷帙浩繁，一时不知从何下手或得其要，直接阅读马克思恩格斯著作不失为一种行之有效的方法，但如果觉得直接阅读原文有一定困难，需要借助一些参考资料，那本书能够有所帮助。

　　限于篇幅，本导读的选录侧重于马克思主义经典中具有代表性、奠基性的文献，选取包括《共产党宣言》《哥达纲领批判》等在内的12篇文献，分10个专讲进行介绍，其中，《论犹太人问题》《〈黑格尔法哲学批判〉导言》与《〈政治经济学批判〉序言》《〈政治经济学批判〉导言》因具有共同的理论背景，各自作为一个专讲。导读编写采用"写作背景、内容提示、文献指南"的结构，并附有"原文摘选"，方便反复推敲其中的一些精彩片段。我们希望在有限的篇幅内，能够通过所选的内容，显示马克思恩格斯在哲学、政治经济学和科学社会主义方面的思想创见，从而更好地把握马克思主义基本原理，夯实马克思主义理论基础。

还需要说明的是，对于经典著作的研究，往往会仁者见仁、智者见智，所以，尽管我们在组织编写工作中努力体现客观性和学界的共识，但对每篇文献的导读不一定能够与每一位读者的要求或观点完全一致。因此，就编选或著作导读来说，一定存在着不少缺点，我们诚挚地希望专家和广大读者多提意见，以便改善。

编写组

目　　录

《论犹太人问题》与《〈黑格尔法哲学批判〉导言》导读

  《论犹太人问题》与《〈黑格尔法哲学批判〉导言》（以下简称《导言》）是马克思 1844 年 2 月发表在《德法年鉴》上的两篇重要文章。《德法年鉴》是马克思 1843 年 3 月 31 日与青年黑格尔左派政论家卢格共司在巴黎创办的刊物，由于种种原因，该刊物只出版了 1 期。除上述马克思的文章外，《德法年鉴》还同时发表了后来被马克思誉为"批判经济学范畴的天才大纲"①的《国民经济学批判大纲》、1843 年的 8 封通信（马克思致卢格的 3 封、卢格致马克思的 2 封、卢格致巴枯宁的 1 封、巴枯宁致卢格的 1 封、费尔巴哈致卢格的 1 封）、恩格斯的《英国状况——评托马斯·卡莱尔的〈过去和现在〉》、海涅和海尔维格的诗歌、赫斯的信件和贝尔奈斯的文章以及其他资料等，在当时产生了重大影响，《德法年鉴》曾被恩格斯称为"第一个社会主义的刊物"②。这一时期，为了解答"物质利益难题"的困惑，马克思在克罗茨纳赫进行了广泛深入的社会历史研究，并受到了费尔巴哈人本学唯物主义的影响。他先在《黑格尔法哲学批判》中对黑格尔法哲学和

---

  ① 《马克思恩格斯文集》第 2 卷，人民出版社 2009 年版，第 592 页。
  ② 《马克思恩格斯全集》第 2 卷，人民出版社 1957 年版，第 588 页。

国家哲学展开了批判分析，后在《论犹太人问题》和《导言》中，围绕犹太人问题与其昔日的导师布鲁诺·鲍威尔展开论战，详细讨论了宗教解放、政治解放和人的解放的关系，并提出了借助无产阶级的社会解放来实现人的解放的观点。借此，按照列宁的说法，马克思与恩格斯一起实现了从唯心主义向唯物主义、从革命民主主义向共产主义转变的"彻底完成"①。"两个转变"的"彻底完成"意味着马克思和恩格斯正式离弃了资产阶级的自由主义传统，走上了以历史唯物主义为基本理论成果的马克思主义传统的创建历程。

一　写作背景

马克思曾在 1859 年的《〈政治经济学批判〉序言》中回顾其在 1842—1843 年作为《莱茵报》的编辑，"第一次遇到要对所谓物质利益发表意见的难事"②，而"为了解决使我苦恼的疑问，我写的第一部著作是对黑格尔法哲学的批判性的分析，这部著作的导言曾发表在 1844 年巴黎出版的《德法年鉴》上"③。可见，理解"物质利益难题"是理解马克思《德法年鉴》时期思想的重要背景。

时任《莱茵报》主编的马克思受到启蒙思想的影响，依然是个理性主义、自由主义和革命民主主义者，力求建立代表普遍理性的法和国家。但是通过与社会生活的不断接触，特别是在关于林木盗窃法案的论争过程中，马克思发现，尽管物质利益作为"粗陋的唯物主义"是不能立法的，但实际上却支配了法和国家，将法和国家变成了实现私人利益的工具。这令马克思极为苦恼，并由此对以黑格尔思辨哲学

---

① 《列宁专题文集·论马克思主义》，人民出版社 2009 年版，第 39 页。
② 《马克思恩格斯文集》第 2 卷，人民出版社 2009 年版，第 588 页。
③ 《马克思恩格斯文集》第 2 卷，人民出版社 2009 年版，第 591 页。

为代表的理性主义哲学产生了怀疑，但由于当时缺乏必要的理论知识储备，马克思无法对上述苦恼给予合理解释，从而陷入了"苦恼的疑问"。1843年3月，由于其激进的革命民主主义倾向，《莱茵报》遭到了普鲁士反动当局的查封，这也进一步促使马克思认识到试图从"普遍理性"出发去拯救德国社会是不可行的。

在创办《莱茵报》时期，马克思也与曾经的同伴青年黑格尔派的大部分成员发生了较严重的思想分歧。马克思曾在1837年参与由黑格尔激进分子在柏林组织的"博士俱乐部"活动，与"自由人"小组的核心人物布鲁诺·鲍威尔有过密切交往，还受到鲍威尔的影响撰写了自己的博士论文，清楚地表达了自己的自由主义思想。但到了《莱茵报》时期，大部分的青年黑格尔派都堕落成了"自由人团体"，其理论也沦为了庸俗的主观唯心主义，陷入了理论空谈和"醉心于抽象的哲学争论"。对此，马克思感到厌恶并给予了积极批判，强调哲学对宗教的批判应更多地联系对现实的政治状况的批判，即哲学应与现实结合起来。马克思也由此与青年黑格尔派渐行渐远并最终决裂。

1843年，费尔巴哈先后出版了《基督教的本质》《关于哲学改造的临时纲要》《未来哲学原理》等著作。在这些著作中，费尔巴哈对黑格尔"绝对观念"统治下的唯心主义体系给予了猛烈批判并高举唯物主义和无神论的大旗。费尔巴哈主要做的是宗教批判的工作，他批判宗教是一种颠倒的世界观，其本身没有任何属神的内容，上帝的本质就是人的本质的异化。他还将这种主客颠倒的方法运用于批判黑格尔哲学，认为黑格尔哲学就是"思辨神学"，也和宗教一样，颠倒了现实主体和观念主体的关系。费尔巴哈强调不应从观念、思维出发来理解现实的人，而应从当下的、直接感性的存在出发，即从具体的人和具体的自然界出发来理解观念。这样，费尔巴哈就以其特有的方式揭示和批判了黑格尔哲学的唯心主义。费尔巴哈的无神论和唯物主义思想使刚刚遭遇"物质利益难题"的马克思产生了极大的思想震动，以致于恩格斯后来称《基督教的本质》的出版，让"大家都很兴奋：我们一时都成为费尔巴哈派了"①。

为了解答"苦恼的疑问"，马克思"从社会退回书房"，先是在克罗茨纳赫时期围绕"历史—政治"主题进行了大量的阅读和摘录；后受到费尔巴哈的影响开始着手对黑格尔法哲学展开批判性分析，并于1843年5月写下了《黑格尔法哲学批判》手稿。马克思运用费尔巴哈的主客颠倒的方式，批判了黑格尔法哲学的逻辑神秘主义，提出了"法的关系正像国家的形式一样，既不能从它们本身来理解，也不能从所谓人类精神的一般发展来理解，相反，它们根源于物质的生活关系，这种物质的生活关系的总和，黑格尔按照18世纪的英国人和法国人的先例，概括为'市民社会'，而对市民社会的解剖应该到政治经济学中去寻求"②。借此，马克思将被黑格尔颠倒了的市民社会和国家的关系再次颠倒过来，也由此马克思从唯心主义转向了唯物主义，并离弃了以黑格尔法哲学和国家哲学为最后完成形式的资产阶级的自由主义政治哲学。

马克思于《德法年鉴》上发表的《论犹太人问题》讨论的是当时备受瞩目的犹太人如何获得解放的问题。这一问题也被视为那时的"当代的普遍问题"。随着启蒙运动的推进，长期受到压制和遭受不平等待遇的犹太人群体也希望获得与其他人一样的普遍人权，而关于犹太人如何实现自身的解放则引起了广泛争论，涌现出了一大批在思想史上有重要影响的思想家，比如门德尔松、莱辛等。在19世纪40年代的德国，由于弗里德里希·威尔海姆四世继承王位，推行新的改革，当时的思想家对其改革寄予了厚望。但作为普鲁士复辟时代的产儿，

① 《马克思恩格斯文集》第4卷，人民出版社2009年版，第275页。
② 《马克思恩格斯文集》第2卷，人民出版社2009年版，第591页。

新国王热衷于"中世纪的残余",维护长子继承制、保护世袭制、压制个体工商户,并没有真正为人们带来宽松的宗教政策,反而于 1841 年年底颁布了《内阁敕令》进一步限制了人们的宗教自由,提议设立犹太人同业公会,将犹太人与基督徒分割开来。这一复辟政策很快就激起了社会关于"犹太人问题"的讨论。当时的科隆、汉堡、格尼斯堡、莱比锡等报纸刊物纷纷对这项法令所主张的内容进行探讨,并对其具有退回中世纪的倾向表示抗议与愤怒。在多方势力的争取下,法令最终未能施行,但是它却引发了一场关于犹太人在基督教国家地位的大讨论。马克思与布鲁诺·鲍威尔也正是在这样的社会背景下对相关问题展开了论争。

在《论犹太人问题》中,马克思对布鲁诺·鲍威尔的观点展开了激烈批判,讨论了宗教解放、政治解放与人的解放的关系,并初步展开了对市民社会的社会批判和历史批判,提出应将政治解放上升为人类解放的思想,也借此正式宣布了与自己昔日导师的决裂。在《导言》中,马克思则进一步提出人类解放须通过无产阶级的社会解放的形式体现出来,而无产阶级作为"物质力量"还须与作为"精神力量"的革命理论相互作用,"哲学不消灭无产阶级,就不能成为现实;无产阶级不把哲学变成现实,就不可能消灭自身"①,借此,马克思真正转向了共产主义并提示了此后理论工作的基本方向。

二　内容提示

《论犹太人问题》全文共 21000 余字,由《布鲁诺·鲍威尔:〈犹太人问题〉》和《布鲁诺·鲍威尔:〈现代犹太人和基督徒获得自由的

---

① 《马克思恩格斯文集》第 1 卷,人民出版社 2009 年版,第 18 页。

能力〉》两部分组成，分别回应鲍威尔在 1843 年发表的《犹太人问题》和《现代犹太人和基督徒获得自由的能力》两篇文章。在此文中，马克思反对鲍威尔将犹太人问题视为宗教问题，并批判他试图借助政治解放来实现犹太人最终解放的观点，而认为，犹太人问题本质上是世俗问题，政治解放不是人的解放的最后形式，政治解放还须上升为人的解放，后者须通过扬弃市民社会才有可能，借此，马克思也提示了之后《导言》的理论问题。《〈黑格尔法哲学批判〉导言》是马克思为自己在 1843 年 3—9 月撰写的《黑格尔法哲学批判》所作的一篇导言，文章虽以"导言"形式呈现，但是在内容上是完整且独立成篇的。《导言》全文共 49 段，论证了三个方面的内容：一是提出问题（第 1—7段），确立全文的基本原则和历史任务；二是分析问题（第 8—26 段），论述了德国革命的意义，对历史法学派、实践派、理论派进行了批判；三是解决问题（第 27—49 段），指出了德国革命的道路和革命方法，认为德国实现解放的真正可能在于通过无产阶级的社会解放斗争。

《论犹太人问题》和《导言》的写作时间都是 1843 年 10—12 月，至于二者之间孰先孰后曾引起学界争议。在《德法年鉴》的排版上，《论犹太人问题》在发表时排于《导言》之后，但是并不能因此就断定前者的完成时间要晚于后者，因为文章编排的顺序并非直接等同于文章成文的时间顺序，从两篇文章的思想内容和主题逻辑来看，《论犹太人问题》的写作时间早于《导言》更为合理。① 鉴于两篇文章内容的连贯性以及写作时间相近，因而须将它们结合起来理解。

（一）《论犹太人问题》：从政治解放上升为人的解放

在《犹太人问题》中，围绕犹太人的解放如何成为可能的问题，

---

① 详细可参见林进平《马克思〈论犹太人问题〉研究读本》，中央编译出版社 2016 年版，第 59—61 页。

马克思与昔日的老师布鲁诺·鲍威尔展开了争论。在此，马克思详细讨论了宗教解放、政治解放与人的解放的关系，实现了对资产阶级现代解放和现代市民社会的双重批判，提出了犹太人的解放应从政治解放上升为人的解放，也即现代人应从受犹太人的世俗精神统治的现代社会中解放出来的基本观点。这一基本观点的提出表明马克思实现了对近代西方启蒙的自由主义政治哲学的批判和区分，转向了社会主义和共产主义传统。

1. 宗教解放、政治解放与人的解放

在《论犹太人问题》中，马克思和鲍威尔关于犹太人解放问题的争论主要是围绕宗教解放、政治解放和人类解放及其相互关系来展开的。在马克思看来，鲍威尔把世俗问题归结为宗教问题，认为社会压迫的根源在于宗教，而在德国为争取平等的政治权利而斗争的信教的犹太人，也即犹太教的信徒要获得政治上的解放，在逻辑上就要求他们首先放弃犹太教信仰并成为无神论者。因为鲍威尔认为犹太人如果不放弃自己的宗教，就无权要求政治解放。对鲍威尔来说，犹太人的解放问题就是"犹太人放弃宗教"，一般人也放弃宗教，"以便作为公民得到解放"，同时他还坚持认为"宗教在政治上的废除就是宗教的完全废除。以宗教为前提的国家，还不是真正的、现实的国家"①。马克思批判鲍威尔的这种观点是将犹太人的解放问题等同于宗教在政治上得以废除的政治解放问题，这显示了鲍威尔对犹太人问题的片面理解。马克思认为，"只有对政治解放本身的批判，才是对犹太人问题的最终批判，也才能使这个问题真正变成'当代的普遍问题'"②。

马克思认为，宗教不是世俗狭隘性的原因而是它的表现，是人们

---

① 《马克思恩格斯文集》第 1 卷，人民出版社 2009 年版，第 25 页。
② 《马克思恩格斯文集》第 1 卷，人民出版社 2009 年版，第 25 页。

的政治异化决定了人们的宗教异化，因而要把对宗教的批判变成对政治、国家和法的批判。政治解放和宗教解放不是一回事，政治解放不必然要求以宗教解放为前提，它也达不到消灭宗教的结果，因而不能简单地把犹太人的问题归结为神学问题，犹太人问题有时固然表现为神学问题，但实际上却是个世俗问题。宗教的存在是一个缺陷的存在，这个缺陷的根源只能到国家自身的本质中去寻找。由此，马克思对政治解放的意义和局限展开了分析。政治解放的积极意义表现为政治解放意味着政治国家的完成，是对宗教国家的超越。政治国家废除了出身、等级、文化程度、职业的差别，它还保障了个体的类生活。在完成了政治解放的国家，"按其本质来说，是人的同自己的物质生活相对立的类生活"[1]。在国家的政治生活中，人是作为类存在物与他人一同行动的，尽管人只能"以有限的方式，以特殊的形式，在特殊的领域内"度过自己的类生活，但这相较于基督教国家中人的"类本质"遭受压抑而言无疑是一种进步。此外，政治解放还实现了个体政治权利形式上的自由与平等。"政治解放当然是一大进步；尽管它不是普遍的人的解放的最后形式，但在迄今为止的世界制度内，它是人的解放的最后形式。不言而喻，我们这里指的是现实的、实际的解放。"[2]

但是，政治解放还"不是彻头彻尾、没有矛盾的人的解放方式"[3]，其局限性体现在它导致了人的生活的二重化，并未能真正消灭宗教而是把宗教变成了私人生活的事情，其实现的所谓人权也只是私有财产的权利，并没有真正实现人的实质上的自由平等，人在政治国家中所过的类生活还不是人的真正的类生活。政治国家并没有消除市民社会的特殊性要素，反而维持了这些特殊性要素并受其支配，政治

---

① 《马克思恩格斯文集》第 1 卷，人民出版社 2009 年版，第 30 页。
② 《马克思恩格斯文集》第 1 卷，人民出版社 2009 年版，第 32 页。
③ 《马克思恩格斯文集》第 1 卷，人民出版社 2009 年版，第 28 页。

解放最后只是确立了原子式的利己主义个人，"这种人，市民社会的成员，是政治国家的基础、前提"①。政治国家体现的类生活不过是满足个人利益的手段。因此，马克思认为，宗教批判应当上升为对政治解放、对国家本身的批判，不应当把"世俗问题化为神学问题"，而应"把神学问题化为世俗问题"，不应"用迷信来说明历史"，而应"用历史来说明迷信"，"政治解放对宗教的关系问题已经成了政治解放对人的解放的关系问题"。②这在《导言》中进一步表述为，"反宗教的批判的根据是：人创造了宗教，而不是宗教创造人。就是说，宗教是还没有获得自身或已经再度丧失自身的人的自我意识和自我感觉。但是，人不是抽象的蛰居于世界之外的存在物。人就是人的世界，就是国家，社会。这个国家、这个社会产生了宗教，一种颠倒的世界意识，因为它们就是颠倒的世界"③。

2. 对人权和公民权问题的剖析

在揭示现代政治解放的限度时，马克思尤其关注对人权和公民权问题的剖析。马克思考察了自法国大革命以来人权的提法与现代国家公民权之间的关系，提出政治解放所追求的人权是市民社会成员的自然权利，体现了作为利己主义的个人与共同体之间的分离。在马克思看来，作为政治权利的人权象征着普遍权利或公法，市民社会成员的权利则象征着私权或私法，市民社会中的人权尽管有现代国家公民权的理论外壳，却无真正的人权的实质内涵，因为它本质上是一种启蒙哲人所谓的"自然状态"中的人的权利，不过是在形式上肯定了人所具有的权利，实质上肯定的却是私有财产的权利。因此，所谓"自由"，指的是任何人具有行使不伤害他人的权利，这一权利建立在人与

---

① 《马克思恩格斯文集》第 1 卷，人民出版社 2009 年版，第 45 页。
② 《马克思恩格斯文集》第 1 卷，人民出版社 2009 年版，第 27 页。
③ 《马克思恩格斯文集》第 1 卷，人民出版社 2009 年版，第 3 页。

人的分离和差异而非结合的基础上；所谓"私有财产权"，指的是公民具有任意处决自己财产的权利，它作为自由的实际运用，则意味着唯有当个体拥有私有财产，自由的落实才有现实可能，因此，自由与私有财产构成了市民社会的存在基础；所谓"平等"，指的是基于自由权和私有财产权基础上的平等；所谓"安全"，则指的是整个政治社会的存在是为了维护市民社会中的每个成员的上述诸种权利不受侵犯。[①]

在马克思看来，"任何一种所谓的人权都没有超出利己的人，没有超出作为市民社会成员的人，即没有超出封闭于自身、封闭于自己的私人利益和自己的私人任意行为、脱离共同体的个体"[②]。在实现了政治解放的情况下，个人与共同体只获得了形式上的统一，政治共同体不过是一种为了保护市民社会的人的基本权利的手段，"最后，不是身为 citoyen［公民］的人，而是身为 bourgeois［市民社会的成员］的人，被视为本来意义上的人，真正的人"[③]。也因此，政治解放最后确立的不过是作为市民社会成员的利己主义的原子个人。在这个意义上，通过政治解放实现的现代政治国家，其职能和界限、作为公民的个体的职能和界限即公民权也都须借助市民社会的人的自然权利来界定。这种关于市民社会的人权及其与现代公民权关系的探究，让马克思认识到人类生活的根基在于作为物质生活领域的市民社会，公民权的获得源于市民社会的人权的需要，由此，马克思将"政治人"纳入"社会人"的范畴，将"政治力量"消解于"社会力量"之中，并认为人的解放的完成形式应是作为政治国家之前提和基础的市民社会的根本解放，人的解放也将克服私人与公人、市民社会和国家的分离状态，实现人向社会的本质力量的真正复归。

---

① 参见《马克思恩格斯文集》第 1 卷，人民出版社 2009 年版，第 41—42 页。
② 《马克思恩格斯文集》第 1 卷，人民出版社 2009 年版，第 42 页。
③ 《马克思恩格斯文集》第 1 卷，人民出版社 2009 年版，第 43 页。

3. 从犹太精神与现代世界之间的关系来看待人的解放

在《论犹太人问题》的第二部分，针对鲍威尔视宗教对立为犹太人问题的根源，并提出借助宗教解放来实现犹太人解放的观点，马克思认为鲍威尔是把犹太人问题变成了神学问题，问题的关键是，应突破神学的提法，将犹太人获得解放的能力问题，变成"必须克服什么样的特殊社会要素才能废除犹太教的问题"①。因此，马克思在这一部分集中考察了现实的世俗的犹太人，揭示了犹太教的世俗基础是实际需要、自私自利，犹太人的世俗精神则是唯利是图、金钱至上，并且认为犹太人的解放不是犹太民族这个特殊的民族或种族的解放，而是现代人从受犹太人世俗精神支配的社会中解放出来。

鲍威尔把犹太人的解放问题变成了纯粹的宗教问题，变成了"哲学兼神学的行动"②，马克思则认为，不应从犹太人的宗教里去寻找犹太人的秘密，而应到现实的犹太人那里去寻找其宗教秘密，犹太人的世俗基础就是"实际需要、自私自利"，其世俗的神是"金钱"，而现代社会就是受犹太人的世俗精神所支配的社会。因此，犹太人已经用自己的方式实现了自我解放。尽管他们未在法律上享有与其他公民同等的政治权利，但由于金钱的威力他们已然跃升为现代公民，他们通过手中的金钱获得了远大于法律所赋予的政治权利。在市民社会中，个体被"需要"和"私人利益"所牵制，"经商牟利"被当成了现实的人的生活，体现了自私自利的排他性和欲求不断增长的物质性，"金钱"统治表明了现代生活并非是真正的类生活，现代市民社会的重要特点之一就在于它是在犹太人的世俗精神的驱使下运转的。"犹太人作为市民社会的特殊成员，只是市民社会的犹太精神的特殊表现。"③

---

① 《马克思恩格斯文集》第1卷，人民出版社2009年版，第49页。
② 《马克思恩格斯文集》第1卷，人民出版社2009年版，第48页。
③ 《马克思恩格斯文集》第1卷，人民出版社2009年版，第51页。

犹太人的世俗精神不同于其宗教精神，它是现代社会所有成员在商业活动中所表现出来的"唯利是图、追逐金钱的思想和习气"①，是随着市民社会的发展而自觉形成的。这一世俗精神作为市民社会中的现实精神，打破了不同的宗教信仰、出身、种族、阶层之间的差异或界限，人被视为原子式的利己主义个人，受利益的驱使和支配，人与人的关系也被简化成金钱关系。市民社会是充满纷争和对抗的领域，这继承了黑格尔关于市民社会的基本观点。在黑格尔那里，市民社会被视为一个需求的体系，人是"单子"，把他人视为手段而把自己视为目的，为了追逐自身的利益而展开社会交往，从而形成了一个霍布斯所说的一切人反对一切人的战场。不过，在马克思那里，个体自私自利的本性不是天然和永恒的，而是随着资本主义工商业和市场经济的发展即资本主义社会的到来才出现的。在《论犹太人问题》中，马克思特意指出了政治解放的后果就是确立了原子式的利己主义个人，"政治解放同时也是市民社会从政治中得到解放，甚至是从一种普遍内容的假象中得到解放"②。政治解放瓦解了传统社会，使原子式利己个人成为现代社会的真实个人。

由于现代社会的每一个人实际上都是犹太人，受到了犹太人世俗精神的支配和统治，因此，在马克思看来，犹太人的问题就不再是一个特定民族的解放问题，而是现代人如何从受犹太人世俗精神所支配的市民社会中解放出来的问题，是实现对资本主义社会的社会解放的问题，"犹太人的社会解放就是社会从犹太精神中解放出来"③。由此，马克思认为，犹太人的解放已经不再是宗教解放和政治解放的问题，而是社会解放和人类解放的问题，也因此，他发出了从政治解放上升

① 《马克思恩格斯文集》第 1 卷，人民出版社 2009 年版，第 50 页。
② 《马克思恩格斯文集》第 1 卷，人民出版社 2009 年版，第 45 页。
③ 《马克思恩格斯文集》第 1 卷，人民出版社 2009 年版，第 55 页。

到人的解放的号召。在马克思看来，所谓"人的解放"，就是"只有当现实的个人把抽象的公民复归于自身，并且作为个人，在自己的经验生活、自己的个体劳动、自己的个体关系中间，成为类存在物的时候，只有当人认识到自身'固有的力量'是社会力量，并把这种力量组织起来因而不再把社会力量以政治力量的形式同自身分离的时候，只有到了那个时候，人的解放才能完成"①。这种解放超越了资产阶级启蒙的国家主义方案，要求从国家建构回到社会解放，克服市民社会和现代国家的分裂以及人的生活的二重化；它要求超越现代社会的人权的形式主义，扬弃资本主义私有制的限制，真正实现人的社会力量的本质复归，实现人的真正的自由、平等和普遍幸福等。借此，马克思超越了资产阶级立场，由革命民主主义转向了共产主义。

总体上看，马克思的《论犹太人问题》涉及宗教解放、政治解放、人类解放、人权、市民社会批判等多个主题，体现了马克思对自由主义政治哲学的反思批判，是马克思思想发展过程中不可忽视的一环，对于理解历史唯物主义的诞生具有十分重要的意义，主要体现在：一是首次提出了"人的解放"的命题。对自由的追寻及人的普遍幸福的实现是贯穿马克思一生的基本主题。在其中学毕业论文《青年在选择职业时的考虑》中，马克思就提出了其终生为之奋斗的理想即"人类的幸福和我们自身的完美"②；在博士论文《德谟克利特的自然哲学和伊壁鸠鲁的自然哲学的差别》中，马克思提出了"人的自我意识是最高神性"③，借此表达了对人的自由的肯定；在创办《莱茵报》时期，马克思通过参与政治论战，力求理性主义、自由主义、人道主义在社会现实生活中得到实现；在《犹太人问题》中，马克思揭示了政治解

---

① 《马克思恩格斯文集》第 1 卷，人民出版社 2009 年版，第 46 页。
② 《马克思恩格斯全集》第 40 卷，人民出版社 1982 年版，第 7 页。
③ 《马克思恩格斯全集》第 1 卷，人民出版社 1995 年版，第 12 页。

放的限度、现代人受"犹太人精神"支配、金钱统治人等状况，提出应从政治解放上升为人的解放的观点。人的解放就是现代人从受犹太人的世俗精神支配的市民社会中解放出来，即实现对现代市民社会的积极扬弃，消灭私有制，克服人的身份的二重化，实现人的社会力量的本质复归。借此，马克思不同于以鲍威尔为代表的青年黑格尔派，开始了历史唯物主义的创建历程。二是马克思与鲍威尔二人关于犹太人问题的讨论并未止于1843年，而是一直延续到马克思《德意志意识形态》的"圣布鲁诺"章中，二人关于犹太人问题的论战充分展示了他们各自回应"历史命题"的差异。鲍威尔作为激进的宗教批判理论家，以"自我意识哲学"为理论基础，认为宗教信仰是自由意识的桎梏、上帝作为最高实体是自我意识的创造物，因此犹太人问题在他那里是宗教问题，以为只要实现宗教解放，就能解决犹太人问题；马克思则把犹太人问题视为世俗问题，认为宗教解放远远不够，只有消灭产生宗教的世俗基础，宗教问题才能获得解决，犹太人也才能获得真正解放。犹太人的解放其实就是现代人从市民社会中解放出来。由此，马克思通向了历史唯物主义，转向了社会主义和共产主义，吁求激进的社会革命，而鲍威尔则依然停留于观念批判，始终作为德国的先进知识分子追求着政治解放的实现，最终由激进退却到保守的立场。

（二）《〈黑格尔法哲学批判〉导言》：人的解放的可行方案

尽管《导言》是作为《黑格尔法哲学批判》的"导言"而作的，但由于它与《论犹太人问题》几乎是在同一时间创作的，因此在理解《导言》时，要顾及其与《黑格尔法哲学批判》之间的关联，更要结合《论犹太人问题》来展开。可将《导言》视为《黑格尔法哲学批判》和《论犹太人问题》所取得的理论成果的延伸和推进。其最重要的意义在于明确了《论犹太人问题》中提出的人的解放的可行方案，即这一解放须借助无产阶级的社会解放来实现，而无产阶级的社会解放又须有科学理论的指导，这体现了马克思一贯主张的理论与实践、哲学与现实的相互作用的观点。

1. 对宗教的批判应当上升为对法和政治的批判

如前文所述，马克思写作《黑格尔法哲学批判》主要是由于其在《莱茵报》时期遭遇了物质利益难题等问题，而通过对黑格尔法哲学的批判，马克思取得了重要的成果，即借助费尔巴哈的唯物主义方法，批判了黑格尔法哲学的唯心主义和神秘主义性质，将被黑格尔颠倒了的市民社会和国家的关系再度颠倒过来，提出了市民社会才是国家的前提和基础的观点。这一思想的提出，表明马克思发现了任何以国家主义的形式解决现代社会问题的方案都是无效的，后者的真正解决还须回到对市民社会本身的批判和分析中去，须通过对市民社会本身的批判来实现。在《论犹太人问题》中，马克思接续了《黑格尔法哲学批判》中取得的理论成果，进一步对现代政治解放和市民社会本身展开了双重批判。马克思肯定了现代解放的成就，但也揭示了现代解放仅仅是政治解放，不是人的解放的最后形式，提出政治解放应上升为人的解放。此外，马克思还反对鲍威尔将犹太人问题仅仅视为宗教神学问题的做法，强调犹太人问题的实质是其世俗基础问题，因此，问题的关键在于对这一世俗基础展开分析和批判。马克思揭示了犹太人的世俗基础及其与现代市民社会的关联，指出现代市民社会中的人都是受犹太人的世俗精神统治的原子利己个人，因此犹太人实际上早已以自己的方式解放了自身，犹太人的真正解放应理解为整个现代人从受犹太人的世俗精神统治的市民社会当中解放出来，也即实现社会解放。这里马克思已经初步展开了对市民社会本身的批判。

《导言》是接着《论犹太人问题》的逻辑和成果展开的。在《导言》的前半部分，马克思明确地说："就德国来说，对宗教的批判基本上已经结束；而对宗教的批判是其他一切批判的前提。"① 在此，马克思肯定了包括鲍威尔在内的青年黑格尔派将主要精力集中于展开宗教批判具有一定的积极意义。宗教批判之所以是一切其他批判的前提，是因为对当时的德国而言，其最主要的问题是德国未如英法那样实现政治解放，还是一个处于分裂当中的封建制度国家，宗教生活则是德国人的现实的生活。因此，在马克思看来，对德国人的解放而言，展开宗教批判并在思想上展开启蒙工作，就是其他一切批判的前提。但由于马克思此时已经获得了要从政治解放上升为人的解放的理论成果，因此在他看来，德国人的解放就不仅仅是德国民族的解放，而是现代人如何从市民社会中解放出来的问题。也因此，局限并停留于宗教批判显然是不够的，还应当将宗教批判上升到对法和政治的批判。马克思明确提出 "真理的彼岸世界消逝以后，历史的任务就是确立此岸世界的真理。人的自我异化的神圣形象被揭穿以后，揭露具有非神圣形象的自我异化，就成了为历史服务的哲学的迫切任务。于是，对天国的批判变成对尘世的批判，对宗教的批判变成对法的批判，对神学的批判变成对政治的批判"②。

在《导言》中，马克思批判了德国制度的落后性，指出 "现代德国制度是时代错乱，它公然违反普遍承认的公理，它向全世界展示旧制度毫不中用；它只是想象自己有自信，并且要求世界也这样想象"③。对这一落后制度的批判，当然也是德国人的解放的重要组成部分，而且这种批判应当是搏斗式的批判。但批判的目的却并非要将落后的德国解放成为如英法那样的现代国家，而是要将德国人的解放提至超越政治解放上升为人的解放的高度。问题是，德国凭什么可以参与人的

① 《马克思恩格斯文集》第 1 卷，人民出版社 2009 年版，第 3 页。
② 《马克思恩格斯文集》第 1 卷，人民出版社 2009 年版，第 4 页。
③ 《马克思恩格斯文集》第 1 卷，人民出版社 2009 年版，第 7 页。

解放的世界历史进程呢？其原因就在于，尽管德国的制度落后，但黑格尔的国家哲学和法哲学代表了理性形而上学的完成，最终以观念论的形式表达了当时的世界历史的最新现实，因此德国是借助黑格尔的国家哲学和法哲学来参与世界历史进程的。马克思明确指出，我们"是当代的哲学同时代人，而不是当代的历史同时代人"，"德国的哲学是德国历史在观念上的延续"，"德国的法哲学和国家哲学是唯一与正式的当代现实保持在同等水平上的德国历史"①。从这个意义上讲，对黑格尔的国家哲学和法哲学的批判，既是对德国的社会现实的批判，也是对作为资本主义现代世界的观念的表达的批判。因此马克思说，在德国，这一工作"首先不是联系原本，而是联系副本即联系德国的国家哲学和法哲学来进行的"②。在这个意义上，德国人的解放也应当被提高到"现代各国的正式水准"，即应上升到"人的高度的革命"③。总之，德国人的解放和犹太人的解放一样，最终通向的都是人的根本解放，即从现代资本主义社会中解放出来。

2. 无产阶级的历史使命是实现人的解放

《导言》除了提出将德国人的解放提升为人的解放的思想外，还重点提出了实现人的解放的可行性问题，即提出了人的解放须通过无产阶级社会解放的形式来实现，无产阶级是人的解放得以可能的真正的主体力量。由此，马克思认为，"对德国来说，彻底的革命、普遍的人的解放，不是乌托邦式的梦想，相反，局部的纯政治的革命，毫不触犯大厦支柱的革命，才是乌托邦式的梦想"④。

在马克思看来，现代社会中人的解放，需要物质力量来实现。在

---

① 《马克思恩格斯文集》第1卷，人民出版社2009年版，第9页。
② 《马克思恩格斯文集》第1卷，人民出版社2009年版，第4页。
③ 《马克思恩格斯文集》第1卷，人民出版社2009年版，第11页。
④ 《马克思恩格斯文集》第1卷，人民出版社2009年版，第14页。

法国，资产阶级曾经作为物质力量发挥了积极的历史作用，承担起了"解放者"的角色。但在德国，虽然资产阶级向往革命，但"未等庆祝胜利，就遭到了失败，未等克服面前的障碍，就有了自己的障碍，未等表现出自己的宽宏大度的本质，就表现了自己心胸狭隘的本质"①。德国资产阶级的软弱性导致其注定无法承担起法国资产阶级那样的"解放者"的历史使命。德国人的解放需要"形成一个被戴上彻底的锁链的阶级，一个并非市民社会阶级的市民社会阶级，形成一个表明一切等级解体的等级，形成一个由于自己遭受普遍苦难而具有普遍性质的领域……总之，形成这样一个领域，它表明人的完全丧失，并因而只有通过人的完全回复才能回复自己本身。社会解体的这个结果，就是无产阶级这个特殊等级"②。

无产阶级之所以能够成为人类解放的主体力量，是因为它具备了两个基本条件。一是无产阶级的形成是历史发展的结果，作为资本主义工业运动的产物，它的产生"是由于社会的急剧解体、特别是由于中间等级的解体而产生的群众"，他是"人为造成的贫民"，其遭受的苦难"具有普遍性质"，无产阶级的贫困并非部分的特殊的贫困而是普遍的贫困，是由资本主义大机器工业下所产生的必然的贫困。无产阶级所承受的"不是特殊的不公正，而是普遍的不公正"③。只有这个阶级才具有普遍革命的意愿，才要求否定私有财产。马克思对无产阶级形象的刻画并非停留于主观的思辨，而是来自于对现实生活的洞见。因此，不能像有些学者所认为的那样，将马克思对无产阶级身份地位的确认视为一种对拯救世界的"选民"的挑选。④ 马克思的无产阶级

① 《马克思恩格斯文集》第 1 卷，人民出版社 2009 年版，第 15—16 页。
② 《马克思恩格斯文集》第 1 卷，人民出版社 2009 年版，第 16—17 页。
③ 《马克思恩格斯文集》第 1 卷，人民出版社 2009 年版，第 17 页。
④ 持有这种观点的学者与著作可参见［奥地利］托匹茨《马克思主义与灵知》，李秋零译，载《灵知主义与现代性》，刘小枫主编，华东师范大学出版社 2005 年版，第 99—130 页。

解放设想与犹太—基督的救赎模式之间似乎有某种相似性，但由于马克思是把无产阶级的产生及其自我解放放置在历史的现实中来加以考察，因此在本质上不同于那种具有神秘主义色彩的救赎逻辑。二是无产阶级表明人的完全丧失，并且只有通过人的完全回复才能回复自己本身。因此，无产阶级没有任何特殊的利益，其利益始终与人类的普遍利益相一致，与私有制的利益相对立。"无产阶级要求否定私有财产，只不过是把社会已经提升为无产阶级的原则的东西，把未经无产阶级的协助就已作为社会的否定结果而体现在它身上的东西提升为社会的原则。"① 因此，无产阶级的解放也就是要扬弃私有财产对人的统治，未来共产主义社会也将消灭私有制。这为此后《1844 年经济学哲学手稿》中马克思对私有财产的追问和对资本主义私有制的批判提供了方向。在那里，马克思主要借助劳动和资本的关系来理解私有财产的积极扬弃和阐述其关于未来社会的理想。

3. 无产阶级社会革命与"高卢的雄鸡"

在《导言》中，马克思提出，只有作为物质力量的无产阶级是不够的，无产阶级的社会解放运动还须有与之相适应的新的哲学也即科学的理论来指导。在《导言》的最后部分，马克思着重强调了理论与实践之间的互动关系。在马克思看来，"批判的武器当然不能代替武器的批判，物质力量只能用物质力量来摧毁；但是理论一经掌握群众，也会变成物质力量。理论只要说服人［ad hominem］，就能掌握群众；而理论只要彻底，就能说服人［ad hominem］。所谓彻底，就是抓住事物的根本。而人的根本就是人本身"②。所谓"批判的武器当然不能代替武器的批判"是就青年黑格尔派的思想而言的。青年黑格尔派认为，

---

① 《马克思恩格斯文集》第 1 卷，人民出版社 2009 年版，第 17 页。
② 《马克思恩格斯文集》第 1 卷，人民出版社 2009 年版，第 11 页。

只要运用理论这一批判武器对过去的理论进行批判，德国的现实就可以改变，因而他们把对现实的批判变成了对理论的批判，用理论的批判代替对现实的批判。马克思则指出，理论的批判不能取代对现实的批判，对实现无产阶级的社会解放而言，既需要理论批判，更需要实践批判，需要二者的积极互动和相互作用，因而实际上马克思更强调理论与实践的辩证关系，其中"人的根本就是人本身"这一观点无疑受到了费尔巴哈的影响，但这里马克思主要不是为了强调自身的费尔巴哈立场，而是为了突出理论与实践、精神力量与物质力量的相互结合和相互作用这一贯穿马克思思想发展始终的原则。

正是坚持了理论和实践相互作用的观点，马克思在《导言》中才特别批判了两种错误倾向即实践政治派和理论政治派。前者否认哲学，企图通过直接的行动来影响和改变现实，其问题是不懂得只有在现实中实现哲学才能消灭哲学。后者则认为，目前的斗争只是哲学同德国世界的批判性斗争，其错误在于没有看到迄今为止的哲学从属于这个世界，因此不消灭哲学，就不能使哲学成为现实。在马克思看来，对黑格尔法哲学和国家哲学的批判不能像实践政治派那样认为"只要背对着哲学，并且扭过头去对哲学嘟囔几句陈腐的气话，对哲学的否定就实现了"，其完全忽视了哲学或理论的作用；也不能像理论政治派那样认为"目前的斗争只是哲学同德国世界的批判性斗争"，其未看到"迄今为止的哲学本身就属于这个世界，而且是这个世界的补充，虽然只是观念的补充"①，他们未能将理论与实践有机统一起来。

马克思要求实现彻底的无产阶级的社会解放就需要有彻底的理论做指导，理论批判不能代替实践批判，这是对停留于理论批判的青年黑格尔派的批判，实践批判也需要彻底革命的理论做指导，这是着重

---

① 《马克思恩格斯文集》第 1 卷，人民出版社 2009 年版，第 10 页。

强调理论与实践的辩证关系。因此，对于人类解放而言，无产阶级社会革命运动也就迫切需要一种能够指导无产阶级社会革命的理论出现，于是在《导言》的结尾处，马克思特别强调"德国人的解放就是人的解放。这个解放的头脑是哲学，它的心脏是无产阶级。哲学不消灭无产阶级，就不能成为现实；无产阶级不把哲学变成现实，就不可能消灭自身"①。按照科尔纽的理解，马克思在《导言》中所指认的哲学与无产阶级相结合以实现人类解放的道路具有黑格尔的辩证法意味，"他（指马克思——引者注）对无产阶级和共产主义革命的理解起初还有点抽象，这实际上是由于他还没有详尽地剖析资产阶级社会的经济基础。例如，他还把无产阶级理解为辩证的反题（即辩证的对立因素），而把思想家和无产阶级的联合理解为思想和行动的结合"②。言下之意，科尔纽认为"哲学"作为理论力量是辩证法的"正题"，"无产阶级"作为物质力量是辩证法的"反题"，那么"彻底的人类解放"就是辩证法的"合题"。

马克思特别强调对普遍的人的解放而言，无产阶级作为物质力量和哲学作为精神力量都十分重要，只有它们相互结合并相互作用才能带来真正的人的解放，即现代人从资本主义社会中解放出来。所谓"哲学不消灭无产阶级，就不能成为现实"，这里的"哲学"是指能够与无产阶级社会革命运动相适应的新的哲学，这一哲学代表了人类解放的立场，揭示了人类社会从资本主义社会到未来共产主义社会发展的可能性和必然性，因而是一种新的哲学。这种新哲学在《导言》中只是以"高卢的雄鸡"的寓言形式做了提示，实际上就是马克思之后创立的马克思主义哲学，而并非包括费尔巴哈哲学在内的旧哲学，因为旧哲学并未达到人类解放的高度。这种新哲学致力于人类解放即消

---

① 《马克思恩格斯文集》第 1 卷，人民出版社 2009 年版，第 18 页。
② ［法］科尔纽：《马克思恩格斯传》第 1 卷，刘磊、王以铸、杨静远译，生活·读书·新知三联书店 1963 年版，第 687 页。

灭无产阶级，致力于此的行动本身就是使新的哲学与无产阶级社会革命相互结合从而"成为现实"的过程。所谓"无产阶级不把哲学变成现实，就不可能消灭哲学"，这里前一"哲学"指代即将创立的新哲学，后一"哲学"则指代从属于现代世界的旧哲学，当无产阶级实践新哲学时，同时也是对旧哲学的消灭。正如柯尔施所指出的，"仅仅因为马克思的唯物主义理论具有不只是理论的，而且也是实践的和革命的目的，就说它不再是哲学，这是不正确的。相反地，马克思和恩格斯的辩证唯物主义按其基本性质来说，是彻头彻尾的哲学……它是一种革命的哲学，它的任务是以一个特殊的领域——哲学——里的战斗来参加在社会的一切领域里进行的反对整个现存秩序的革命斗争。最后，它目的在于把消灭哲学作为消灭整个资产阶级社会现实的一个部分，哲学是这个现实的观念上的构成部分"①。马克思的哲学作为一种反对现存秩序的革命哲学，不能单纯停留于理论层面，革命绝非思想意识的任务，而是面向现实生活的任务，精神的力量必须与物质的力量相结合。

值得一提的是，马克思所指出的人类解放的这一路径并非在《导言》中首次提出，早在 1843 年 5 月，马克思致卢格的信中就已经开始构思"受苦之人"与"思维之人"（无产阶级与哲学）结合的现实基础。"总之，一切思维着的人和一切受难的人都取得了共识——这在以前由于他们缺少条件是根本做不到的——，甚至昔日臣民的那种消极繁殖制度也在每日征募为新人类服务的新兵……受难的人在思维着，思维着的人又横遭压迫，但是这些人的存在必然会使那饱食终日、无所用心的庸俗动物世界坐卧不安。我们必须彻底揭露旧世界，并积极建立新世界。事件的进程给思维着的人思索的时间越长，给受难的人

---

① ［德］卡尔·柯尔施：《马克思主义和哲学》，王南湜、荣新海译，重庆出版社 1989 年版，第 37—38 页。

团结起来的时间越多，那么在现今社会里孕育着的成果就会越完美地产生。"① 这段话使后人得以更加清晰地看到马克思对当时德国命运的判断以及对未来世界光明前景的憧憬，其通过提出理论与物质现实相结合的方式终止和埋葬这个"庸人世界"即德国现状，寄希望于思想之人与受苦之人的联结，在《导言》中则被清晰地表述为哲学与无产阶级的结合。

总的来看，《导言》是马克思结合德国革命现状对人类解放问题展开的进一步讨论，并明确表达了人的解放需要通过无产阶级社会革命的形式来实现的观点，还特别强调了理论与实践、哲学与无产阶级之间相互作用的观点，从而区别于包括黑格尔哲学、青年黑格尔派在内的旧哲学。学习《导言》，对于理解马克思的人类解放思想、共产主义理论、无产阶级革命学说和哲学革命思想都有重要意义，主要体现在以下两点。一是马克思在《导言》中提及的通过"哲学与无产阶级的结合以实现人类解放"的主张是对其先前变革世界思想的推进。马克思在博士论文中就已提出"哲学的世界化就是世界的哲学化"的命题，该命题一定程度上就是"哲学与无产阶级结合"的思想先声。但博士论文时期的观点还未摆脱唯心主义的限制，在根本上还是过于抽象和思辨了，无力解答现实的物质利益问题。到了《导言》，变革世界的力量被明确为作为"头脑"的哲学和作为"心脏"的无产阶级，且要求二者积极互动，即要求物质力量与精神力量的积极互动和有效统一，从而为真正改变世界提供了原则启示。二是在《导言》中发现的无产阶级的艰难处境进一步刺激了马克思批判市民社会的热情。他认定无产阶级是"一个表明一切等级解体的等级，形成一个由于自己遭受普遍苦难而具有普遍性质的领域"②，其是普遍领域的受难者和改造世界

---

① 《马克思恩格斯全集》第47卷，人民出版社2004年版，第62—63页。
② 《马克思恩格斯文集》第1卷，人民出版社2009年版，第17页。

的动力因素，由于无产阶级已经表明了"人的完全丧失"，那么只有通过彻底实现人的解放才能实现人的本质的复归。问题是，无产阶级为何体现了"人的本质的丧失"？这种"人的本质的丧失"是如何发生的？有哪些具体表现？无产阶级改造世界的方式需要何种条件？等等，这些问题在《德法年鉴》时期并未得到明确解答，但这一时期取得的成果及其遗留的问题，为马克思开辟了此后的研究路向，即展开政治经济学批判，实现对作为现代市民社会之观念论副本的旧哲学的思想变革，吸收和转化各种现存的社会主义和共产主义思潮，并最终创立历史唯物主义，等等。这些思考及其成果将在马克思此后的相关著作中得到呈现。

三　文献指南

1. 《马克思恩格斯文集》第 1 卷，人民出版社 2009 年版。

2. ［英］伯尔基：《马克思主义的起源》，伍庆、王文扬译，华东师范大学出版社 2007 年版。

3. ［英］戴维·麦克莱伦：《青年黑格尔派与马克思》，夏威仪、陈启伟、金海民译，商务印书馆 1982 年版。4. 林进平：《马克思〈论犹太人问题〉研究读本》，中央编译出版社 2016 年版。

5. 聂锦芳、李彬彬编：《马克思思想发展历程中的"犹太人问题"》，中国人民大学出版社 2017 年版。

6. 姚颖主编：《马克思主义研究资料》第 11 卷，中央编译出版社 2014 年版。

原文摘选

卡尔·马克思
《论犹太人问题》（节选）

一

布鲁诺·鲍威尔：《犹太人问题》
1843 年不伦瑞克版

德国的犹太人渴望解放。他们渴望什么样的解放？公民的解放，政治解放。

布鲁诺·鲍威尔回答他们说：在德国，没有人在政治上得到解放。我们自己没有自由。我们怎么可以使你们自由呢？你们犹太人，要是为自己即为犹太人要求一种特殊的解放，你们就是利己主义者。作为德国人，你们应该为德国的政治解放而奋斗；作为人，你们应该为人的解放而奋斗。而你们所受的特种压迫和耻辱，不应该看成是通则的例外，相反，应该看成是通则的证实。

或者，犹太人是要求同信奉基督教的臣民享有平等权利？如果是这样，他们就承认基督教国家是无可非议的，也就承认普遍奴役制度。既然他们满意普遍奴役，为什么又不满意自己所受的特殊奴役呢？既然犹太人不关心德国人的解放，为什么德国人该关心犹太人的解放呢？

基督教国家只知道特权。犹太人在这个国家享有做犹太人的特权。作为犹太人，他享有基督徒所没有的权利。那他何必渴望他所没有而为基督徒所享有的权利！

如果犹太人想从基督教国家解放出来，他就是要求基督教国家放弃自己的宗教偏见。而他，犹太人，会放弃自己的宗教偏见吗？就是说，他有什么权利要求别人放弃宗教呢？

基督教国家，按其本质来看，是不会解放犹太人的；但是，鲍威尔补充说，犹太人按其本质来看，也不会得到解放。只要国家还是基督教国家，犹太人还是犹太人，这两者中的一方就不可能解放另一方，另一方也不可能得到解放。

基督教国家对待犹太人，只能按照基督教国家的方式即给予特权的方式：允许犹太人同其他臣民分离开来，但也让犹太人受到分离开来的其他领域的压迫，何况犹太人同占统治地位的宗教处于宗教对立的地位，所受的压迫也更厉害。可是，犹太人对待国家也只能按照犹太人的方式即把国家看成一种异己的东西：把自己想象中的民族跟现实的民族对立起来，把自己幻想的法律跟现实的法律对立起来，以为自己有权从人类分离出来，决不参加历史运动，期待着一种同人的一般未来毫无共同点的未来，认为自己是犹太民族的一员，犹太民族是神拣选的民族。

那么你们犹太人有什么理由渴望解放呢？为了你们的宗教？你们的宗教是国教的死敌。因为你们是公民？德国根本没有公民。因为你们是人？你们不是人，正像你们诉求的对象不是人一样。

鲍威尔批判了迄今为止关于犹太人的解放问题的提法和解决方案以后，又以新的方式提出了这个问题。他问道：应当得到解放的犹太人和应该解放犹太人的基督教国家，二者的特性是什么？他通过对犹太人的宗教的批判回答了这个问题，他分析了犹太教和基督教的宗教对立，他说明了基督教国家的本质，——他把这一切都做得大胆、尖锐、机智、透彻，而且文笔贴切、洗练和雄健有力。

那么，鲍威尔是怎样解决犹太人问题的？结论是什么？他对问题的表述就是对问题的解决。对犹太人问题的批判就是对犹太人问题的回答。总之，可简述如下：

我们必须先解放自己，才能解放别人。

犹太人和基督徒之间最顽固的对立形式是宗教对立。怎样才能消除对立？使它不能成立。怎样才能使宗教对立不能成立？废除宗教。只要犹太人和基督徒把他们互相对立的宗教只看做人的精神的不同发展阶段，看做历史撕去的不同的蛇皮，把人本身只看做蜕皮的蛇，只要这样，他们的关系就不再是宗教的关系，而只是批判的、科学的关系，人的关系。那时科学就是他们的统一。而科学上的对立会由科学本身消除。

德国的犹太人首先碰到的问题是没有得到政治解放和国家具有鲜明的基督教性质。但是，在鲍威尔看来，犹太人问题是一个不以德国的特殊状况为转移的、具有普遍意义的问题。这就是宗教对国家的关系问题、宗教束缚和政治解放的矛盾问题。他认为从宗教中解放出来，这是一个条件，无论对于想要得到政治解放的犹太人，还是对于应该解放别人从而使自己得到解放的国家，都是一样。

（选自《马克思恩格斯文集》第 1 卷，
人民出版社 2009 年版，第 21—23 页。）

《〈黑格尔法哲学批判〉导言》（节选）

就德国来说，对宗教的批判基本上已经结束；而对宗教的批判是其他一切批判的前提。

谬误在天国为神祇所作的雄辩［oratio pro aris et focis①］一经驳倒，它在人间的存在就声誉扫地了。一个人，如果曾在天国的幻想现实性中寻找超人，而找到的只是他自身的反映，他就再也不想在他正在寻找和应当寻找自己的真正现实性的地方，只去寻找他自身的假象，只去寻找非人了。

反宗教的批判的根据是：人创造了宗教，而不是宗教创造人。就是说，宗教是还没有获得自身或已经再度丧失自身的人的自我意识和自我感觉。但是，人不是抽象的蛰居于世界之外的存在物。人就是人的世界，就是国家，社会。这个国家、这个社会产生了宗教，一种颠倒的世界意识，因为它们就是颠倒的世界。宗教是这个世界的总理论，是它的包罗万象的纲要，它的具有通俗形式的逻辑，它的唯灵论的荣誉问题［Point－d'honneur］，它的狂热，它的道德约束，它的庄严补充，它借以求得慰藉和辩护的总根据。宗教是人的本质在幻想中的实现，因为人的本质不具有真正的现实性。因此，反宗教的斗争间接地就是反对以宗教为精神抚慰的那个世界的斗争。

宗教里的苦难既是现实的苦难的表现，又是对这种现实的苦难的抗议。宗教是被压迫生灵的叹息，是无情世界的情感，正像它是无精神活力的制度的精神一样。宗教是人民的鸦片。

废除作为人民的虚幻幸福的宗教，就是要求人民的现实幸福。要求抛弃关于人民处境的幻觉，就是要求抛弃那需要幻觉的处境。因此，对宗教的批判就是对苦难尘世——宗教是它的神圣光环——的批判的胚芽。

这种批判撕碎锁链上那些虚幻的花朵，不是要人依旧戴上没有幻想没有慰藉的锁链，而是要人扔掉它，采摘新鲜的花朵。对宗教的批

---

① 见西塞罗《论神之本性》。直译是：为保卫祭坛和炉灶所作的雄辩；转义是：为保卫社稷和家园所作的雄辩。

判使人不抱幻想，使人能够作为不抱幻想而具有理智的人来思考，来行动，来建立自己的现实；使他能够围绕着自身和自己现实的太阳转动。宗教只是虚幻的太阳，当人没有围绕自身转动的时候，它总是围绕着人转动。

因此，真理的彼岸世界消逝以后，历史的任务就是确立此岸世界的真理。人的自我异化的神圣形象被揭穿以后，揭露具有非神圣形象的自我异化，就成了为历史服务的哲学的迫切任务。于是，对天国的批判变成对尘世的批判，对宗教的批判变成对法的批判，对神学的批判变成对政治的批判。

随导言之后将要作的探讨——这是为这项工作尽的一份力——首先不是联系原本，而是联系副本即联系德国的国家哲学和法哲学来进行的。其所以如此，正是因为这一探讨是联系德国进行的。

如果想从德国的现状 [status quo] 本身出发，即使采取唯一适当的方式，就是说采取否定的方式，结果依然是时代错乱。即使对我国当代政治状况的否定，也已经是现代各国的历史废旧物品堆藏室中布满灰尘的史实。即使我否定了敷粉的发辫，我还是要同没有敷粉的发辫打交道。即使我否定了 1843 年的德国制度，但是按照法国的纪年，我也不会处在 1789 年①，更不会是处在当代的焦点。

不错，德国历史自夸有过一个运动，在历史的长空中，没有一个国家曾经是这个运动的先行者，将来也不会是这个运动的模仿者。我们没有同现代各国一起经历革命，却同它们一起经历复辟。我们经历了复辟，首先是因为其他国家敢于进行革命，其次是因为其他国家受到反革命的危害；在第一种情形下，是因为我们的统治者们害怕了，在第二种情形下，是因为我们的统治者们并没有害怕。我们，在我们

---

① 1789 年是法国资产阶级革命（1789—1794 年）开始的年份。

的那些牧羊人带领下，总是只有一次与自由为伍，那就是在自由被埋葬的那一天。

有个学派以昨天的卑鄙行为来说明今天的卑鄙行为是合法的，有个学派把农奴反抗鞭子——只要鞭子是陈旧的、祖传的、历史的鞭子——的每一声呐喊都宣布为叛乱；正像以色列人的上帝对他的奴仆摩西一样，历史对这一学派也只是显示了自己的后背［a posteriori］①，因此，这个历史法学派本身如果不是德国历史的杜撰，那就是它杜撰了德国历史。这个夏洛克，却是奴才夏洛克，他发誓要凭他所持的借据，即历史的借据、基督教日耳曼的借据来索取从人民胸口割下的每一磅肉。

相反，那些好心的狂热者，那些具有德意志狂的血统并有自由思想的人，却到我们史前的条顿原始森林去寻找我们的自由历史。但是，如果我们的自由历史只能到森林中去找，那么我们的自由历史和野猪的自由历史又有什么区别呢？况且谁都知道，在森林中叫唤什么，森林就发出什么回声。还是让条顿原始森林保持宁静吧！

向德国制度开火！一定要开火！这种制度虽然低于历史水平，低于任何批判，但依然是批判的对象，正像一个低于做人的水平的罪犯，依然是刽子手的对象一样。在同这种制度进行的斗争中，批判不是头脑的激情，它是激情的头脑。它不是解剖刀，它是武器。它的对象是自己的敌人，它不是要驳倒这个敌人，而是要消灭这个敌人。因为这种制度的精神已经被驳倒。这种制度本身不是值得重视的对象，而是既应当受到鄙视同时又已经受到鄙视的存在状态。对于这一对象，批判本身不用自己表明什么了，因为它对这一对象已经清清楚楚。批判已经不再是目的本身，而只是一种手段。它的主要情感是愤怒，它的

---

① 《旧约全书·出埃及记》第33章第23节。

主要工作是揭露。

这是指描述各个社会领域相互施加的无形压力，描述普遍无所事事的沉闷情绪，描述既表现为自大又表现为自卑的狭隘性，而且要在政府制度的范围内加以描述，政府制度是靠维护一切卑劣事物为生的，它本身无非是以政府的形式表现出来的卑劣事物。

这是一幅什么景象呵！社会无止境地继续分成各色人等，这些心胸狭窄、心地不良、粗鲁平庸之辈处于互相对立的状态，这些人正因为相互采取暧昧的猜疑的态度而被自己的统治者一律——虽然形式有所不同——视为特予恩准的存在物。甚至他们还必须承认和首肯自己之被支配、被统治、被占有全是上天的恩准！而另一方面，是那些统治者本人，他们的身价与他们的人数则成反比！

涉及这个内容的批判是搏斗式的批判；而在搏斗中，问题不在于敌人是否高尚，是否旗鼓相当，是否有趣，问题在于给敌人以打击。问题在于不让德国人有一时片刻去自欺欺人和俯首听命。应当让受现实压迫的人意识到压迫，从而使现实的压迫更加沉重；应当公开耻辱，从而使耻辱更加耻辱。应当把德国社会的每个领域作为德国社会的羞耻部分［partie honteuse］加以描述，应当对这些僵化了的关系唱一唱它们自己的曲调，迫使它们跳起舞来！为了激起人民的勇气，必须使他们对自己大吃一惊。这样才能实现德国人民的不可抗拒的要求，而各国人民的要求本身则是能使这些要求得到满足的决定性原因。

甚至对现代各国来说，这种反对德国现状的狭隘内容的斗争，也不会是没有意义的，因为德国现状是旧制度［ancien régime］的公开的完成，而旧制度是现代国家的隐蔽的缺陷。对当代德国政治状况作斗争就是对现代各国的过去作斗争，而对过去的回忆依然困扰着这些国家。这些国家如果看到，在它们那里经历过自己的悲剧的旧制度，现在又作为德国的幽灵在演自己的喜剧，那是很有教益的。当旧制度还是有史以来就存在的世界权力，自由反而是个人突然产生的想法的时候，简言之，当旧制度本身还相信而且也必定相信自己的合理性的时候，它的历史是悲剧性的。当旧制度作为现存的世界制度同新生的世界进行斗争的时候，旧制度犯的是世界历史性的错误，而不是个人的错误。因而旧制度的灭亡也是悲剧性的。

相反，现代德国制度是时代错乱，它公然违反普遍承认的公理，它向全世界展示旧制度毫不中用；它只是想象自己有自信，并且要求世界也这样想象。如果它真的相信自己的本质，难道它还会用一个异己本质的假象来掩盖自己的本质，并且求助于伪善和诡辩吗？现代的旧制度不过是真正主角已经死去的那种世界制度的丑角。历史是认真的，经过许多阶段才把陈旧的形态送进坟墓。世界历史形态的最后一个阶段是它的喜剧。在埃斯库罗斯的《被缚的普罗米修斯》中已经悲剧性地因伤致死的希腊诸神，还要在琉善的《对话》中喜剧性地重死一次。为什么会出现这样的历史进程呢？这是为了人类能够愉快地同自己的过去诀别。我们现在为德国政治力量争取的也正是这样一个愉快的历史结局。

可是，一旦现代的政治社会现实本身受到批判，即批判一旦提高到真正的人的问题，批判就超出了德国现状，不然的话，批判就会认为自己的对象所处的水平低于这个对象的实际水平。下面就是一个例子！工业以至于整个财富领域对政治领域的关系，是现代主要问题之一。这个问题开始是以何种形式引起德国人的关注的呢？以保护关税、禁止性关税制度、国民经济学的形式。德意志狂从人转到物质，因此，我们的棉花骑士和钢铁英雄也就在某个早晨一变而成爱国志士了。所以在德国，人们是通过给垄断以对外的统治权，开始承认垄断有对内的统治权的。可见，在法国和英国行将完结的事物，在德国现在才刚刚开始。这些国家在理论上激烈反对的、然而却又像戴着锁链一样不得不忍受的陈旧腐朽的制度，在德国却被当做美好未来的初升朝霞而受到欢迎，这个美好的未来好不容易才敢于从狡猾的理论向最无情的实践过渡。在法国和英国，问题是政治经济学，或社会对财富的统治；在德国，问题却是国民经济学，或私有财产对国民的统治。因此，在法国和英国是要消灭已经发展到终极的垄断；在德国却要把垄断发展到终极。那里，正涉及解决问题；这里，才涉及冲突。这个例子充分说明了德国式的现代问题，说明我们的历史就像一个不谙操练的新兵一样，到现在为止只承担着一项任务，那就是补习操练陈旧的历史。

　　…………

（选自《马克思恩格斯文集》第 1 卷，
人民出版社 2009 年版，第 3—8 页。）

《1844 年经济学哲学手稿》导读

　　《1844 年经济学哲学手稿》是马克思旅居"巴黎时期"（从 1843 年 10 月到 1845 年 1 月）的研究成果，写作时间大概为 1844 年 4—8 月。因该手稿是在巴黎创作完成的，因此也被称为《巴黎手稿》。《1844 年经济学哲学手稿》（以下简称《手稿》）的书名不是马克思写作时自己加的，而是 1932 年苏联首次发布全文时由编者根据内容所加，后被世人所知和使用。在《手稿》中，马克思初步展开了政治经济学批判，批评和变革了以黑格尔哲学为代表的旧哲学，还在此基础上提出了积极扬弃私有财产的共产主义世界观。这是马克思首次将哲学与经济学研究相结合的成功尝试，也是其首次对列宁后来总结的马克思主义的三大思想来源即英国古典政治经济学、英法空想社会主义和德国古典哲学进行批判和综合，尽管其中有不成熟之处，但为创立历史唯物主义奠定了坚实基础。1932 年《手稿》完整版的出版，在西方世界引起了巨大的轰动，随即引发了"两个马克思"的长期争论，形成了"成熟论"和"不成熟论"两种对立的观点，一些争论至今仍在继续。无论如何，《手稿》对于理解马克思思想本身以及马克思主义的发展史都具有十分重要的意义，由于其探讨的主题多元、思想丰富，它还超出马克思主义理论学科的范围，对美学、生态学、政治学等各个学科产生了广泛影响，至今仍具有重要的现实意义。因此，为真正理解马克思和马克思主义，有必要深入研读这一著作。

一　写作背景

在 1859 年的《〈政治经济学批判〉序言》中，马克思回顾了自己的思路历程，即因遭遇"物质利益难题"并从《莱茵报》退出后，他写的第一部著作是对黑格尔法哲学的批判性分析，这种分析使他发现法的关系和国家的形式一样，不能从它们本身来理解，也不能从人类精神的一般发展来理解，它们根源于物质的生活关系，这些物质生活关系的总和被概括为"市民社会"，对"市民社会"的解剖则应该到政治经济学中去寻找，正是在巴黎，他开始了政治经济学的研究。[①] 这种回顾提示我们，要结合马克思此前的思想发展来理解《手稿》时期马克思的基本研究任务。

在对黑格尔法哲学的批判性分析中，马克思取得了丰富的思想成果——为解答"物质利益难题"的困惑，他深入研究和批判了黑格尔法哲学，指出了其法哲学和国家哲学都依附于其思辨哲学，体现了十足的逻辑神秘主义。马克思还批判黑格尔从精神自我运动和发展的逻辑来理解市民社会和国家的世俗分裂及其克服，并认为这是唯心主义性质的。受到费尔巴哈唯物主义立场的启发，马克思颠倒了黑格尔那里的市民社会和国家的关系，提出市民社会才是国家的真正前提和基础。市民社会和国家的分裂源自市民社会自身的矛盾和分裂，因而要克服分裂，实现统一，应当回到市民社会本身并通过市民社会的批判剖析来实现。这里，马克思既明确了此后须进一步展开市民社会批判

---

① 《马克思恩格斯文集》第 2 卷，人民出版社 2009 年版，第 591 页。

这一重点研究方向，也提示了对黑格尔法哲学的批判还需深入展开对作为其思想基础的思辨哲学的批判，从而在根本上批判和瓦解了黑格尔的伦理国家方案。这两项工作在《手稿》中都有正式展开。

《德法年鉴》时期，围绕犹太人解放问题的争论，马克思进一步揭示了政治解放的限度，并指出了"犹太人的社会解放就是社会从犹太精神中解放出来"①，而犹太人要想从受犹太世俗精神支配的市民社会中解放出来，就要超越政治解放，上升到人的解放。而人的解放又需要借助无产阶级的社会解放的形式体现出来，后者作为物质力量还需要作为精神力量的新哲学与之相互作用，其方向是未来的共产主义社会。因此，马克思此后必然要面对和处理当时的各种社会主义和共产主义思潮，并在此基础上阐发自己的共产主义世界观。这些在《手稿》中也都得到了初步实现。

同时，《手稿》的写作还受到了恩格斯的影响。在《手稿》的"序言"中，马克思称赞恩格斯的《国民经济学批判大纲》是"内容丰富而有独创性的著作"②。在这篇论文中，恩格斯先于马克思展开了政治经济学的批判工作，给予了马克思研究思路上的积极启发。恩格斯指出，国民经济学是发财致富的科学，其任务和目的是要掩盖资产阶级对劳动人民的掠夺。通过批判性分析国民经济学的经济范畴，恩格斯围绕竞争关系揭示了资本主义社会经济并非永恒的，而是历史的产物，须从资本主义社会经济制度本身的矛盾出发来批判现存的经济关系。受恩格斯的启发，马克思在《手稿》中开始从经济事实出发，来分析资本主义的经济关系并揭示资本主义社会的内在矛盾运动过程。在《手稿》中，马克思还对斯密、李嘉图、萨伊、穆勒、斯卡尔培克、麦克库洛赫、特拉西等人的著作进行了摘录和评论。随着经济学研究

① 《马克思恩格斯文集》第1卷，人民出版社2009年版，第55页。
② 《马克思恩格斯文集》第1卷，人民出版社2009年版，第112页。

的深入，马克思逐步摆脱了之前面对"物质利益难题"时的"失语"状态，并借助政治经济学批判初步实现了对资本主义社会的社会历史批判。

另外，在阐发自己的共产主义世界观时，马克思在《手稿》的"序言"中特意提到除利用法国和英国社会主义者的著作外，还利用了德国社会主义者的著作。① 当时马克思已经掌握了法文，认真研读并摘录了普·维·孔西得朗、皮·勒鲁、皮·约·蒲鲁东、埃·卡贝、泰·德萨米、菲·邦纳罗蒂、沙·傅立叶、劳蒂埃尔、弗·维尔加德尔和其他作者的著作。由于还未掌握英文，对英国社会主义者的著作则通过德译本或法译本来了解。例如，罗·欧文的作品，他就是通过法译本和论述欧文观点的法国作家的著作进行了解的。② 在德国，魏特林发表于 1842 年的《和谐与自由的保证》，接受了傅立叶的未来社会"和谐"思想，对资本主义现存制度进行了猛烈抨击，并提出以共产主义消灭资本主义社会的思想。马克思十分欣赏魏特林的革命态度。除了《和谐与自由的保证》以外，马克思或许也被魏特林 1841—1843 年发表在《年轻一代》的文章以及魏特林为正义者同盟撰写的纲领性著作《现实的人类和理想的人类》所影响。赫斯发表在《来自瑞士的二十一印章》中的三篇匿名文章（《社会主义和共产主义》《行动的哲学》和《唯一和完全的自由》），体现了其已经从早年对卢梭、黑格尔和斯宾诺莎学说的研究转向了对法国巴贝夫和傅立叶的空想社会主义和共产主义学说的研究。此外，赫斯发表在《德法年鉴》上的论文《论金钱的本质》从费尔巴哈关于人的宗教异化的学说中引申出社会异化、经济异化的思想，指出金钱是人的本质的异化。这一思想对马克思的劳动异化思想也起到了积极的启发作用。总之，法英德的社会主

---

① 《马克思恩格斯文集》第 1 卷，人民出版社 2009 年版，第 112 页。
② 《马克思恩格斯文集》第 1 卷，人民出版社 2009 年版，第 780 页。

义者及其著作对青年马克思的思想产生了深刻的影响，构成了马克思创作《手稿》的重要思想理论资源。

在《手稿》的"序言"中，马克思还对费尔巴哈哲学给予了高度称赞，提出其"对国民经济学的批判，以及整个实证的批判，全靠费尔巴哈的发现给它打下真正的基础。从费尔巴哈起才开始了实证的人道主义的和自然主义的批判"①。这说明，《手稿》的确受到了费尔巴哈的深刻影响，因此众多的研究者也认为，马克思这里的哲学基础是费尔巴哈的人本主义的唯物主义，其对国民经济学的批判及其异化劳动学说都是建立在费尔巴哈的人本主义的唯物主义立场上的，具有浓厚的人道主义批判意味。但这种观点也受到了不少学者尤其是认为马克思在《手稿》中实现了哲学革命的学者们的反驳，后者认为马克思所受到的费尔巴哈的影响不是压倒性的，马克思通过对黑格尔辩证法和整个哲学的剖析，实现了对以黑格尔哲学为完成形式的整个旧哲学的变革，也实现了对费尔巴哈哲学的批判与超越。正因如此，马克思在"序言"特别强调，"本著作的最后一章，即对黑格尔的辩证法和整个哲学的剖析，是完全必要的，因为当代批判的神学家不仅没有完成这样的工作，甚至没有认识到它的必要性"②，在正式的行文中，马克思也强调要揭示黑格尔哲学的抽象形式，还要说明"这一运动在黑格尔那里同现代的批判即同费尔巴哈的《基督教的本质》一书所描述的同一过程的区别；或者更正确些说，要说明这一在黑格尔那里还是非批判的运动所具有的批判的形式"③。因此，还须更为深入地理解马克思与费尔巴哈、黑格尔之间的思想关系。

---

① 《马克思恩格斯文集》第 1 卷，人民出版社 2009 年版，第 112 页。
② 《马克思恩格斯文集》第 1 卷，人民出版社 2009 年版，第 112 页。
③ 《马克思恩格斯文集》第 1 卷，人民出版社 2009 年版，第 201 页。

二　内容提示

《手稿》是由一个序言和三个未完成的笔记本（笔记本Ⅰ、笔记本Ⅱ和笔记本Ⅲ）组成的。序言交代了写作的计划、目的、内容和方法，还交代了其研究结论是"通过完全经验的、以对国民经济学进行认真的批判研究为基础的分析得出的"①。此外，马克思还对《手稿》写作的思想资源、费尔巴哈哲学以及批判黑格尔辩证法和整个哲学的必要性等作了交代。笔记本Ⅰ主要包括四个部分。前三个部分摘录和评论了萨伊的《论政治经济学》与斯密的《国民财富的性质和原因的研究》，第四部分则分析了资本主义社会条件中的异化劳动问题。笔记本Ⅰ前半部分批判分析了斯密学说中的工资、资本的利润和地租这三个经济范畴，借此揭露国民经济学说的内在矛盾，也呈现了资本主义社会必然导致阶级矛盾的简单化即简单化为无产阶级和资产阶级的矛盾，从而必然引发社会革命，带来资本主义社会的灭亡。后半部分则通过异化劳动的批判分析追问了私有财产的起源，批判了国民经济学将其视为永恒的和不证自明的前提的观点，并进一步得出了私有财产的关系表现为劳动与资本的矛盾运动关系。

笔记本Ⅱ只保留了四页手稿，是一本已经遗失的笔记的结尾部分。马克思把李嘉图、穆勒等人的观点与斯密、萨伊的观点进行了对比，分析和揭露了资产阶级经济学的内部差别。笔记本Ⅲ不是完整的、合乎逻辑的论文，而是马克思的笔记。笔记本Ⅲ包含私有财产和劳动、私有财产和共产主义、对当时的各种共产主义理论的考察和评述、对黑格尔哲学的批判以及有关分工和货币的两个片段等内容，这个笔记

①《马克思恩格斯文集》第 1 卷，人民出版社 2009 年版，第 111 页。

本分成四个部分。第一部分是《私有财产和劳动》，这是对笔记本 Ⅱ 未保存下来的第 XXXVI 页的补充。第二部分是对笔记本 Ⅱ 未保存下来的第 XXXIX 页的补充。其补充包括三点。第一，《私有财产和共产主义》论述了通过扬弃私有财产来扬弃人的自我异化，从七点对共产主义进行了论证；第二，《对黑格尔的辩证法和整个哲学的批判》是对黑格尔《精神现象学》进行的批判，最后以黑格尔的《哲学全书》的两段引文结束；第三，《私有财产和需要》是论述共产主义这个主题中所写的第七点。第三部分是对笔记本 Ⅲ 的增补。在此部分，马克思针对资产阶级经济学中的问题进行了增补。第四部分则是分工和货币两个片段。从内容上，它们是相对完整的论述。总体来看，《手稿》是马克思对政治经济学、哲学和共产主义学说进行的第一次全面系统的批判和创新，在马克思主义发展史上具有重要地位。

（一）异化劳动与私有财产

在"异化劳动和私有财产"这一部分，马克思全面论述了异化劳动问题。异化劳动理论是《手稿》的重点内容。所谓"异化"，指的是主体所创造的客体反过来作为一种异己的力量奴役和统治主体。"异化"与"对象化"不同，对象化指的是劳动的现实化，即主体在发展过程中通过自身的活动，创造出自己的客体，并在客体中实现自己、肯定自己。马克思指出，"劳动的产品是固定在某个对象中的、物化的劳动，这就是劳动的对象化"①。劳动的对象化在资本主义私有制条件下就表现为劳动的异化。劳动者在对象化的过程中是确证了自己的本质，而异化则是人在对象化的活动中否定自己。异化是一个历史范畴，是社会发展到一定阶段的产物。在《手稿》中，异化劳动特指资本主义私有条件下的雇佣劳动。

---

① 《马克思恩格斯文集》第 1 卷，人民出版社 2009 年版，第 156—157 页。

马克思揭示了国民经济学是"从私有财产的事实出发",但"没有给我们说明这个事实",它"把私有财产在现实中所经历的物质过程,放进一般的、抽象的公式,然后把这些公式当做规律。它不理解这些规律,就是说,它没有指明这些规律是怎样从私有财产的本质中产生出来的"①。国民经济学实际上把私有财产永恒化了,也因此把资本主义私有制与资本主义生产方式天然化和永恒化了,因而站在国民经济学的立场上,是不能科学地揭示资本主义社会经济运动的规律的。马克思的批判则指向这些不证自明的前提,并力图揭示资本主义社会制度的产生、发展和灭亡的运动规律:"我们现在必须弄清楚私有制、贪欲以及劳动、资本、地产三者的分离之间,交换和竞争之间、人的价值和人的贬值之间、垄断和竞争等等之间以及这全部异化和货币制度之间的本质联系。"② 在《手稿》中,马克思从"当前的国民经济学的事实出发",考察了异化劳动的四重规定性。

第一,劳动者与自己的劳动产品相异化。马克思指出,劳动是人的本质力量的外化,劳动产品则是人的本质力量的体现。但是在资本主义社会下,"工人生产的财富越多,他的生产的影响和规模越大,他就越贫穷。工人创造的商品越多,他就越变成廉价的商品。物的世界的增值同人的世界的贬值成正比"③。马克思进一步指出,"工人在劳动中耗费的力量越多,他亲手创造出来反对自身的、异己的对象世界的力量就越强大,他自身、他的内部世界就越贫乏,归他所有的东西就越少。宗教方面的情况也是如此。人奉献给上帝的越多,他留给自身的就越少。工人把自己的生命投入对象;但现在这个生命已不再属于他而属于对象了。因此,这种活动越多,工人就越丧失对

---

① 《马克思恩格斯文集》第 1 卷,人民出版社 2009 年版,第 155 页。

② 《马克思恩格斯文集》第 1 卷,人民出版社 2009 年版,第 156 页。

③ 《马克思恩格斯文集》第 1 卷,人民出版社 2009 年版,第 156 页。

象。凡是成为他的劳动的产品的东西，就不再是他自身的东西。因此，这个产品越多，他自身的东西就越少"①。因此，资本主义社会条件下，劳动的实现使工人从现实中被排挤，而劳动产品反过来成为统治工人的力量。工人对自己的劳动产品的关系就是对异己的对象的关系。

第二，劳动本身的异化。马克思指出，在私有制下，"劳动对工人来说是外在的东西，也就是说，不属于他的本质；因此，他在自己的劳动中不是肯定自己，而是否定自己，不是感到幸福，而是感到不幸，不是自由地发挥自己的体力和智力，而是使自己的肉体受折磨、精神遭摧残。因此，工人只有在劳动之外才感到自在，而在劳动中则感到不自在，他在不劳动时觉得舒畅，而在劳动时就觉得不舒畅"②。因此，异化不仅体现在劳动结果上，还体现在劳动过程本身。在资本主义条件下，劳动本身就是压抑人、使人不成为人的，这是完全异己的活动，而且"只要肉体的强制或其他强制一停止，人们就会像逃避瘟疫那样逃避劳动"③。

第三，劳动者与自己的类本质相异化。马克思采用费尔巴哈人类个体与类的关系的论证方法，提出"自由的有意识的活动恰恰就是人的类特性"④。但是，在资本主义社会条件中，异化劳动"（1）使自然界同人相异化，（2）使人本身，使他自己的活动机能，使他的生命活动同人相异化，因此，异化劳动也就使类同人相异化；对人来说，异化劳动把类生活变成维持个人生活的手段。其一，它使类生活和个人生活异化；其二，它把抽象形式的个人生活变成同样是抽象形式和异

---

① 《马克思恩格斯文集》第 1 卷，人民出版社 2009 年版，第 157 页。
② 《马克思恩格斯文集》第 1 卷，人民出版社 2009 年版，第 159 页。
③ 《马克思恩格斯文集》第 1 卷，人民出版社 2009 年版，第 159 页。
④ 《马克思恩格斯文集》第 1 卷，人民出版社 2009 年版，第 162 页。

化形式的类生活的目的"①。劳动变成了一种手段和非自愿的、强迫性的活动，劳动产品不属于劳动者自己，而是属于别人，这样，劳动者在这种劳动中就丧失了自己的类本性。这里，马克思揭示出人类真正的类生活同被异化的类生活之间的对立，这一对立的根源就是异化劳动。

第四，劳动中人与人的关系相异化。马克思指出，"人同自己的劳动产品、自己的生命活动、自己的类本质相异化的直接结果就是人同人相异化。当人同自身相对立的时候，他也同他人相对立"②。人从自己本身的类本质中异化出去，同时与自己的本质相疏离，最终导致人与人之间的疏离与对立。通过对异化劳动的逐层分析，马克思进一步指出，异化最终表现为资本主义私有制下工人与资本家之间的对立。在此基础上，马克思进一步考察了私有财产和异化劳动之间的关系，提出"私有财产是外化劳动即工人对自然界和对自身的外在关系的产物、结果和必然后果"，"我们通过分析，从外化劳动这一概念，即从外化的人、异化劳动、异化的生命、异化的人这一概念得出私有财产这一概念。"③ 由此，马克思通过考察异化劳动完成了对私有财产本质的追问，指出私有财产并非天然永恒，而是人的劳动外化的结果，由于劳动的外化在资本主义条件下表现为异化劳动，从而资本主义条件下的私有财产是异化劳动的结果。

同时，只有在资本主义条件下，劳动的外化才表现为劳动的异化，这里似乎形成了一种相互循环的关系。但马克思同时还提出，"私有财产只有发展到最后的、最高的阶段，它的这个秘密才重新暴露出来，就是说，私有财产一方面是外化劳动的产物，另一方面又是劳动借以

---

① 《马克思恩格斯文集》第 1 卷，人民出版社 2009 年版，第 161—162 页。
② 《马克思恩格斯文集》第 1 卷，人民出版社 2009 年版，第 163 页。
③ 《马克思恩格斯文集》第 1 卷，人民出版社 2009 年版，第 166 页。

外化的手段，是这一外化的实现"①。这说明，马克思看待私有财产和异化劳动关系具有一种历史的眼光，即只有当私有财产发展到最后、最高阶段时，异化劳动与私有财产之间的关系才会凸显出来。这时，从起源的角度看，私有财产是异化劳动的产物。但从既成状态的角度看，私有财产同时还是劳动异化的手段。这种历史的眼光，让马克思进一步提出这样的问题："现在要问，人是怎样使自己的劳动外化、异化的？这种异化又是怎样由人的发展的本质引起的？"② 由于马克思此时并未深入展开社会历史的研究，因而还无法给予明确的回答，但正如马克思所说的，"我们把私有财产的起源问题变为外化劳动对人类发展进程的关系问题，就已经为解决这一任务得到了许多东西。因为人们谈到私有财产时，总以为是涉及人之外的东西。而人们谈到劳动时，则认为是直接关系到人本身。问题的这种新的提法本身就已包含问题的解决"③。这种从社会历史的视野考察私有财产起源的思路后来在《德意志意识形态》当中进一步得到了体现，这里的困难也只有在历史唯物主义创立后才得以真正解决。

马克思在阐述异化劳动问题时，第一次在理论上系统地探讨了劳动的性质及其作用。马克思认为，人对自己的确证并不是靠单纯的意识活动，而主要是靠对自然改造的生产劳动。劳动是人创造自己生活的活动，是人的生命活动，是人的类生活。人类通过劳动创造对象世界，创造物质世界，证明自己是有意识的类存在物，因而生产劳动是人区别于动物的根本标志。虽然人和动物都是通过自己的活动从自然界中获取物质资料，但是人和动物的活动存在着本质的不同。第一，动物是本能的、无意识的，动物不能把自己与自己的生命活动区分

---

① 《马克思恩格斯文集》第1卷，人民出版社2009年版，第166页。
② 《马克思恩格斯文集》第1卷，人民出版社2009年版，第168页。
③ 《马克思恩格斯文集》第1卷，人民出版社2009年版，第168页。

开，而人的活动是有意识有目的的，"通过实践创造对象世界，改造无机界，人证明自己是有意识的类存在物"①。第二，有些动物也进行"生产"，但"动物只是在直接的肉体需要的支配下生产，而人甚至不受肉体需要的影响也进行生产，并且只有不受这种需要的影响才进行真正的生产"②。第三，动物的生产是片面的，而人的生产是全面的。第四，动物只生产自身，而人可以再生产整个自然界。第五，动物只是按照它所属的那个种的尺度和需要来构造，而人可以按照任何一个种的尺度来进行生产，人可以按照美的规律来构造。人在改造对象的过程中推动社会的发展。在此过程中，出现了对象的人化和人的对象化两个向度的发展过程。当人在对象化活动中改造自然界，使自然界转化为自己有机的身体从而实现自身的生存和发展，就是对象的人化过程。当人在对象化活动中，将自然界转化为自己无机的身体确证自己的本质，就是人的对象化的过程。可见，人的劳动活动离不开自然界，自然界是进行对象化活动的前提。在马克思看来，"没有自然界，没有感性的外部世界，工人什么也不能创造"③。同时由于人的对象化活动，也让自然界成为人的历史，人的历史亦日益成为自然史。这里，马克思提出了"自然的人化"和"人化的自然"的概念，科学地论证了人与自然的关系以及人的社会关系，为创立唯物史观奠定了初步基础。

（二）私有财产的扬弃与共产主义

《手稿》中的另一重要内容是阐述马克思自己的共产主义世界观，这建立在国民经济学批判的基础之上。马克思指出，"作为对财产的排除的劳动，即私有财产的主体本质，和作为劳动的排除的资本，即客

① 《马克思恩格斯文集》第 1 卷，人民出版社 2009 年版，第 162 页。
② 《马克思恩格斯文集》第 1 卷，人民出版社 2009 年版，第 162 页。
③ 《马克思恩格斯文集》第 1 卷，人民出版社 2009 年版，第 158 页。

体化的劳动，——这就是作为发展了的矛盾关系、因而也就是作为促使矛盾得到解决的能动关系的私有财产"①，强调要从劳动与资本的矛盾关系运动中来理解私有财产的扬弃，"劳动和资本的这种对立一达到极端，就必然是整个关系的顶点、最高阶段和灭亡"②。借此，马克思表达了资本主义社会因自身内在矛盾运动从而要实现自我扬弃的思想，也正因如此，他提出，"自我异化的扬弃同自我异化走的是同一条道路"③，特别强调"整个革命运动必然在私有财产的运动中，即在经济的运动中，为自己既找到经验的基础，也找到理论的基础"④。这一思想表明，《手稿》中的马克思并非只停留于对资本主义社会的人道主义批判上，而是已经初步实现了对其的社会历史批判和实践批判，这超出了费尔巴哈哲学影响的范围，具有了历史唯物主义的基本性质。

在具体阐述自己的共产主义世界观时，马克思首先批判了当时各种主要的社会主义和共产主义形式，接着提出了自己的共产主义思想。一方面，马克思对蒲鲁东、傅立叶、圣西门等人的观点展开批判，指出蒲鲁东尽管把劳动视为私有财产的本质，但他却只是从客体方面理解并要求变革私有财产，而傅立叶和圣西门只是从主体方面理解私有财产。傅立叶把工业劳动视为不自由的劳动和导致人的异化的根源，向往农业劳动；圣西门肯定工业劳动并渴望工业家的统治。他们都没有抓住私有财产的关系是劳动与资本互为前提和相互运动的关系，都无法真正扬弃私有财产。另一方面，马克思批判了法国形形色色的共产主义思潮。首先，马克思指出，以巴贝夫等人为代表的法国共产主

---

① 《马克思恩格斯文集》第 1 卷，人民出版社 2009 年版，第 182 页。
② 《马克思恩格斯文集》第 1 卷，人民出版社 2009 年版，第 172 页。
③ 《马克思恩格斯文集》第 1 卷，人民出版社 2009 年版，第 182 页。
④ 《马克思恩格斯文集》第 1 卷，人民出版社 2009 年版，第 186 页。

义思想是从私有财产的普遍性来看私有财产关系的，是一种"粗陋的共产主义"，"含有忌妒和平均主义欲望"，这种共产主义"只是劳动的共同性以及由共同的资本——作为普遍的资本家的共同体——所支付的工资的平等的共同性"①。这种共产主义同样无法认识私有财产的本质，"他不仅没有超越私有财产的水平，甚至从来没有达到私有财产的水平"，是向"非自然的简单状态的倒退"，其对私有财产的扬弃并不是真正的占有。② 其次，马克思对以勒鲁和卡贝为代表的"民主的"共产主义、以布朗基派和德国共产主义者魏特林为代表的"专政的"共产主义和以德萨米、盖伊和蒲鲁东为代表的"废除国家的"共产主义进行了批判。在马克思看来，无论是民主的或专政的共产主义还是废除国家的共产主义，虽然都认识到了扬弃私有财产的必要性，但是都没有理解扬弃的必然性，因为他们还没有理解私有财产的本质，也就是私有财产在人类历史上存在过的意义，也不能理解私有财产的暂时性，更不理解私有财产的关系本质上是劳动与资本矛盾运动的关系。

在此基础上，马克思阐述了自己的共产主义思想："共产主义是对私有财产即人的自我异化的积极的扬弃，因而是通过人并且为了人而对人的本质的真正占有；因此，它是人向自身、也就是向社会的即合乎人性的人的复归，这种复归是完全的复归，是自觉实现并在以往发展的全部财富的范围内实现的复归。这种共产主义，作为完成了的自然主义，等于人道主义，而作为完成了的人道主义，等于自然主义，它是人和自然界之间、人和人之间的矛盾的真正解决，是存在和本质、对象化和自我确证、自由和必然、个体和类之间的斗争的真正解决。

---

① 《马克思恩格斯文集》第 1 卷，人民出版社 2009 年版，第 184 页。
② 《马克思恩格斯文集》第 1 卷，人民出版社 2009 年版，第 184 页。

它是历史之谜的解答，而且知道自己就是这种解答。"① 在这里，马克思说明了共产主义的几点原则。一是共产主义要求消灭私有财产，克服人的异化。二是共产主义并不否定过往私有财产运动中取得的积极成果，扬弃的是劳动的不合理的社会形式，而不是劳动的对象化成果。三是共产主义是实现人性的复归，不是回到人的原始状态。四是共产主义是人对人的本质的真正占有。与以往的那些剥削人、压迫人的制度不同，共产主义把人从不合理的社会制度中解放了出来，实现了人对人的本质的真正占有。

马克思还把共产主义所追求的社会状态视为"人同自然界的完成了的本质的统一，是自然界的真正复活，是人的实现了的自然主义和自然界的实现了的人道主义"②。这种共产主义符合社会历史的客观发展过程，是消灭了人剥削人和使人真正成为人的人道主义的社会生活状态。共产主义的实现不仅是一个理论问题，还是一个实践问题。若想消灭私有制，必须通过工人解放这种政治形式，其中无产阶级是实现共产主义的主体力量。值得注意的是，相较于《手稿》，马克思后来在《共产党宣言》和《哥达纲领批判》中对共产主义的理解具有了更多的内涵。

（三）马克思对黑格尔辩证法和整个哲学的批判

在《手稿》的"序言"中，马克思特别提到"本著作的最后一章，即对黑格尔的辩证法和整个哲学的剖析，是完全必要的"③，这是因为：以鲍威尔为代表的"批判的神学家"未能完成这一批判，甚至没有意识到这一批判的重要性；费尔巴哈尽管是"唯一对黑格尔辩证

---

① 《马克思恩格斯文集》第 1 卷，人民出版社 2009 年版，第 185—186 页。
② 《马克思恩格斯文集》第 1 卷，人民出版社 2009 年版，第 187 页。
③ 《马克思恩格斯文集》第 1 卷，人民出版社 2009 年版，第 112 页。

法采取严肃的、批判的态度的人"①，但同样没有说明"在黑格尔那里还是非批判的运动所具有的批判的形式"②，因此，马克思在《手稿》删去的一句话中说："相反，费尔巴哈的关于哲学的本质的发现，究竟在什么程度上仍然——至少为了证明这些发现——使得对哲学辩证法的批判分析成为必要，读者从我的阐述本身就可以看清楚。"③ 这表明：马克思当时认为费尔巴哈与"批判的神学家"一样并未真正完成对黑格尔辩证法和整个哲学的批判。此外，马克思在《德法年鉴》时期认识到，作为完成了的旧哲学，黑格尔哲学不过是资本主义社会的观念论补充，因此需要对其展开清理，并在这一基础上创立新的共产主义理论，为无产阶级社会革命提供思想指导。

马克思在 1843 年写完《黑格尔法哲学批判》后，在《手稿》中进一步对黑格尔法哲学和国家哲学基础展开批判清理。在马克思看来，黑格尔借助精神的运动和发展来理解世界历史，"只是为历史的运动找到抽象的、逻辑的、思辨的表达，这种历史还不是作为既定的主体的人的现实历史，而只是人的产生的活动、人的形成的历史"④。黑格尔只是对社会现实和人类社会历史给予了抽象的理解，具有"非批判的实证主义和同样非批判的唯心主义"⑤ 性质，但在这种非批判的运动背后却蕴含着"批判的形式"，对于这一点，批判的神学家和费尔巴哈都未能给予真正重视。

这种"批判的形式"既是黑格尔哲学的积极方面，也是马克思继承黑格尔哲学的最重要的方面。一方面，马克思肯定了黑格尔对劳动问题的重视。马克思提出，黑格尔的伟大之处就在于，他"把人的自

---

① 《马克思恩格斯文集》第 1 卷，人民出版社 2009 年版，第 199 页。
② 《马克思恩格斯文集》第 1 卷，人民出版社 2009 年版，第 201 页。
③ 《马克思恩格斯文集》第 1 卷，人民出版社 2009 年版，第 114 页。
④ 《马克思恩格斯文集》第 1 卷，人民出版社 2009 年版，第 201 页。
⑤ 《马克思恩格斯文集》第 1 卷，人民出版社 2009 年版，第 204 页。

我产生看做一个过程，把对象化看做非对象化，看做外化和这种外化的扬弃；可见，他抓住了劳动的本质，把对象性的人、现实的因而是真正的人理解为人自己劳动的结果"①。在黑格尔那里，人要想满足自己，必须把自己的本质力量对象化、外化，为自己创造一个外部对象世界，从而形成主体与客体的对立，再通过对对立的扬弃，使外化的本质力量回归自身。这是以劳动为中介加以实现的。马克思赞扬黑格尔抓住了劳动的本质，即把劳动"看做人的自我确证的本质"②，人正是通过劳动来实现人的本质。但是同时，马克思也批判黑格尔只看到了劳动的积极方面，没有看到劳动的消极方面，依然站在国民经济学的立场上，他唯一知道并承认的劳动是抽象的精神劳动。另一方面，马克思也看到了黑格尔辩证法思想的积极环节。尽管黑格尔只是从精神的自身运动和发展理解社会历史从而陷入了逻辑的神秘主义，但是其辩证法思想中所蕴含的运动发展的思想却具有极大意义，"扬弃是把外化收回到自身的、对象性的运动"，它是理解共产主义运动的重要思想工具，"共产主义作为私有财产的扬弃就是要求归还真正人的生命即人的财产，就是实践的人道主义的生成一样；或者说，无神论是以扬弃宗教作为自己的中介的人道主义，共产主义则是以扬弃私有财产作为自己的中介的人道主义。只有通过对这种中介的扬弃——但这种中介是一个必要的前提——积极地从自身开始的即积极的人道主义才能产生"③。

以施特劳斯和鲍威尔为代表的"批判的神学家"对黑格尔哲学基本上采取全盘接受的态度。虽然他们在批判神学上有进步性，但他们对于自己的哲学同黑格尔哲学特别是辩证法之间的关系却缺乏认

---

① 《马克思恩格斯文集》第1卷，人民出版社 2009 年版，第205页。
② 《马克思恩格斯文集》第1卷，人民出版社 2009 年版，第205页。
③ 《马克思恩格斯文集》第1卷，人民出版社 2009 年版，第216页。

识。他们只是从黑格尔哲学中抽取了个别要素，施特劳斯抽取了黑格尔"实体"的观点，鲍威尔抽取了黑格尔"自我意识"的观点加以发展，他们自认为超越了黑格尔的思想，实际上却仍然受到黑格尔逻辑学的束缚。费尔巴哈对黑格尔哲学采取了批判态度，具有重要的历史功绩。其一，费尔巴哈证明了黑格尔哲学不过是思想的宗教，是人的本质的异化的另一种形式。他把黑格尔哲学作为神学的最后的理性支柱摧毁了。马克思称赞费尔巴哈是"唯一对黑格尔辩证法采取严肃的、批判的态度的人"①。其二，费尔巴哈把"人与人之间的"社会关系看作理论的基本原则，从而创立了唯物主义和实在的科学，恢复了唯物主义的权威。其三，费尔巴哈把感性世界同黑格尔的"绝对精神"对立起来。马克思认为，费尔巴哈强调以感性确定性为根据来肯定人和自然界的实在性的观点值得肯定，却未能看到黑格尔哲学合理的一面，忽视了黑格尔哲学中的"劳动"和"辩证法"思想的积极价值。

因此，马克思对黑格尔哲学进行了改造。通过批判黑格尔哲学的逻辑神秘主义，马克思把黑格尔哲学中的"劳动"和"辩证法"思想与费尔巴哈哲学中的"感性确定性"思想结合起来，提出了一种基于人的感性对象性活动来重新理解社会历史的思想。通过把黑格尔的"自我意识"和费尔巴哈的"感性的自然的人"改造为"从事感性对象性活动的现实的人"，把黑格尔的"精神劳动"改造为"物质生产劳动"，把黑格尔的"自我意识的异化"改造为"现实的人的感性对象化活动的外化"，马克思建立了一种"彻底的自然主义或人道主义"，这是"既不同于唯心主义，也不同于唯物主义，同时又是把二者结合起来的真理"②。只有这种新的思想才能真正理解无产阶级在社会历史

① 《马克思恩格斯文集》第 1 卷，人民出版社 2009 年版，第 199 页。
② 《马克思恩格斯文集》第 1 卷，人民出版社 2009 年版，第 209 页。

中的地位和作用，也才能真正揭示资本主义社会自我扬弃的可靠方式及共产主义社会为何必然会到来。因此，虽然马克思此时的思想带有费尔巴哈人本主义的色彩，但已经显示了与费尔巴哈的根本分歧，蕴含着丰富的新世界观和历史观思想，这一思想后来被进一步明确为历史唯物主义。

此外，还有必要深刻领会《手稿》的思想史地位及其重要的思想变革意义。《手稿》的问世曾在国外理论界引起巨大轰动，包括卢卡奇、朗兹胡特、迈耶尔、马尔库塞、亨·德曼、弗洛姆在内的一大批学者纷纷表达了兴奋之情。但在相关讨论中，出现了片面抬高或贬低《手稿》的极端化倾向。其中，阿多拉茨基认为，《手稿》时期的马克思在哲学上仍受费尔巴哈术语的影响，因此是不成熟的。阿尔都塞在《保卫马克思》一书中，明确提出"认识论断裂"的说法。他认为，1845 年之前，马克思处于意识形态阶段，之后才是科学阶段；马克思著作中的主题是人道主义，后期是历史唯物主义，而人道主义是反科学的"意识形态"，历史唯物主义才是马克思独创的"科学"；《手稿》是"黎明前黑暗的著作"，也是离"即将升起的太阳"（马克思主义）最远的著作。阿尔都塞的这一论断将青年马克思与老年马克思截然对立起来，强化了"两个马克思"的对立，将历史唯物主义的诞生当成了"没有父亲的孩子"，是突然发生的。而以朗兹胡特和迈耶尔为代表的学者则认为《手稿》是马克思最为重要的著作，马克思晚期的著作没有超越《手稿》的思想水平。在《马克思历史唯物主义的早期著作》一书的前言中，他们提到，《手稿》是"新的福音书""真正的马克思主义的启示录""在某种意义上是马克思的最重要的著作"，是"马克思思想发展的关节点"，对论证"新的马克思主义观"有"决定的意义"。其实片面地抬高或贬低《手稿》都是错误的，那么应该如何正确评价《手稿》及其当代价值呢？

一方面，《手稿》实现了与各种理论资源的区分，成就了"真正的马克思"。其一，在关于人的本质的问题上，黑格尔将人的本质等同于"自我意识"，费尔巴哈将人的本质视为"感性对象性存在物"，受费尔巴哈、康德、费希特哲学影响的赫斯则将人的本质视为"自由行动"。他们都认为人的本质是固定、抽象和普遍的，这是将人的某一方面（理性或感性）抽离于完整的人而使之固定为人的本质，在本质上是形而上学的思维方式。马克思则认为，人的本质是感性对象性活动，活动作为一种过程不可能是抽象的，而是使人的各个方面（感性、理性、需要等）得以形成和发展的前提与基础，人的本质也由人的诸多方面构成，因而是活动规定了人的本质、感性对象、社会历史等，而非相反。正因如此，马克思一直都将人视为社会存在物，他们与社会是浑然一体的，不能脱离社会理解人，社会是人通过劳动或实践活动构建起来的，因而本质上是实践的。其二，在方法论的问题上，通过肯定费尔巴哈哲学重新确立唯物主义地位的重要贡献，马克思站在费尔巴哈唯物主义立场上对黑格尔辩证法进行了改造。这种改造不是回到费尔巴哈的自然的、感性对象性的原则，而是将辩证法与劳动或感性对象性活动相互统一，成为劳动辩证法。费尔巴哈只能根据感性直观对事物进行认识，无法贯通主体与客体、人与自然、人与社会、历史与自然等的关系，他始终是与辩证法绝缘的。马克思则充分吸收和转化了黑格尔辩证法的精髓，使辩证法突破了仅仅在认识论层面得到理解的那种外在的看待问题的方法，从而上升到了存在论层面，认为借由劳动所建构的事物本身的运动和展开过程即辩证法。在这个意义上，辩证法是革命和批判的，是能够解决各种矛盾冲突的，因而是追求实效的。其三，在历史观问题上，黑格尔基于抽象的精神原则陷入了唯心史观。费尔巴哈以及主要以费尔巴哈人本学为基础的哲学共产主义或"真正的社会主义"将历史观视为人的本质的异化和复归的历史，同样陷入了主观主义和唯心主义，将未来社会理解为"应当"的实现状态，问题在于这种"应当"缺乏"现实"可能的依据。马克思则把历史理解为人通过人的劳动而诞生的历史，劳动辩证法也即历史辩证法，现有的所有财富包括工业、科学和现代价值观等都将为未来社会提供前提和基础，且未来社会并不是人类社会发展的目标，不过是消灭了奴役人的各种社会条件后的新的社会生活状态，是真正的人类社会历史的开启。因此，马克思对政治经济学的批判绝不能等同于一种道德批判，而更应视为一种社会历史批判和实践批判，马克思在肯定工业社会的现有成就及其意义的基础上揭示了其扬弃自身的可能性和必然性。这当中自然也有马克思自己的价值立场，但它内化在了资本主义社会扬弃自身的道路中，未来社会作为扬弃了异化的自由社会，是在现有基础上生成和发展起来的。这种立场、原则、思路和存在论意义上的辩证法符合历史唯物主义的基本内涵。

另一方面，与《德法年鉴》时期相比，《手稿》有诸多递进之处，其地位特殊，意义不容忽视。其一，继《德法年鉴》时期所取得的理论成果，即市民社会是国家的前提和基础之后，《手稿》首次深入解剖了市民社会本身。《手稿》之前的马克思还只是意识到要进行市民社会批判，此时则现实地开展了这一批判，而且并非基于其他思想资源，而是基于自己新确立的原则和立场，初步体现出后来政治经济学批判的研究对象和方法。因而，这里的政治经济学批判作为马克思思想发展过程中至关重要的一环，它意味着马克思不满于黑格尔将市民社会扬弃于伦理国家的处理方式，且已经自觉地超越了黑格尔、费尔巴哈和其他青年黑格尔派的哲学。《手稿》中的政治经济学批判为马克思扬弃黑格尔哲学的原则提供了现实视角，确立了感性对象性活动的原则。其二，《手稿》对黑格尔辩证法及一般哲学进行了彻底的批判，预示了哲学思维方式的变革。对马克思来说，黑格尔哲学代表了旧哲学即主体性哲学的最高阶段，主体性哲学是现代政治解放的哲学基础。扬弃政治解放，必然意味着扬弃主体性哲学，这种扬弃只能重新为哲学确立新的根据，也即将其建立在感性对象性活动的基础上，才是可行的。费尔巴哈关于人的本质的抽象的静态言说本质上还从属于主体性哲学。"感性对象性活动"在《关于费尔巴哈的提纲》第一条中得到了进一步的阐明。其三，《手稿》将人类解放具体化为工人阶级的劳动解放。人的解放是《德法年鉴》时期的理论成果，也是《手稿》的核心关切，这是马克思终其一生的理论追求。在《德法年鉴》时期，马克思还只是认识到须将政治解放提升为人类解放，且这是通过无产阶级社会革命的方式实现的，而在《手稿》中则不仅进一步确认了人的解放需要借助无产阶级的解放来实现，还将这种解放具体化为劳动解放，进而对市民社会的异化状态（异化劳动）进行了批判。劳动解放即劳动从私有财产的束缚中解放出来，意味着从以私有财产为前提的现代社会中解放出来，也即社会解放。因此，共产主义意味着劳动与资本矛盾的消除，意味着异化劳动或使人受奴役的活动被扬弃，意味着劳动重新成为确定人的意义、价值和幸福的保障。劳动需要重新成为完整的人的基本需要。这种思想在《德意志意识形态》和《哥达纲领批判》中都得到了进一步的阐发。

三　文献指南

1. 《马克思恩格斯文集》第 1 卷，人民出版社 2009 年版。

2. ［法］阿尔都塞：《保卫马克思》，顾良译，商务印书馆 2017 年版。

3. 郝立新主编：《马克思主义发展史》第 1 卷，人民出版社 2018 年版。

4. ［法］拉宾：《青年马克思》，姚颖译，中国人民大学出版社 2022 年版。

5. 林锋：《重读马克思：〈1844 年经济学哲学手稿〉前沿问题新探》，中央编译出版社 2018 年版。

6. 汪海燕著，薛晓源、刘宁宁主编：《马克思〈1844 年经济学哲学手稿〉研究读本》，中央编译出版社 2017 年版。

原文摘选

卡·马克思

《1844 年经济学哲学手稿》（节选）

[异化劳动和私有财产]

....

我们且从当前的国民经济的事实出发。

工人生产的财富越多，他的生产的影响和规模越大，他就越贫穷。工人创造的商品越多，他就越变成廉价的商品。物的世界的增值同人的世界的贬值成正比。劳动生产的不仅是商品，它还生产作为商品的劳动自身和工人，而且是按它一般生产商品的比例生产的。

这一事实无非是表明：劳动所生产的对象，即劳动的产品，作为一种异己的存在物，作为不依赖于生产者的力量，同劳动相对立。劳动的产品是固定在某个对象中的、物化的劳动，这就是劳动的对象化。劳动的现实化就是劳动的对象化。在国民经济的实际状况中，劳动的这种现实化表现为工人的非现实化，对象化表现为对象的丧失和被对象奴役，占有表现为异化、外化。

劳动的现实化竟如此表现为非现实化，以致工人非现实化到饿死的地步。对象化竟如此表现为对象的丧失，以致工人被剥夺了最必要的对象——不仅是生活的必要对象，而且是劳动的必要对象。甚至连劳动本身也成为工人只有通过最大的努力和极不规则的间歇才能加以占有的对象。对对象的占有竟如此表现为异化，以致工人生产的对象越多，他能够占有的对象就越少，而且越受自己的产品即资本的统治。

这一切后果包含在这样一个规定中：工人对自己的劳动的产品的关系就是对一个异己的对象的关系。因为根据这个前提，很明显，工人在劳动中耗费的力量越多，他亲手创造出来反对自身的、异己的对象世界的力量就越强大，他自身、他的内部世界就越贫乏，归他所有的东西就越少。宗教方面的情况也是如此。人奉献给上帝的越多，他留给自身的就越少。工人把自己的生命投入对象；但现在这个生命已不再属于他而属于对象了。因此，这种活动越多，工人就越丧失对象。凡是成为他的劳动的产品的东西，就不再是他自身的东西。因此，这个产品越多，他自身的东西就越少。工人在他的产品中的外化，不仅意味着他的劳动成为对象，成为外部的存在，而且意味着他的劳动作为一种与他相异的东西不依赖于他而在他之外存在，并成为同他对立的独立力量；意味着他给予对象的生命是作为敌对的和相异的东西同他相对立。

[XXIII] 现在让我们来更详细地考察一下对象化，即工人的生产，以及对象即工人的产品在对象化中的异化、丧失。

没有自然界，没有感性的外部世界，工人什么也不能创造。自然界是工人的劳动得以实现、工人的劳动在其中活动、工人的劳动从中生产出和借以生产出自己的产品的材料。

但是，自然界一方面在这样的意义上给劳动提供生活资料，即没有劳动加工的对象，劳动就不能存在；另一方面，也在更狭隘的意义上提供生活资料，即维持工人本身的肉体生存的手段。

因此，工人越是通过自己的劳动占有外部世界、感性自然界，他就越是在两个方面失去生活资料：第一，感性的外部世界越来越不成为属于他的劳动的对象，不成为他的劳动的生活资料；第二，感性的外部世界越来越不给他提供直接意义的生活资料，即维持工人的肉体生存的手段。

因此，工人在这两方面成为自己的对象的奴隶：首先，他得到劳动的对象，也就是得到工作；其次，他得到生存资料。因此，他首先是作为工人，其次是作为肉体的主体，才能够生存。这种奴隶状态的顶点就是：他只有作为工人才能维持自己作为肉体的主体，并且只有作为肉体的主体才能是工人。

（按照国民经济学的规律，工人在他的对象中的异化表现在：工人生产得越多，他能够消费的越少；他创造的价值越多，他自己越没有价值、越低贱；工人的产品越完美，工人自己越畸形；工人创造的对象越文明，工人自己越野蛮；劳动越有力量，工人越无力；劳动越机巧，工人越愚笨，越成为自然界的奴隶。）

国民经济学由于不考察工人（劳动）同产品的直接关系而掩盖劳动本质的异化。当然，劳动为富人生产了奇迹般的东西，但是为工人生产了赤贫。劳动生产了宫殿，但是给工人生产了棚舍。劳动生产了美，但是使工人变成畸形。劳动用机器代替了手工劳动，但是使一部分工人回到野蛮的劳动，并使另一部分工人变成机器。劳动生产了智慧，但是给工人生产了愚钝和痴呆。

劳动对它的产品的直接关系，是工人对他的生产的对象的关系。有产者对生产对象和生产本身的关系，不过是这前一种关系的结果，而且证实了这一点。对问题的这另一个方面我们将在后面加以考察。因此，当我们问劳动的本质关系是什么的时候，我们问的是工人对生产的关系。

以上我们只是从一个方面，就是从工人对他的劳动产品的关系这个方面，考察了工人的异化、外化。但是，异化不仅表现在结果上，而且表现在生产行为中，表现在生产活动本身中。如果工人不是在生产行为本身中使自身异化，那么工人活动的产品怎么会作为相异的东西同工人对立呢？产品不过是活动、生产的总结。因此，如果劳动的产品是外化，那么生产本身必然是能动的外化，活动的外化，外化的活动。在劳动对象的异化中不过总结了劳动活动本身的异化、外化。

那么，劳动的外化表现在什么地方呢？

首先，劳动对工人来说是外在的东西，也就是说，不属于他的本质；因此，他在自己的劳动中不是肯定自己，而是否定自己，不是感到幸福，而是感到不幸，不是自由地发挥自己的体力和智力，而是使自己的肉体受折磨、精神遭摧残。因此，工人只有在劳动之外才感到自在，而在劳动中则感到不自在，他在不劳动时觉得舒畅，而在劳动时就觉得不舒畅。因此，他的劳动不是自愿的劳动，而是被迫的强制劳动。因此，这种劳动不是满足一种需要，而只是满足劳动以外的那些需要的一种手段。劳动的异己性完全表现在：只要肉体的强制或其他强制一停止，人们就会像逃避瘟疫那样逃避劳动。外在的劳动，人在其中使自己外化的劳动，是一种自我牺牲、自我折磨的劳动。最后，对工人来说，劳动的外在性表现在：这种劳动不是他自己的，而是别人的；劳动不属于他；他在劳动中也不属于他自己，而是属于别人。在宗教中，人的幻想、人的头脑和人的心灵的自主活动对个人发生作用不取决于他个人，就是说，是作为某种异己的活动，神灵的或魔鬼的活动发生作用，同样，工人的活动也不是他的自主活动。他的活动属于别人，这种活动是他自身的丧失。

因此，结果是，人（工人）只有在运用自己的动物机能——吃、喝、生殖，至多还有居住、修饰等等——的时候，才觉得自己在自由活动，而在运用人的机能时，觉得自己只不过是动物。动物的东西成为人的东西，而人的东西成为动物的东西。

吃、喝、生殖等等，固然也是真正的人的机能。但是，如果加以抽象，使这些机能脱离人的其他活动领域并成为最后的和唯一的终极目的，那它们就是动物的机能。

我们从两个方面考察了实践的人的活动即劳动的异化行为。第一，工人对劳动产品这个异己的、统治着他的对象的关系。这种关系同时也是工人对感性的外部世界、对自然对象——异己的与他敌对的世界——的关系。第二，在劳动过程中劳动对生产行为的关系。这种关系是工人对他自己的活动——一种异己的、不属于他的活动——的关系。在这里，活动是受动；力量是无力；生殖是去势；工人自己的体力和智力，他个人的生命——因为，生命如果不是活动，又是什么呢？——是不依赖于他、不属于他、转过来反对他自身的活动。这是自我异化，而上面所谈的是物的异化。

[XXIV] 我们现在还要根据在此以前考察的异化劳动的两个规定推出它的第三个规定。

人是类存在物，不仅因为人在实践上和理论上都把类——他自身的类以及其他物的类——当做自己的对象；而且因为——这只是同一种事物的另一种说法——人把自身当做现有的、有生命的类来对待，因为人把自身当做普遍的因而也是自由的存在物来对待。

无论是在人那里还是在动物那里，类生活从肉体方面来说就在于人（和动物一样）靠无机界生活，而人和动物相比越有普遍性，人赖以生活的无机界的范围就越广阔。从理论领域来说，植物、动物、石头、空气、光等等，一方面作为自然科学的对象，一方面作为艺术的对象，都是人的意识的一部分，是人的精神的无机界，是人必须事先进行加工以便享用和消化的精神食粮；同样，从实践领域来说，这些东西也是人的生活和人的活动的一部分。人在肉体上只有靠这些自然产品才能生活，不管这些产品是以食物、燃料、衣着的形式还是以住房等等的形式表现出来。在实践上，人的普遍性正是表现为这样的普遍性，它把整个自然界——首先作为人的直接的生活资料，其次作为人的生命活动的对象（材料)①和工具——变成人的无机的身体。自然界，就它自身不是人的身体而言，是人的无机的身体。人靠自然界生活。这就是说，自然界是人为了不致死亡而必须与之处于持续不断的交互作用过程的、人的身体。所谓人的肉体生活和精神生活同自然界相联系，不外是说自然界同自身相联系，因为人是自然界的一部分。

异化劳动，由于（1）使自然界同人相异化，（2）使人本身，使他自己的活动机能，使他的生命活动同人相异化，因此，异化劳动也就使类同人相异化；对人来说，异化劳动把类生活变成维持个人生活的手段。第一，它使类生活和个人生活异化；第二，它把抽象形式的个人生活变成同样是抽象形式和异化形式的类生活的目的。

因为，首先，劳动这种生命活动、这种生产生活本身对人来说不过是满足一种需要即维持肉体生存的需要的一种手段。而生产生活就是类生活。这是产生生命的生活。一个种的整体特性、种的类特性就在于生命活动的性质，而自由的有意识的活动恰恰就是人的类特性。生活本身仅仅表现为生活的手段。

动物和自己的生命活动是直接同一的。动物不把自己同自己的生命活动区别开来。它就是自己的生命活动。人则使自己的生命活动本身变成自己意志的和自己意识的对象。他具有有意识的生命活动。这不是人与之直接融为一体的那种规定性。有意识的生命活动把人同动物的生命活动直接区别开来。正是由于这一点，人才是类存在物。或者说，正因为人是类存在物，他才是有意识的存在物，就是说，他自

---

① 手稿中"材料"写在"对象"的上方。

己的生活对他来说是对象。仅仅由于这一点，他的活动才是自由的活动。异化劳动把这种关系颠倒过来，以致人正因为是有意识的存在物，才把自己的生命活动，自己的本质变成仅仅维持自己生存的手段。

通过实践创造对象世界，改造无机界，人证明自己是有意识的类存在物，就是说是这样一种存在物，它把类看做自己的本质，或者说把自身看做类存在物。诚然，动物也生产。动物为自己营造巢穴或住所，如蜜蜂、海狸、蚂蚁等。但是，动物只生产它自己或它的幼仔所直接需要的东西；动物的生产是片面的，而人的生产是全面的；动物只是在直接的肉体需要的支配下生产，而人甚至不受肉体需要的影响也进行生产，并且只有不受这种需要的影响才进行真正的生产；动物只生产自身，而人再生产整个自然界；动物的产品直接属于它的肉体，而人则自由地面对自己的产品。动物只是按照它所属的那个种的尺度和需要来构造，而人却懂得按照任何一个种的尺度来进行生产，并且懂得处处都把固有的尺度运用于对象；因此，人也按照美的规律来构造。

因此，正是在改造对象世界的过程中，人才真正地证明自己是类存在物。这种生产是人的能动的类生活。通过这种生产，自然界才表现为他的作品和他的现实。因此，劳动的对象是人的类生活的对象化：人不仅像在意识中那样在精神上使自己二重化，而且能动地、现实地使自己二重化，从而在他所创造的世界中直观自身。因此，异化劳动从人那里夺去了他的生产的对象，也就从人那里夺去了他的类生活，即他的现实的类对象性，把人对动物所具有的优点变成缺点，因为人的无机的身体即自然界被夺走了。

同样，异化劳动把自主活动、自由活动贬低为手段，也就把人的类生活变成维持人的肉体生存的手段。

因此，人具有的关于自己的类的意识，由于异化而改变，以致类生活对他来说竟成了手段。

这样一来，异化劳动导致：

（3）人的类本质，无论是自然界，还是人的精神的类能力，都变成了对人来说是异己的本质，变成了维持他的个人生存的手段。异化劳动使人自己的身体同人相异化，同样也使在人之外的自然界同人相异化，使他的精神本质、他的人的本质同人相异化。

（4）人同自己的劳动产品、自己的生命活动、自己的类本质相异化的直接结果就是人同人相异化。当人同自身相对立的时候，他也同他人相对立。凡是适用于人对自己的劳动、对自己的劳动产品和对自身的关系的东西，也都适用于人对他人、对他人的劳动和劳动对象的关系。

总之，人的类本质同人相异化这一命题，说的是一个人同他人相异化，以及他们中的每个人都同人的本质相异化。

人的异化，一般地说，人对自身的任何关系，只有通过人对他人的关系才得到实现和表现。

因此，在异化劳动的条件下，每个人都按照他自己作为工人所具有的那种尺度和关系来观察他人。

…………

（选自《马克思恩格斯文集》第 1 卷，人民出版社 2009 年版，第 155—169 页）

《关于费尔巴哈的提纲》导读

  《关于费尔巴哈的提纲》（以下简称《提纲》）是马克思 1845 年在布鲁塞尔写的笔记。这个笔记位于 1844—1847 年的笔记本中，标题为《1. 关于费尔巴哈》，在马克思生前没有发表。1888 年恩格斯出版《路德维希·费尔巴哈和德国古典哲学的终结》一书时把这篇笔记作为附录首次发表，标题为《马克思论费尔巴哈》。恩格斯在书的序言中写道："我在马克思的一本旧笔记中找到了十一条关于费尔巴哈的提纲，现在作为本书附录刊印出来。这是匆匆写成的供以后研究用的笔记，根本没有打算付印。但是它作为包含着新世界观的天才萌芽的第一个文献，是非常宝贵的。"[①] 在发表前，为了易懂，恩格斯对马克思的提纲作了一些修改。因此，学习这一文献时，读者可以将马克思的原本（即 1845 年稿本）和恩格斯的改本（即 1888 年稿本）进行比较阅读。目前的题目即《关于费尔巴哈的提纲》，是后来《马克思恩格斯全集》俄文版和德文版的编者根据恩格斯的提法所加。作为"包含着新世界观的天才萌芽的第一个文件"，《提纲》共 11 条，不足 1500 字，但内容丰富，在马克思主义发展史上具有里程碑式的意义。《提纲》的每一

---

  ① 《马克思恩格斯文集》第 4 卷，人民出版社 2009 年版，第 266 页。

条对于准确理解马克思主义哲学都具有重要价值。

一 写作背景

1845 年 2 月初,因受到法国基佐政府的驱逐,马克思迁居比利时的布鲁塞尔。同年 4 月,恩格斯前来与马克思会合,清算以往的唯心主义和一切旧唯物主义,尤其是费尔巴哈哲学。马克思的《提纲》是为这一目的而作的,其基本观点也在《德意志意识形态》(以下简称《形态》)中得到了系统阐述。

马克思在《德法年鉴》时期实现了从唯心主义到唯物主义和从革命民主主义到共产主义的彻底转向,并提出了须通过无产阶级社会革命实现人的解放的思想,以及无产阶级作为"物质力量"还须有"精神力量"与之相互作用的要求。这一思路最初在《1844 年经济学哲学手稿》中得以展开,通过对黑格尔辩证法和整个哲学的批判,马克思提出了以感性对象性活动理论为根据的新哲学,实现了对以往哲学的思想革命。在随后与恩格斯合著的《神圣家族》中,马克思对鲍威尔等青年黑格尔派的思辨唯心主义进行了系统批判,其中仍有对费尔巴哈哲学的赞赏。这种赞赏并不意味着马克思与费尔巴哈的立场完全一致,而是意味着,对马克思而言,费尔巴哈唯物主义哲学对于破除思辨神学的影响和统治具有重要的变革意义。在《神圣家族》中,马克思恩格斯指出,费尔巴哈主要还是"在理论领域体现了和人道主义相吻合的唯物主义",而与实践领域相吻合的唯物主义则被法国和英国的社会主义和共产主义发展了。① 恰如恩格斯所言,"对抽象的人的崇拜,即费尔巴哈的新宗教的核心,必定会由关于现实的人及其历史发展的

---

① 《马克思恩格斯文集》第 1 卷,人民出版社 2009 年版,第 327 页。

科学来代替。这个超出费尔巴哈而进一步发展费尔巴哈观点的工作，是由马克思于 1845 年在《神圣家族》中开始的"①。

到了《提纲》时期，马克思认为全面清理费尔巴哈哲学的时机已经成熟，马克思和恩格斯的会面也加速了其创立新世界观的进程，于是马克思最终拟定了 11 条批判费尔巴哈哲学的大纲。其中的"实践"的观点并非《提纲》首次提出，而是早已体现在他们此前的相关著作中。在《〈黑格尔法哲学批判〉导言》中，马克思提出了"批判的武器当然不能代替武器的批判，物质力量只能用物质力量来摧毁；但是理论一经掌握群众，也会变成物质力量"②，还批判了"理论政治派"和"实践政治派"割裂理论与实践关系的观点。在《1844 年经济学哲学手稿》中，马克思则将人的本质视为自由自觉的活动，从而抓住了实践活动最基本的内容，还从实践活动即感性对象性活动的角度来理解人与自然、社会历史的关系，提出"整个所谓世界历史不外是人通过人的劳动而诞生的过程，是自然界对人来说的生成过程"③，此外，还提出了"理论的对立本身的解决，只有通过实践的方式，只有借助于人的实践力量，才是可能的；因此，这种对立的解决绝对不只是认识的任务，而是现实生活的任务，而哲学未能解决这个任务，正是因为哲学把这仅仅看做理论的任务"④ 等观点。在《神圣家族》中，马克思恩格斯同样把现实的生产劳动视为实践的基本内容，强调人的活动在历史中的作用，提出"历史不过是追求着自己目的的人的活动而已"⑤，还针对思辨的唯心主义对群众的贬低，特别强调了群众在社会历史运动中的基础性作用，初步阐述了群众史观。在《提纲》中，马

① 《马克思恩格斯文集》第 4 卷，人民出版社 2009 年版，第 295 页。
② 《马克思恩格斯文集》第 1 卷，人民出版社 2009 年版，第 11 页。
③ 《马克思恩格斯文集》第 1 卷，人民出版社 2009 年版，第 196 页。
④ 《马克思恩格斯文集》第 1 卷，人民出版社 2009 年版，第 192 页。
⑤ 《马克思恩格斯文集》第 1 卷，人民出版社 2009 年版，第 295 页。

克思则更加凝练地表达了自己对于实践的理论思考。

关于《提纲》的具体写作时间，长久以来学术界展开了激烈的争论，其中以格奥尔基·巴加图利亚、英格·陶伯特和柳德米拉·瓦西娜等 MEGA² IV/3 卷编者的意见最具代表性。巴加图利亚认为，《提纲》的写作时间应该为恩格斯到达布鲁塞尔不久后的 1845 年 4 月。巴加图利亚根据马克思的《1844 - 1847 年记事本》中恩格斯的笔迹，推断出《提纲》是马克思在恩格斯到达布鲁塞尔之后写下的。另外，在《提纲》之后写有马克思在离开布鲁塞尔（1845 年 7 月 12 日）之前记下的文献目录，因而推测《提纲》的写作时间在此之前。基于赫斯对费尔巴哈的批判以及同时期学者对《神圣家族》的回应，陶伯特认为《提纲》的写作时间应该为 1845 年 5 月中旬至 7 月初。她认为，赫斯对费尔巴哈的批判构成了马克思反思费尔巴哈哲学的出发点。陶伯特根据马克思获得赫斯论文的可能时间，推定《提纲》写于 1845 年 5 月 14 日之后。以瓦西娜为代表的 MEGA² IV/3 卷编者将马克思与克利盖的争论视为写作提纲的直接契机，同时考虑到布鲁塞尔时期文献目录的写作时间，认为《提纲》的写作时间应该是恩格斯到达布鲁塞尔之后的 1845 年 4—5 月。瓦西娜在附属资料卷中对《提纲》的写作时间和契机进行了阐述，认为正是马克思与克利盖的争论使他认识到批判费尔巴哈的必要性，从而写下《提纲》，划清与费尔巴哈的界限，阐明自己的见解与主张。

上述争论并未获得有效共识，因此，无法真正确定《提纲》的具体写作时间。可以确定的是，《提纲》写作于 1845 年春季。

二　内容提示

《提纲》主要以费尔巴哈哲学为批判对象，提出了实践的范畴并以之为主线，阐述了马克思的新世界观和历史唯物主义的基本观点，标志着以实践为基础的新唯物主义的正式诞生。这一新的哲学路向超越了以黑格尔哲学为代表的唯心主义和以费尔巴哈哲学为代表的旧唯物主义。

《提纲》共有 11 条，从逻辑结构上可以分为三部分。第 1 条为总论部分，主要阐述新唯物主义和旧唯物主义以及唯心主义的原则区别，指出包括费尔巴哈在内的旧唯物主义哲学和各种唯心主义哲学都不了解实践活动的伟大意义，从而明确提出了"实践"范畴。第 2—9 条是第二部分，阐述了以实践为中心的历史唯物主义的基本观点。第 10 条和第 11 条是第三部分，阐明了新唯物主义区别于旧哲学的社会基础和历史使命。其基本内容包括以下几个方面。

（一）强调了新唯物主义与旧唯物主义和唯心主义的原则区分

《提纲》第 1 条作为总论部分，马克思批判了旧唯物主义和唯心主义是不了解"革命的""实践批判的"活动的意义的，体现了新唯物主义与一切旧哲学的原则区分。

一方面，马克思揭示了"从前的一切唯物主义"的局限性。"从前的一切唯物主义"，主要指的是 17—18 世纪英、法唯物主义和费尔巴哈的人本学唯物主义。马克思指出，旧唯物主义的主要缺点在于"对对象、现实、感性，只是从客体的或者直观的形式去理解，而不是把它们当做感性的人的活动，当做实践去理解，不是从主体方面去理解"①。"对象、现实、感性"三个词汇在费尔巴哈的著作中含义相同，都指的是感性的客观世界，其中也包括客观存在的人。旧唯物主义只看到世界的客观性，不能理解人在客观世界中的地位和作用，更没有看到人对客观世界的能动地改造。旧唯物主义只是从认识与被认识角

---

① 《马克思恩格斯文集》第 1 卷，人民出版社 2009 年版，第 499 页。

度把握主体与对象世界的关系，不能理解主体与对象世界的改造和被改造关系。由于无法理解革命的实践活动及其意义，主体与客体的统一在旧唯物主义那里也就变成脱离了人的实践活动的消极的、抽象的、直观的统一。

另一方面，马克思批判了唯心主义对人的主观能动性的夸大和歪曲。唯心主义抽象地发展了人的主观能动的方面，也离开了现实的感性的活动基地。在马克思看来，唯心主义从精神、观念角度出发理解主体与对象世界的关系，尽管充分看到了人的主观能动性，但否定了对象世界的客观实在性，同样无法理解主体与对象世界之间的改造与被改造关系，从而和旧唯物主义一样，不能真正理解人与客观世界之间的真实关系。

通过批判费尔巴哈关于实践的错误观点，马克思指出，"费尔巴哈想要研究跟思想客体确实不同的感性客体，但是他没有把人的活动本身理解为对象性的活动"[1]。在这里，"思想客体"指的是黑格尔的绝对精神。在黑格尔那里，主体即客体，客体作为"物"不过是绝对精神的外化，本质上是对象化了的自我意识。"感性客体"指的是费尔巴哈强调自然的现实的自然界和人。费尔巴哈虽然看到了外部世界的客观性及其对人类思维的决定作用，但他却把对象、现实、感性看作"感性对象"，而不是"感性活动"。因此在费尔巴哈那里，人还是脱离了社会实践的抽象的人，真正的人的活动仅仅是理论批判的活动，对于实践则只是从"它的卑污的犹太人的表现形式去理解和确定"，即只把犹太人投机经商的利己活动视为实践活动，这无论如何都是"不了解'革命的'、'实践批判的'活动的意义"的。[2] 在马克思看来，实践活动是综合旧唯物主义和唯心主义的核心概念，既内含了旧唯物

---

① 《马克思恩格斯文集》第 1 卷，人民出版社 2009 年版，第 499 页。
② 《马克思恩格斯文集》第 1 卷，人民出版社 2009 年版，第 499 页。

主义的感性原则，体现了对客观世界之客观实在性的肯定，又内含了唯心主义的主观能动性，体现了主体与对象世界的改造与被改造关系，从而综合和超越了一切旧哲学，是新唯物主义的基础和根据。

（二）强调了人应该在实践中证明自己思维的真理性

《提纲》第 2 条中，马克思将实践的观点引入了认识论，提出了实践的真理观。马克思指出，"人的思维是否具有客观的真理性，这不是一个理论的问题，而是一个实践的问题"①。人的认识是否正确、是否具有真理性，不能只停留于理论层面的论证或争论，而应该回到实践中并通过实践来解决。

近代认识论围绕着思维与存在的关系形成了唯理论和经验论，二者长期争论不休。康德认为自在之物独立于人的意识而存在，但是人只能认识到自在之物的现象，不能认识到自在之物本身，陷入了不可知论；黑格尔通过思辨哲学回应了这一争论，认为思维和存在的同一性在于绝对精神，"理念就是真理；因为真理即是客观性与概念相符合"②；费尔巴哈则认为，决定思维的客观真理性的"唯一标准，乃是直观"③。这都是在纯粹哲学或理论的层面证明思维的真理性。在马克思看来，人的思维的真理性应当纳入实践中加以考量，实践才是认识的来源和检验真理的标准。之所以如此，是因为人的思维的真理性反映的是人的思维与对象世界的关系，而人又是通过实践活动来与对象世界发生关联的，人的认识也必然会随着实践活动的拓展而发生改变，因此，我们只有通过实践并不断地回到实践才能判断人的思维是否具有真理性，才能真正揭示人的思维与对象世界的关系。马克思的实践

---

① 《马克思恩格斯文集》第 1 卷，人民出版社 2009 年版，第 500 页。
② ［德］黑格尔：《小逻辑》，贺麟译，商务印书馆 2017 年版，第 399 页。
③ ［德］费尔巴哈：《费尔巴哈哲学著作选集》上卷，荣震华、李金山译，商务印书馆 1984 年版，第 179 页。

真理观是对费尔巴哈真理观的批判。对费尔巴哈来说，只有别人跟"我"一致的地方，才是真理，他把大家一样的观点视为真理。马克思的实践真理观是对费尔巴哈真理观的批判。马克思所说的"思维的真理性"则包含三个方面：现实性、力量和此岸性。马克思认为，世界是可以被认识的，世界上不存在不可认识的自在之物。人的思维可以在实践中透过现象看到事物的本质和规律，验证自己认识的真理性，不断彰显思维"此岸性"的现实力量。脱离实践谈论思维的真理性是纯粹的"经院哲学"，是毫无意义的。

（三）从实践的观点理解人与环境的关系

《提纲》第3条批判了旧唯物主义的环境决定论和英雄史观，指出了实践对环境的改变和人的教育的作用，强调了人与环境的相互作用关系。这里的批判对象不仅包括费尔巴哈，还包括18世纪以爱尔维修、霍尔巴赫为代表的法国唯物主义、19世纪的英国空想社会主义者等。他们都认为人是环境和教育的产物，好的立法者和教育者是在好的法律和教育环境中成长起来的，而完善的法律和良好的教育又取决于好的立法者和教育者。这种观点尽管对于批判宗教神学、打破旧的社会秩序具有进步意义，但陷入了环境决定论的误区，遗忘了教育者本人也是受教育的，而其主张的通过好的立法者和教育者来改变环境的观点则必然会带来一部分人凌驾于另一部分之上，从而与英雄史观相通。正因如此，罗伯特·欧文等人就将社会发展的希望寄托于天才人物，认为完善的政治法律制度是由天才人物发现和制定的，人民群众则被视为群氓。对此，马克思明确认为，"环境的改变和人的活动或自我改变的一致，只能被看做是并合理地理解为革命的实践"①。在马克思看来，人与环境、教育是相互作用、相互制约、相互影响的。一

① 《马克思恩格斯文集》第1卷，人民出版社2009年版，第500页。

方面，人的实践活动受到环境的影响，人只能在特定的环境中展开自己的实践活动，借助这种实践，使人的能力得到提高。另一方面，通过实践，人将自己的本质力量外化到对象世界中去，实现世界的主体化，从而也改造着环境。正是借助于这种实践活动，人和环境的关系才得以建成并不断获得改变。而在特定环境中从事实践活动的主体正是从事实践活动的诸现实的个人即人民群众，因此与旧哲学强调先知先觉者、伟人、英雄的作用不同，马克思新唯物主义更强调群众的作用，主张的是群众史观。

（四）从实践的观点看宗教的异化及其扬弃

《提纲》第4条针对费尔巴哈的宗教批判思想，指出费尔巴哈的宗教批判具有不彻底性，要扬弃宗教的异化必须深入宗教异化得以产生的世俗根源，并通过革命的实践扬弃这种世俗基础才有可能。马克思肯定了费尔巴哈宗教批判的功绩，认为费尔巴哈对于宗教的批判没有像施特劳斯和鲍威尔那样把基督教的批判局限于历史考证，也没有像法国唯物主义那样把宗教简单地归结为无知和欺骗的产物，而是从人的类本质的异化来理解宗教的本质，将宗教视为人的类本质的异化。在费尔巴哈看来，人们信仰神是由人的依赖心、恐惧心和利己心等主观原因和心理因素所决定的，从而瓦解了宗教的神秘主义因素，揭示了宗教产生的认识论根源。问题是，费尔巴哈并没有进一步揭示为什么人要将人的本质异化为神或上帝，也就是说，他并没有深入研究宗教得以产生的世俗基础并对这一世俗基础的分裂展开批判分析，从而并没有找到宗教的真正起源，也不可能真正扬弃宗教的异化。马克思则认为，人们之所以会将自己的本质外化出去创造出宗教，只能通过"这个世俗基础的自我分裂和自我矛盾来说明"。由于世俗生活充满了各种分裂和痛苦，而人们无力在现实中加以反抗这种分裂和痛苦，于是便借助宗教来表达对现实苦难的抗议，并借助宗教的救赎获得精神上的慰藉。因此要真正扬弃宗教，还应当从这个世俗基础自身的"矛盾中去理解，并且在实践中使之发生革命"①。因此，"例如，自从发现神圣家族的秘密在于世俗家庭之后，世俗家庭本身就应当在理论上和实践中被消灭"②。"神圣家族"指的是由圣母玛利亚、圣父约瑟和圣子耶稣等组成的宗教世界。"世俗家庭"指的是现实世界。马克思认为，只有通过革命的方式消灭自然压迫与阶级压迫，变革旧的社会制度，才能消除宗教产生的阶级根源，从而在根本上扬弃宗教的异化。

在《提纲》第5条中，马克思还进一步指出了费尔巴哈陷入误区的认识论根源，即只是从直观的角度来理解世界，看不到实践的、人的感性活动的积极意义。从直观的角度只能把世界理解为客观的世界，把人理解为受动的个人，只能从认识论角度把握人与自己的对象世界的关系。马克思从实践的、人的感性的活动的角度理解人与对象世界的关系，不仅强调了环境对人的影响，还强调了人对环境的能动的反作用。这样，对象世界也就是人们借助自己的活动加以能动改造的过程和结果，具有动态、发展的特点。

（五）从实践的观点出发提出人的本质是一切关系的总和的观点

《提纲》第6条针对费尔巴哈关于人的本质的观点，阐明了马克思对人的本质的理解。

第一，马克思批判了费尔巴哈关于人的本质的抽象观点。"费尔巴哈把宗教的本质归结于人的本质"③，但在马克思看来，"人的本质不是单个人所固有的抽象物，在其现实性上，它是一切社会关系的总和"④。费尔巴哈从作为类的人的共同性来理解人的本质，从而陷入了

---

① 《马克思恩格斯文集》第1卷，人民出版社2009年版，第500页。
② 《马克思恩格斯文集》第1卷，人民出版社2009年版，第500页。
③ 《马克思恩格斯文集》第1卷，人民出版社2009年版，第501页。
④ 《马克思恩格斯文集》第1卷，人民出版社2009年版，第501页。

将人所固有的抽象的理性、意志和爱等普遍性和共同性视为人的本质的误区。马克思则认为，由于人是从事实践活动的存在物，人借助革命的实践改造环境，环境同时也改造人，从而人的本质总是具体的、历史的，在现实性上，是一切社会关系的总和。费尔巴哈过于强调人的自然属性，忽视了人的社会属性，马克思则强调人是社会存在物，人总是在特定的社会环境和社会条件下存在并从事生产活动，从而具有不同的社会地位、阶级属性、社会意识和情感，结成不同的社会关系，因此塑造了诸个体的不同本质。

第二，马克思指出了费尔巴哈没有认识到人的本质的现实性的后果，即费尔巴哈"撇开历史的进程，把宗教感情固定为独立的东西，并假定有一种抽象的——孤立的——人的个体"[1]，最终把本质理解为"类"，"理解为一种内在的、无声的、把许多个人自然地联系起来的普遍性"[2]。费尔巴哈的"类"包含两层含义。一是与其他一切个体相对立的特定个体；二是人的自然本性或人的本质。在费尔巴哈看来，人的类本质的构成要素是理性、意志、爱。理性是人原本就存在的东西，是普遍事物的代表。意志决定着道德的完善性。爱则代表特殊的事物和个体，它是至高无上的权威和真理。因此，人是由肉体、血液、情感、性格等组成的整体，人是自然的一部分，而人的社会生活表现为两性生活。总之，费尔巴哈只认识到人的自然属性，并未看到人的社会属性，只看到了生物学意义上的人，而没有看到社会关系中的人。因此，他无法理解人通过实践活动既创造了历史也改变了自己的本质。

（六）阐明全部社会生活的本质是实践的

在《提纲》第7条中，马克思批判了费尔巴哈从抽象的人的角度

---

[1] 《马克思恩格斯文集》第1卷，人民出版社2009年版，第501页。
[2] 《马克思恩格斯文集》第1卷，人民出版社2009年版，第501页。

看待人的宗教感情的观点，指出人不是抽象的个人，而是属于一定的社会形式的人。在马克思看来，"宗教感情"并非永恒不变的，人的"宗教感情"本身就是社会的产物，是社会存在的反映。在《提纲》第 8 条中，马克思提出，全部社会生活在本质上是实践的，从而强调不能对社会加以神秘化和抽象化的理解，而应从实践的角度来把握，强调社会和历史都是人的实践活动的产物。在马克思看来，实践是人能动地改造客观世界的物质活动，是人类社会产生与发展的基础和动力。实践不仅构成了社会生活的全部领域，也构成了人的社会和社会中的人。人类的社会生活只有置于人类社会实践中才能够得到合理解释。在生产实践中，人与动物相区别，产生了人类社会，推动着人类社会的发展。只有立足于实践才能理解社会运动的本质和规律。同时，马克思指出，"凡是把理论引向神秘主义的神秘东西，都能在人的实践中以及对这种实践的理解中得到合理的解决"①。这强调了理论是人类社会生活的反映。任何理论，包括那些荒谬的、神秘主义的理论，都不存在任何神秘的内容，都可以在社会实践中找到现实根源。由此，马克思首次明确把实践引入社会历史观中，表明了实践是历史唯物主义首要的和基本的观点。

（七）阐明了新唯物主义的原则、立脚点和历史使命

在《提纲》第 9 条中，马克思批判直观的唯物主义由于没有把感性理解为实践活动，因而只能达到对单个人和市民社会的直观。"直观的唯物主义"，是指包括费尔巴哈在内的脱离人的实践活动来考察人类社会的一切旧唯物主义。"单个人"指的是脱离了社会关系的孤立的、抽象的人。"市民社会"是 18 世纪的资产阶级经济学家、历史学家为摆脱古代和中世纪共同体的习惯用语，着力体现新兴资本主义社

---

① 《马克思恩格斯文集》第 1 卷，人民出版社 2009 年版，第 501 页。

会中经济关系与财产关系而使用的术语。以费尔巴哈为代表的旧唯物主义由于不懂得实践在社会生活中的地位和作用，他们把人看作脱离了生产关系和其他一切社会关系的单个的、孤立的人。用直观的认识方式考察人类社会历史，只能直观地看到资本主义社会中单个的人，只能对单个人的思想动机与行为进行直观的描述，而无法探寻单个人思想背后的物质动因，也无法看到人民群众的历史作用。因此，在第10条中，马克思直接将这种唯物主义称为"旧唯物主义"，而把自己强调实践活动的唯物主义称为"新唯物主义"，并且提出旧唯物主义的立脚点是"市民社会"，而新唯物主义的立脚点则是"人类社会或社会的人类"。在马克思看来，旧唯物主义本质上没有突破资产阶级社会的限制，具有资产阶级的阶级立场，新唯物主义则志在变革资产阶级社会，通向未来的共产主义社会。新唯物主义站在人类社会的立场之上，追求的是实现人的真正解放的共产主义社会，表明了新唯物主义具有无产阶级的阶级属性。

《提纲》第11条宣告了新唯物主义的历史使命，指出"哲学家们只是用不同的方式解释世界，问题在于改变世界"①。在马克思看来，哲学家们由于不能理解实践的革命意义，将实践排除于哲学之外，最终只能停留于"用不同的方式解释世界"。后来在《形态》中，马克思和恩格斯指出，"青年黑格尔派的意识形态家们尽管满口讲的都是所谓'震撼世界的'词句，却是最大的保守派。如果说，他们之中最年轻的人宣称只为反对'词句'而斗争，那就确切地表达了他们的活动。不过他们忘记了：他们只是用词句来反对这些词句；既然他们仅仅反对这个世界的词句，那么他们就绝对不是反对现实的现存世界"②。在马克思那里，由于革命的实践活动是新唯物主义的基础，因而新哲学

---

① 《马克思恩格斯文集》第1卷，人民出版社2009年版，第502页。
② 《马克思恩格斯文集》第1卷，人民出版社2009年版，第516页。

的历史使命就不仅在于解释世界，更重要的是在资产阶级社会中展开无产阶级革命实践，祛除旧世界意识形态的蒙蔽，拒绝神秘主义的诱导，改造旧世界，创造新世界。《提纲》第11条充分表明，马克思主义哲学与以往哲学有着本质上的差别，是无产阶级革命运动的理论基础。

综合来看，《提纲》虽然是马克思匆匆写成的笔记，但由于其内容深刻，在马克思主义哲学的形成与发展中具有重要的意义。

首先，《提纲》首次提出了科学的实践概念，构筑了科学的实践观。实践的观点是马克思主义哲学的基本观点，马克思和恩格斯不仅把实践引入认识论领域，而且把实践引入历史领域，确立了实践在社会历史中的基础地位。《提纲》以实践为中心，论述了新世界观的基本原则，把实践作为马克思主义哲学区别于一切旧哲学的基本特征。今天，马克思主义哲学鲜明的实践特征的现实意义在于，立足于实践理解现实世界，以实践的勇气变革现实世界的不合理。

其次，如果说《形态》是马克思恩格斯对自己的思想观点的系统阐述，那么《提纲》则是对马克思主义哲学的最初表述，确立了马克思主义哲学的雏形。由此，马克思恩格斯公开树立了"新唯物主义""实践的唯物主义"的旗帜，与包括费尔巴哈在内的一切旧唯物主义划清了界限，《提纲》和《形态》也成为马克思主义哲学特别是唯物史观形成的标志。在《提纲》和《形态》之前，马克思和恩格斯就曾多次批判黑格尔和青年黑格尔派的唯心主义哲学，虽然其中也包含对费尔巴哈哲学的批判，但批判有所保留，总的来说对其进行了过高的评价。1844年8月，马克思在一封信中还称赞费尔巴哈的《未来哲学》和《信仰的本质》"给社会主义提供了哲学基础"①。直到在撰写《神圣家族》一书时，还存在对费尔巴哈的"迷信"②。虽然在此之前马克

---

① 《马克思恩格斯文集》第10卷，人民出版社2009年版，第13页。
② 《马克思恩格斯全集》第31卷，人民出版社1972年版，第293页。

思和恩格斯的哲学思想在很多方面都已经超越了费尔巴哈，但他们并没有把自己的哲学与费尔巴哈的思想进行严格的区分。而在《提纲》和《形态》中，费尔巴哈则成为马克思和恩格斯的主要批判对象。马克思和恩格斯深入批判了费尔巴哈关于人的本质的观点，并且在《形态》中用大篇幅批判了以费尔巴哈人本主义为哲学基础的德国"真正的社会主义"。由此可见，在《提纲》和《形态》中，马克思和恩格斯把新唯物主义同旧唯物主义、直观的唯物主义对立起来，从根本上与"从前的一切唯物主义"划清界限。

最后，《提纲》实现了真正意义的哲学变革，这种变革绝不是具体观点或者是体系的改变，而是思维方式的变革。马克思是古典哲学的终结者和现代哲学的奠基人，马克思的哲学革命实现了思维范式的转换。在以往的哲学视野中，总是从客体的或者直观的形式去理解自然，把客观世界当作已经存在、永恒不变的事物来看待。马克思则从感性的人的活动，即实践的角度理解自然，自然就不再是"感性对象"，而成了认识和改造的"感性世界"。"感性世界"因此也是人的实践活动的产物，具有历史性的生成特点。对于人的本质的理解，马克思也将其看作历史性的生成。人的社会生活在本质上是实践的，人也在实践中借助变动着的社会关系的总和来定义和实现自己的本质，因此，人的本质不是现成的、固定不变的，而是现实的、具体的、历史性的生成和变动着的。

三　文献指南

1. 《马克思恩格斯文集》第 1 卷，人民出版社 2009 年版。

2. ［俄］鲍·斯拉文：《被无知侮辱的思想——马克思社会理想的当代解读》，孙凌齐译，中央编译出版社 2006 年版。

3. ［英］戴维·麦克莱伦:《青年黑格尔派与马克思》,夏威仪、陈启伟、金海民译,商务印书馆 1982 年版。

4. ［德］费尔巴哈:《基督教的本质》,荣震华译,商务印书馆 2022 年版。

5. ［德］费尔巴哈:《未来哲学原理》,洪谦译,商务印书馆 2022 年版。

6. ［苏］马利宁、申卡鲁克:《黑格尔左派批判分析》,曾盛林译,社会科学文献出版社 1987 年版。

7. 田毅松:《恩格斯〈路德维希·费尔巴哈和德国古典哲学的终结〉研究读本》,中央编译出版社 2016 年版。

8. 吴晓明:《马克思早期思想的逻辑发展》,上海人民出版社 2022 年版。年版。

原文摘选

卡·马克思
《关于费尔巴哈的提纲》
1. 关于费尔巴哈①

一

从前的一切唯物主义（包括费尔巴哈的唯物主义）的主要缺点是：对对象、现实、感性，只是从客体的或者直观的形式去理解，而不是把它们当做感性的人的活动，当做实践去理解，不是从主体方面去理解。因此，和唯物主义相反，唯心主义却把能动的方面抽象地发展了，当然，唯心主义是不知道现实的、感性的活动本身的。费尔巴哈想要研究跟思想客体确实不同的感性客体，但是他没有把人的活动本身理解为对象性的［gegenständliche］活动。因此，他在《基督教的本质》中仅仅把理论的活动看做是真正人的活动，而对于实践则只是从它的卑污的犹太人的表现形式去理解和确定。因此，他不了解"革命的"、"实践批判的"活动的意义。

---

① 马克思 1845 年的稿本。

二

人的思维是否具有客观的［gegenständliche］真理性，这不是一个理论的问题，而是一个实践的问题。人应该在实践中证明自己思维的真理性，即自己思维的现实性和力量，自己思维的此岸性。关于思维——离开实践的思维——的现实性或非现实性的争论，是一个纯粹经院哲学的问题。

三

关于环境和教育起改变作用的唯物主义学说忘记了：环境是由人来改变的，而教育者本人一定是受教育的。因此，这种学说必然会把社会分成两部分，其中一部分凌驾于社会之上。

环境的改变和人的活动或自我改变的一致，只能被看做是并合理地理解为革命的实践。

四

费尔巴哈是从宗教上的自我异化，从世界被二重化为宗教世界和世俗世界这一事实出发的。他做的工作是把宗教世界归结于它的世俗基础。但是，世俗基础使自己从自身中分离出去，并在云霄中固定为一个独立王国，这只能用这个世俗基础的自我分裂和自我矛盾来说明。因此，对于这个世俗基础本身应当在自身中、从它的矛盾中去理解，并且在实践中使之发生革命。因此，例如，自从发现神圣家族的秘密在于世俗家庭之后，世俗家庭本身就应当在理论上和实践中被消灭。

五

费尔巴哈不满意抽象的思维而喜欢直观；但是他把感性不是看做实践的、人的感性的活动。

六

费尔巴哈把宗教的本质归结于人的本质。但是，人的本质不是单个人所固有的抽象物，在其现实性上，它是一切社会关系的总和。

费尔巴哈没有对这种现实的本质进行批判，因此他不得不：

（1）撇开历史的进程，把宗教感情固定为独立的东西，并假定有一种抽象的——孤立的——人的个体。

（2）因此，本质只能被理解为"类"，理解为一种内在的、无声的、把许多个人自然地联系起来的普遍性。

七

因此，费尔巴哈没有看到，"宗教感情"本身是社会的产物，而他所分析的抽象的个人，是属于一定的社会形式的。

八

全部社会生活在本质上是实践的。凡是把理论引向神秘主义的神秘东西，都能在人的实践中以及对这种实践的理解中得到合理的解决。

九

直观的唯物主义，即不是把感性理解为实践活动的唯物主义，至多也只能达到对单个人和市民社会的直观。

十

旧唯物主义的立脚点是市民社会，新唯物主义的立脚点则是人类社会或社会的人类。

十一

哲学家们只是用不同的方式解释世界，问题在于改变世界。

（选自《马克思恩格斯文集》第1卷，

人民出版社2009年版，第499—502页）

《德意志意识形态》（节选）导读

　　《德意志意识形态》全称为《德意志意识形态。对费尔巴哈、布·鲍威尔和施蒂纳所代表的现代德国哲学以及各式各样先知所代表的德国社会主义的批判》（以下简称《形态》），是马克思和恩格斯继《神圣家族》后第二部合著的经典著作。《形态》写作于 1845 年秋至 1846 年 5 月，是一部未完成的作品，在马克思生前并未正式出版。全书本来没有总标题，现有的书名全称是马克思后来在一篇声明《驳卡尔·格律恩》中对这部著作所使用的称呼。后来的编辑者根据文本的内在理论逻辑加以重组编排，形成了目前呈现于读者眼前的《形态》。因此，《形态》这一文本并非思想成品，而是一部过程稿，向人们呈现了马克思恩格斯对当时流行的"德意志意识形态"的批判。《形态》篇幅宏大，由两卷八章组成，首次系统阐述了马克思恩格斯的新世界观和历史唯物主义。其中，第一卷主要阐述了历史唯物主义的基本原理，批判了费尔巴哈的形而上学唯物主义和青年黑格尔派的主要代表人物鲍威尔和施蒂纳的唯心主义哲学，第一卷第一章（"费尔巴哈"部分）作为导论，集中了全书的思想精华；第二卷的主要内容是对以格律恩为代表的"真正的社会主义"的批判。需要指出的是，马克思恩格斯《德法年鉴》时期实现了"两个转向"之后，又经《1844 年经济学哲学手稿》中对三大思想资源的整合，以及《神圣家族》对"思辨唯心主义"的批判和《关于费尔巴哈的提纲》中以"实践"为基础的新唯物主义的提出，历史唯物主义的基本原则、立场、观点和方法最终在《形态》中得以真正诞生。这也意味着，在完成了对之前哲学信仰清算的同时，经由历史唯物主义的正式提出，马克思恩格斯的未来共产主义思想也获得了可靠的思想根基，最终使得马克思主义作为一种新的思想传统开始登上世界历史舞台。理解《形态》，既宜坚持思想的整体性和发展性原则，也应充分考量其在马克思主义发展史中的重要地位，真正理解和掌握历史唯物主义的基本内涵、主要内容及其理论性质等。

一　写作背景

《形态》的写作首先是出于变革现有理论的需要。德国古典哲学在人类思想史上曾产生了巨大的影响并具有十分重要的地位，也是马克思主义的重要思想来源之一。但是，整个德国古典哲学无论是康德、黑格尔，还是后来包括费尔巴哈等人在内的整个青年黑格尔派都停留于意识哲学的领域，是在意识哲学的领域展开各种理论竞技的。到了19世纪上半叶，德国意识形态领域内出现的问题是，当时现存的理论无法与整个时代的政治经济状况相适应，理论停留于某种抽象的前提如精神、类本质的人、唯一者，这是一种典型的唯心主义的方式，从而并不能真正理解已经到来的资本主义社会的本质。青年黑格尔派的大部分成员事实上都还停留于资产阶级立场上，希望实现德国的现代化转向。当时的各种空想社会主义包括德国真正的共产主义，尽管意识到了资本主义社会的问题，也对未来理想的人类社会状态展开了积极的构想，但由于缺乏科学世界观的指导，陷入了乌托邦主义。面对这种情况，恩格斯在1844年10月给马克思的信中提到，须尽快把新原则"从以往的世界观和以往的历史中逻辑地和历史地作为二者的必然继续用几部著作阐发出来",否则的话,"一切都还会处于半睡半醒状态,大多数人还得盲目地摸索"①。应该说,马克思和恩格斯撰写《德意志意识形态》等著作都是出于这种理论斗争的需要。

马克思和恩格斯写作《形态》的直接动因是,他们认为,有必要对费尔巴哈在1845年夏天发表的文章中宣称自己是共产主义者一事进行评价,并且批判时年8月在《莱茵社会改革年鉴》第1卷上发表的一批"真正社会主义者"的著作,以及10月中旬在莱比锡出版的《维干德季刊》第3卷上发表的,鲍威尔攻击《神圣家族》的文章和施蒂纳为自己的《唯一者及其所有物》辩护的文章。1845年的欧洲,无产阶级反抗资产阶级的革命运动已经轰轰烈烈地开展,此时的青年黑格尔派实际上已经由激进派演化成了反对共产主义运动的直接对立派。青年黑格尔派在当时的德国具有相当的影响,但其思想主张又具有很大的欺骗性,因此,为了将整个欧洲的无产阶级革命运动引向正确的方向,马克思和恩格斯决定揭露"真正的社会主义"、费尔巴哈以及青年黑格尔派思想的欺骗性与危害性。

此外,《形态》的写作也是由当时的革命斗争形势所推动。19世纪40年代初,随着资本主义社会矛盾的不断激化,西欧的工人运动由自发斗争逐步转向有组织的政治斗争,尤其是欧洲三大工人运动(英国宪章运动、法国里昂工人起义和德国西里西亚纺织工人起义)标志着工人阶级已经作为一支独立的政治力量登上了历史舞台。但是,由于没有科学的理论指导,西欧的工人运动均宣告失败。因此,为工人阶级创立科学理论就成为一项亟须完成的重要任务。1846年年初,"共产主义通讯委员会"根据马克思的倡议在布鲁塞尔得以成立。这一时

---

① 《马克思恩格斯文集》第10卷,人民出版社2009年版,第17—18页。

期，马克思和恩格斯收到了来自各地的书信，沟通和交流了各国共产主义运动的情况和无产阶级斗争的经验，极力主张将各国分散的革命力量联合起来。后来，恩格斯对这段经历回忆道："我们两人已经深入到政治运动中；我们已经在知识分子中间，特别是在德国西部的知识分子中间获得一些人的拥护，并且同有组织的无产阶级建立了广泛联系。我们有义务科学地论证我们的观点，但是，对我们来说同样重要的是：争取欧洲无产阶级，首先是争取德国无产阶级拥护我们的信念。"① 在这种情况下，马克思主义创始人的任务就在于建立一种科学的社会主义理论，服务于无产阶级革命运动。为此，既需要批判资产阶级的意识形态，也需要批判各种小资产阶级的社会主义思潮。不过，马克思和恩格斯及其学说对当时的工人团体与共产主义组织的影响，"决不是占统治地位的。它不过是无数社会主义派别或思潮中的一个而已"②，占思想统治地位的基本上还是资产阶级、小资产阶级社会主义派别，后者的思想严重侵蚀了工人团体与共产主义组织。在这一情况下，马克思和恩格斯意识到展开意识形态斗争的必要性和紧迫性。

在 1859 年的《〈政治经济学批判〉序言》中，马克思回顾说："当 1845 年春他也住在布鲁塞尔时，我们决定共同阐明我们的见解与德国哲学的意识形态的见解的对立，实际上是把我们从前的哲学信仰清算一下。这个心愿是以批判黑格尔以后的哲学的形式来实现的。"③ 为区分于"从前的哲学信仰"，马克思和恩格斯采用了一系列新的术语和表达，突破了德意志意识形态所陷入的"思想的统治"误区，明确了一系列历史唯物主义的立场、观点和方法，展现了一种新的世界观

---

① 《马克思恩格斯文集》第 4 卷，人民出版社 2009 年版，第 233 页。
② 《列宁选集》第 2 卷，人民出版社 2012 年版，第 305 页。
③ 《马克思恩格斯文集》第 2 卷，人民出版社 2009 年版，第 593 页。

和新的理解社会历史发展的模式，具有极为重要的思想变革意义。

马克思和恩格斯在世时曾为出版《形态》做过诸多努力，但始终没有成功。起先，威斯特伐利亚的两位出版商表示愿意出版，但又谎称资金问题而拒绝出版，其真正原因在于，这两位出版商本身就是马克思在著作中所批判的那种典型的"真正的社会主义者"。马克思曾在 1846 年 12 月 28 日写给帕·瓦·安年科夫的信中说："您很难想象，在德国出版这种书要碰到怎样的困难，这些困难一方面来自警察，一方面来自与我所抨击的一切流派利益攸关的出版商。"① 马克思和恩格斯后来又与多个出版商联系，但最终都未使该著如愿出版。马克思后来这样写道："既然我们已经达到了我们的主要目的——自己弄清问题，我们就情愿让原稿留给老鼠的牙齿去批判了。"② 1883 年马克思逝世后，恩格斯建议伯恩施坦将经过修订的《形态》的手稿出版，但最终也不了了之。恩格斯逝世后，手稿仍被伯恩施坦所控制，其不愿将其出版的真实原因是，德国社会民主党的机会主义首领们不能容忍这部著作对资产阶级意识形态和小资产阶级社会主义的猛烈批判，因为社会民主党的改良主义者和修正主义者正是以这种新的形式来恢复小资产阶级的社会主义的。后来由于梅林的坚持，《形态》的个别篇目得以问世。1924 年，苏共中央马克思和恩格斯研究院发表了《形态》的第一章的俄文译本。直到 1932 年，《形态》全书才第一次用德文发表，收录于德文版《马克思恩格斯全集》第 5 卷中。

二 内容提示

《形态》的第一卷第一章是全书的思想精华。在第一卷的开篇，马

---

① 《马克思恩格斯文集》第 10 卷，人民出版社 2009 年版，第 53 页。
② 《马克思恩格斯文集》第 2 卷，人民出版社 2009 年版，第 593 页。

克思和恩格斯指出，"迄今为止人们总是为自己造出关于自己本身、关于自己是何物或应当成为何物的种种虚假观念。他们按照自己关于神、关于标准人等等观念来建立自己的关系。他们头脑的产物不受他们支配。他们这些创造者屈从于自己的创造物。他们在幻象、观念、教条和臆想的存在物的枷锁下日渐委靡消沉，我们要把他们从中解放出来。我们要起来反抗这种思想的统治"①。这表明，《形态》的重要主题是反抗德意志意识形态的"思想的统治"，正是在这种反抗过程中，历史唯物主义基本思想得到了系统阐发。学习本文，需掌握以下基本内容。

（一）现实的个人及其活动是历史唯物主义的现实前提

在马克思和恩格斯看来，要真正理解人类社会历史的产生和发展不能从任意提出的教条或臆想的前提出发，而应从现实的前提出发，"这是一些现实的个人，是他们的活动和他们的物质生活条件，包括他们已有的和由他们自己的活动创造出来的物质生活条件"，"全部人类历史的第一个前提无疑是有生命的个人的存在"。② 这一观点是针对德意志意识形态家从抽象的前提出发看待社会历史这一错误倾向而提出的。在黑格尔那里，人被归结为"主体的自我意识"，人的自主活动变成了"自我意识"的活动或纯粹的精神活动，社会历史也被视为"绝对精神"的自我运动和发展的历史。其后的青年黑格尔派尽管满口都是所谓震撼世界的词句，却是最大的保守派，本质上并未离开黑格尔体系的基地，只是抓住黑格尔体系的某一方面来反对整个体系并反对他人所抓住的那些方面，绝不是反对现实的现存世界。他们停留于纯粹的思想领域，止步于宗教批判和观念的变革，并未真正触动德国的现实，其对社会历史的理解与黑格尔一样具有唯心主义和神秘主义性

---

① 《马克思恩格斯文集》第 1 卷，人民出版社 2009 年版，第 509 页。
② 《马克思恩格斯文集》第 1 卷，人民出版社 2009 年版，第 519 页。

质。鲍威尔强调"自我意识"、施特劳斯强调"实体"、费尔巴哈强调自然的现实的生物学意义上的人，"把人只看做是'感性对象'，而不是'感性活动'"①、施蒂纳强调"唯一者"等等这些都是抽象的前提。他们把这些前提当成出发点并由此演绎出对人类社会历史的理解，因而鲍威尔把历史理解成了"自我意识"自我实现的历史，施蒂纳则把历史变成了"幽灵"的历史，也把反对一切现实的革命斗争变成了批判家的纯粹理论思维活动，而费尔巴哈甚至没有历史的视野，他们都无法真正理解现实的社会历史及其真实的运动发展过程。

从现实的个人出发，马克思和恩格斯重新阐释了人类社会历史的形成和发展。在他们看来，要创造历史必须先使有生命的个体存在，而人为了生活，首先必须满足吃喝住穿以及其他一切东西，从而第一个历史活动就是生产满足这些需要的资料，即物质生活资料的生产活动。这也使人与动物区别开来。在满足需要的同时又会引起新的需要，从而促进新的需要的生产。与此同时，也会出现人口的再生产。物质资料的生产、新的需要的生产、人口的生产不是三个阶段，而是从历史的最初时期起，从第一批人出现就同时存在着的"三个因素"，且至今也在历史上起作用。此外，从事物质生产实践的现实的个人还带来了社会关系的再生产，社会关系也就是许多个人的共同活动，这种共同活动的方式就是生产力，人们所达到的生产力的总和决定着社会状况和交往关系，这种联系不断采取的新形式就表现为"历史"，因而"历史"不是精神的发展史，而是现实的个人通过各种活动而创造的历史，其自身有着直观的、无可辩驳的证明。此外，与社会关系再生产同时进行的还有意识的生产，意识一开始就不是"纯粹的"意识，而是受到了物质的"纠缠"，"物质在这里表现为振动着的空气层、声音，

---

① 《马克思恩格斯文集》第1卷，人民出版社2009年版，第530页。

简言之，即语言"，"语言也和意识一样，只是由于需要，由于和他人交往的迫切需要才产生的"，因此，"意识一开始就是社会的产物，而且只要人们存在着，它就仍然是这种产物"。① 意识起初只是一种纯粹动物式的意识，随后开始意识到人总是生活在社会之中，从而出现了"畜群意识"，此后，随着生产效率的提高、需要的增长以及作为二者基础的人口的增长，这种"绵羊意识"或"部落意识"获得了进一步发展和提高。

随着意识的发展，分工也发展起来，分工起初只是性行为方面的分工，随着物质劳动和精神劳动的分离，才出现了真正的分工。"从这时候起，意识才能摆脱世界而去构造'纯粹的'理论、神学、哲学、道德等等"②，这些理论也才获得了似乎独立于物质世界的外观。与分工同时出现的还有分配，而且是劳动及其产品的不平等分配，因而产生了私有制，"分工和私有制是相等的表达方式，对同一件事情，一个是就活动而言，另一个是就活动的产品而言"③。随着分工的发展，出现了城乡分离，城市的出现要有行政机关、警察、赋税等，也必然要有一般政治。城乡分离也可视为资本和地产的分离，是资本不依赖于地产而存在和发展以及仅仅以劳动和交往为基础的私有制的开始。根据生产和分工的不同发展阶段，依次形成部落所有制、古典的公社所有制和国家所有制、封建的或等级的所有制以及现代资本主义所有制。

国家也是随着分工的发展才出现的，由于分工的发展产生了单个人的利益或单个家庭的利益与所有相互交往的个人的共同利益之间的矛盾，这些共同利益便通过国家这种虚幻的共同体的形式来体现，即借助国家这种虚幻的"普遍"利益来对个人利益之间的矛盾进行干涉

---

① 《马克思恩格斯文集》第 1 卷，人民出版社 2009 年版，第 533 页。
② 《马克思恩格斯文集》第 1 卷，人民出版社 2009 年版，第 534 页。
③ 《马克思恩格斯文集》第 1 卷，人民出版社 2009 年版，第 536 页。

和约束。"现代国家是与这种现代私有制相适应的"①，"国家不外是资产者为了在国内外相互保障各自的财产和利益所必然要采取的一种组织形式"②。资产阶级所推崇的普遍人权、自由、民主政治等问题，也与现代市民社会的资产阶级性质及其私有制相适应。分工还体现在统治阶级内部会出现一部分具有概括能力的玄想家作为这个阶级的思想家出现，以及另一部分对他们的思想和幻想采取比较消极的态度从而是实践他们思想的人。在马克思和恩格斯看来，德国历史编纂学的错误就是"把占统治地位的思想同进行统治的个人分割开来"，"抽象出'思想'、观念等等，并把它们当做历史上占统治地位的东西，从而把所有这些个别的思想和概念说成是历史上发展着的概念的'自我规定'"，将现实的历史变成了"概念的前进运动"，成了"真正的神正论"。③ 实际上，"历史不外是各个世代的依次交替"④，是根源于生产力和交往形式之间的矛盾。

（二）社会存在与社会意识之间的辩证关系

在阐述对人类社会历史的理解中，马克思和恩格斯论述了社会意识和社会存在的基本关系，提出"意识［das Bewuβtsein］在任何时候都只能是被意识到了的存在［das bewuβteSein］，而人们的存在就是他们的现实生活过程"，还提出"不是意识决定生活，而是生活决定意识"⑤。在他们看来，思想和观念并非是纯粹主观的，因为拥有思想和观念的个人总是生活在一定的社会环境中的，必然受到他们所处的生产力的一定发展阶段以及与这种发展阶段相适应的交往关系的影响和

---

① 《马克思恩格斯文集》第 1 卷，人民出版社 2009 年版，第 583 页。
② 《马克思恩格斯文集》第 1 卷，人民出版社 2009 年版，第 584 页。
③ 《马克思恩格斯文集》第 1 卷，人民出版社 2009 年版，第 553 页。
④ 《马克思恩格斯文集》第 1 卷，人民出版社 2009 年版，第 540 页。
⑤ 《马克思恩格斯文集》第 1 卷，人民出版社 2009 年版，第 525 页。

制约，因而是人们的社会存在决定了人们的社会意识。这种考察方法区别于德国哲学，后者是"从天国降到人间"，"我们是从人间升到天国"，不是"从人们所说的、所设想的、所想象的东西出发，也不是从口头说的、思考出来的、设想出来的、想象出来的人出发，去理解有血有肉的人"，而是从"从事实际活动的人"，是"从他们的现实生活过程中"描绘"这一生活过程在意识形态上的反射和反响的发展"，因而不是"从意识出发，把意识看做是有生命的个人"，而是从"现实的、有生命的个人本身出发，把意识仅仅看做他们的意识"，这是一种"符合现实生活的考察方法"。① 因此，道德、宗教、形而上学和其他意识形态都不能独立于社会存在，"它们没有历史"，这强调的是意识形态似乎具有独立的外观，实际上却是特定社会环境的产物，是人的实践活动的结果，因此占统治地位的思想也只能是占统治地位的阶级的产物，具有维护统治阶级利益的功能和作用，这是对陷入"思想的统治"的德意志意识形态学家的理论反驳。

在马克思恩格斯所处的时代，"意识形态"这个术语有其特殊含义。法国的德·特拉西、皮·卡巴尼斯等自由资产阶级理论家反对拿破仑的君主专制制度，因此，拿破仑以轻蔑的口吻讽刺他们为"意识形态家"。从此，"意识形态"一词就被视为荒谬绝伦的诡辩术，指的是人们头脑中思考出来的没有任何事实根据与生动内容的幻想和理论，即被歪曲了的意识。对"意识形态"这种流行的解释自然也影响到了马克思和恩格斯，他们当时以之来批判费尔巴哈、布鲁诺·鲍威尔、施蒂纳和各式各样的社会主义和共产主义者，把那种歪曲客观现实、替剥削制度辩护并妄想使之永存的意识形态看作被歪曲了的意识。在《形态》中，马克思恩格斯所指的正是当时德国出现的这样一种特殊思

---

① 《马克思恩格斯文集》第 1 卷，人民出版社 2009 年版，第 525 页。

潮：德国资产阶级和小资产阶级的思想家们将意识、思想与客观物质世界相割裂，他们以思想或观念统摄现实，止步于观念批判或思想斗争，并没有真正地关注社会现实并揭示人类社会历史运动的发展过程，还陷入自身所认为的思想或观念的统治当中。

在《形态》中，马克思和恩格斯对意识形态进行了阐述与辨析，区分了意识形态的两种类型，即虚假意识和统治意识。前者颠倒了现实与观念的关系，甚至用观念代替现实，不是从生产和实践出发，而是从幻想的观念出发，主要指把现实批判局限于宗教批判的思辨唯心主义体系；后者是指"统治阶级的思想在每一时代都是占统治地位的思想"①。每一时代的统治阶级不仅在物质生产领域还在精神领域占有统治地位。占统治地位的阶级总是借助其意识形态来维护自身的统治。马克思和恩格斯还阐释了意识形态的基本特点。一是意识形态具有阶级性。一个社会的意识形态是维护统治阶级及其利益的观念上层建筑，阶级性是意识形态最鲜明最本质的特征。二是意识形态体现了"普遍性"与"特殊性"的统一。统治阶级总是试图将自己的利益伪装成共同利益，将本阶级的思想描绘成具有普遍意义的思想。对此，马克思恩格斯批判道："因为每一个企图取代旧统治阶级的新阶级，为了达到自己的目的不得不把自己的利益说成是社会全体成员的共同利益，就是说，这在观念上的表达就是：赋予自己的思想以普遍性的形式，把它们描绘成唯一合乎理性的、有普遍意义的思想。"② 这既揭露了统治阶级的意识形态具有自觉或不自觉地遮蔽人们现实生活和交往关系真相的"特殊性"，也揭示了意识形态依靠"普遍性"的形式实现"观念统治"的规律。三是意识形态具有"非独立性"。意识形态没有自己的历史。对于宣扬绝对精神的思辨哲学家而言，他们认为意识形态具

① 《马克思恩格斯文集》第 1 卷，人民出版社 2009 年版，第 550 页。
② 《马克思恩格斯文集》第 1 卷，人民出版社 2009 年版，第 552 页。

有完全独立的历史，而马克思和恩格斯则从历史唯物主义的角度出发阐明了意识形态是建立在特定社会存在基础上的观念体系，不具有独立的历史，它会随着物质资料的生产方式的变迁而发生改变。

（三）关于唯物主义历史观与唯心主义历史观的区分

在《形态》中，马克思和恩格斯提出了自己"真正的实证科学"的思想。"在思辨终止的地方，在现实生活面前，正是描述人们实践活动和实际发展过程的真正的实证科学开始的地方"①，"真正的实证科学"不是如抽象的经验主义者那样把历史视为一些僵死的事实汇集，也不是如唯心主义者那样把历史视为主体想象的活动，而是把历史看作从事实际活动的现实的个人通过自己的物质生产所创造的历史。以现实的个人及其活动为前提、并从社会生产实践活动出发对社会历史所做的阐释，是一种唯物主义历史观，它区别于唯心主义历史观。唯物史观在《形态》中也得到了系统阐释，这种历史观是"从直接生活的物质生产出发阐述现实的生产过程，把同这种生产方式相联系的、它所产生的交往形式即各个不同阶段上的市民社会理解为整个历史的基础……从市民社会出发阐明意识的所有各种不同的理论产物和形式，如宗教、哲学、道德等等，而且追溯它们产生的过程"②。它"不是从观念出发来解释实践，而是从物质实践出发来解释各种观念形态"，因而意识的一切形式和产物不能如德意志意识形态家那样视为可以通过精神的批判来消灭，而只有通过"实际地推翻这一切唯心主义谬论所由产生的现实的社会关系，才能把它们消灭"③。

唯物史观与唯心史观的不同之处在于，前者不是从每个时代中寻找某个具体的范畴，而是始终站在现实历史的基础上，不是从观念出

---

① 《马克思恩格斯文集》第 1 卷，人民出版社 2009 年版，第 526 页。
② 《马克思恩格斯文集》第 1 卷，人民出版社 2009 年版，第 544 页。
③ 《马克思恩格斯文集》第 1 卷，人民出版社 2009 年版，第 544 页。

发来解释实践，而是从物质实践出发来解释观念的生成。因此，意识的一切产物不能通过精神的批判或把它消融在"自我意识"中或化为"幽灵""怪影""怪象"等来消灭，只有变革其得以产生的社会现实基础，一切唯心主义的谬论才能被消灭。历史的动力以及宗教、哲学和其他理论的动力，"不是批判"，而是"革命"。历史的发展不是以消融于精神或自我意识而告终，而是受到了生产力的支配，人创造环境，环境也创造人。生产力、资金和社会交往形式，这些既是每个个人和每一时代所遇到的现成的东西，也是哲学家们所想象的"实体"和"人的本质"的东西的现实基础。对现实的改变不能只停留于观念革命，还需要具备变革的物质因素，缺乏这一物质因素，观念的变革对实际发展没有任何意义。[①]

（四）生产力和生产关系基本矛盾的思想

马克思和恩格斯在《形态》中第一次科学阐明了生产力与生产关系之间的辩证关系，揭示了人类社会历史发展的基本规律。

生产关系的概念是马克思主义理论的一个特有范畴，也是历史唯物主义的核心范畴之一。列宁就曾提及，马克思的一个伟大功绩就在于从社会关系的全部总和中划分出具有决定意义的生产关系。[②] 值得注意的是，在《形态》中，马克思还没有明确使用生产关系的概念，在很多情况下仍是用"交往形式""交往方式""所有制关系""所有制形式""市民社会"等术语来表达。此外，在《形态》中，"交往""交往关系"的术语使用并非对狭义上的单纯的人与人之间的物质交往层面而言，而是指广义的社会交往和社会关系，即社会内部形成的一般关系，包括物质交往和精神交往，实质上是指总的社会交

---

① 参见《马克思恩格斯文集》第1卷，人民出版社2009年版，第544—545页。
② 参见《列宁选集》第1卷，人民出版社2012年版，第6页。

往和社会关系。

在确立了唯物史观的前提和出发点以后，马克思和恩格斯重点研究了作为历史过程决定性因素的物质生产活动，第一次明确地提出了生产力决定生产关系这一历史唯物主义的基本原理。马克思和恩格斯指出，"一切历史冲突都根源于生产力和交往形式之间的矛盾"①。一方面，一定的生产发展要求与之相适应的一定水平的交往形式，生产力决定了交往形式，随着生产力的发展，交往形式也在不断变化。另一方面，交往形式反过来也会影响和制约生产力的发展。随着生产力的发展，原有的交往形式往往会由生产发展的条件变成生产发展的桎梏，而此时，就必须进行变革，用新的交往形式代替旧的交往形式以适应生产力的发展。"起初是自主活动的条件，后来却变成了自主活动的桎梏，这些条件在整个历史发展过程中构成各种交往形式的相互联系的序列，各种交往形式的联系就在于：已成为桎梏的旧交往形式被适应于比较发达的生产力，因而也适应于进步的个人自主活动方式的新交往形式所代替；新的交往形式又会成为桎梏，然后又为另一种交往形式所代替。"② 人类社会历史正是生产力与生产关系之间的矛盾运动发展的结果。

事实上，早在《1844 年经济学哲学手稿》中，马克思就已指出："私有财产的运动——生产和消费——是迄今为止全部生产的运动的感性展现，就是说，是人的实现或人的现实。宗教、家庭、国家、法、道德、科学、艺术等等，都不过是生产的一些特殊的方式，并且受生产的普遍规律的支配"③，为在《形态》中提出生产力决定生产关系奠定了基础。这个原理的完整表述是在 1859 年马克思的《〈政治经济学

---

① 《马克思恩格斯文集》第 1 卷，人民出版社 2009 年版，第 567—568 页。
② 《马克思恩格斯文集》第 1 卷，人民出版社 2009 年版，第 575—576 页。
③ 《马克思恩格斯文集》第 1 卷，人民出版社 2009 年版，第 186 页。

批判〉序言》中："指导我的研究工作的总的结果，可以简要地表述如下：人们在自己生活的社会生产中发生一定的、必然的、不以他们的意志为转移的关系，即同他们的物质生产力的一定发展阶段相适合的生产关系。这些生产关系的总和构成社会的经济结构，即有法律的和政治的上层建筑竖立其上并有一定的社会意识形式与之相适应的现实基础。"①

(五) 世界历史与人类解放

在《形态》中，马克思和恩格斯提出了世界历史理论。从共时性角度看，历史的发展主要表现为地域史或民族史向世界历史的转化。"各个相互影响的活动范围在这个发展进程中越是扩大，各民族的原始封闭状态由于日益完善的生产方式、交往以及因交往而自然形成的不同民族之间的分工消灭得越是彻底，历史也就越是成为世界历史。"②随着生产力的不断发展，各个国家、各个民族在普遍交往中的相互影响和相互作用的横向联系不断地扩大。推动历史不断向世界历史发展的动力不是如黑格尔或青年黑格尔派所认为的"绝对精神"或是"自我意识"，而是无数现实个人的生产实践活动。马克思和恩格斯指出，正是"完全物质的、可以通过经验证明的行动，每一个过着实际生活的、需要吃、喝、穿的个人都可以证明这种行动"③。从历时性角度看，历史的发展主要表现为在生产活动的推动下历史不断由低级向高级的发展。马克思和恩格斯不同意青年黑格尔派对历史目的论的解释，他们批判道："事情被思辨地扭曲成这样：好像后期历史是前期历史的目的，例如，好像美洲的发现的根本目的就是要促使法国大革命的爆发。于是历史便具有了自己特殊的目的并成为某个与'其他人物'（像'自我意识'、

---

① 《马克思恩格斯文集》第 2 卷，人民出版社 2009 年版，第 591 页。
② 《马克思恩格斯文集》第 1 卷，人民出版社 2009 年版，第 540—541 页。
③ 《马克思恩格斯文集》第 1 卷，人民出版社 2009 年版，第 541 页。

'批判'、'唯一者'等等）'并列的人物'。其实，前期历史的'使命'、'目的'、'萌芽'、'观念'等词所表示的东西，终究不过是从后期历史中得出的抽象，不过是从前期历史对后期历史发生的积极影响中得出的抽象。"① 青年黑格尔派对历史做出了拟人化的理解，由此陷入了具有某种神秘色彩的唯心史观。历史目的论的危害在于其将历史重大事件的发生对历史的发展所造成的影响歪曲成了历史发展本身就带有的某种目的。马克思和恩格斯坚决反对这一看法，在他们看来，历史事件的发生对历史的发展具有重要影响，那是因为万事万物都处于普遍的联系之中，历史目的论错误地将事物之间本来就有的客观联系说成后者是前者的目的。

世界历史的发展为促进人类解放奠定了基础。在马克思和恩格斯看来，历史向世界历史的转变使得个人的主体性越来越受到一种无形的、异己的力量所统治。这种异己的力量在人们普遍交往的关系中形成，是不合理的资本主义制度的产物。然而，德国的理论家却对这种异己的力量做了唯心主义的解释，针对黑格尔将世界精神当成真正的决定力量的观点，马克思恩格斯指出："随着现存社会制度被共产主义革命所推翻（下面还要谈到这一点）以及与这一革命具有同等意义的私有制的消灭，这种对德国理论家们来说是如此神秘的力量也将被消灭；同时，每一个单个人的解放的程度是与历史完全转变为世界历史的程度一致的。"② 在马克思看来，共产主义将消灭不合理的资本主义制度，也必然消灭压迫个体的异己力量，使人获得真正解放。人的解放的程度与世界历史发展的程度是一致的。人的解放如世界历史的发展一样也有一个过程，它随着世界历史的发展而发展，在未来的共产主义社会，人将真正实现全面而自由的发展。

---

① 《马克思恩格斯文集》第 1 卷，人民出版社 2009 年版，第 540 页。
② 《马克思恩格斯文集》第 1 卷，人民出版社 2009 年版，第 541 页。

（六）共产主义的基本性质和历史任务

历史唯物主义的创立，使马克思恩格斯摆脱了旧哲学的牵绊，深化了对于未来共产主义社会的科学认识。

第一，未来共产主义社会是"真正的共同体"。在私有制条件下，个人是偶然的个人，其隶属某个阶级并受自发分工的限制，各个人联合而呈现的共同体是虚假的共同体，这种共同体是一个阶级反对另一个阶级的联合，对被统治阶级来说是新的桎梏，个人自由对在统治阶级范围内发展的个人来说才是存在的。未来共产主义则要消灭私有制、消灭分工、消灭雇佣劳动、消灭阶级、消灭国家，实现各个人之间的真正联合，组成"真正的共同体"，"在真正的共同体的条件下，各个人在自己的联合中并通过这种联合获得自己的自由"①。在这里，个人突破分工的限制，成为可以自由全面发展自身各种潜能的个人，"任何人都没有特殊的活动范围，而是都可以在任何部门内发展，社会调节着整个生产，因而使我有可能随自己的兴趣今天干这事，明天干那事，上午打猎，下午捕鱼，傍晚从事畜牧，晚饭后从事批判，这样就不会使我老是一个猎人、渔夫、牧人或批判者"②。

第二，共产主义是"消灭现存状况的现实的运动"。马克思和恩格斯特别强调，"共产主义对我们来说不是应当确立的状况，不是现实应当与之相适应的理想。我们所称为共产主义的是那种消灭现存状况的现实的运动。这个运动条件是由现有的前提产生的"③。之所以强调共产主义是一种运动，是因为要反对各式社会主义和共产主义学说停留于其各自掌握的"绝对真理"抽象地裁断社会现实并把未来社会视为

---

① 《马克思恩格斯文集》第 1 卷，人民出版社 2009 年版，第 571 页。
② 《马克思恩格斯文集》第 1 卷，人民出版社 2009 年版，第 537 页。
③ 《马克思恩格斯文集》第 1 卷，人民出版社 2009 年版，第 539 页。

"应当"的社会状况。它们多把未来共产主义社会看作一种"应当"加以实现的社会理想，而看不到这一理想的实现需要通过现实的个人及其各种社会实践的方式、并建立在既有的社会基础之上才有可能，仅仅停留于片面倚重教育、启蒙等方式来实现这种"应当"。马克思和恩格斯认为，思想的改变远不能带来现实的改变，现实的改变既遵循其内在运动规律，也要求思想与行动的内在统一。对行动的强调也继承和丰富了《1844 年经济学哲学手稿》中的相关思想，在这一手稿中，马克思已经提出，异化包括宗教异化和经济异化即现实生活的异化，无神论是扬弃宗教的异化，共产主义则是扬弃现实生活的异化，共产主义从无神论出发，但"无神论最初还根本不是共产主义"，"无神论的博爱最初还只是哲学的、抽象的博爱，而共产主义的博爱则径直是现实的和直接追求实效的"①。因此，要消灭私有制导致的人在现实生活中的异化，仅有共产主义的思想是不够的，而"必须有现实的共产主义行动"②。

第三，"建立共产主义实质上具有经济的性质"③。马克思和恩格斯强调，共产主义的发展和实现需要建立在一定的物质基础之上，提出"共产主义和所有过去的运动不同的地方在于：它推翻一切旧的生产关系和交往关系的基础，并且第一次自觉地把一切自发形成的前提看做是前人的创造，消除这些前提的自发性，使这些前提受联合起来的个人的支配。因此，建立共产主义实质上具有经济的性质，这就是为这种联合创造各种物质条件，把现存的条件变成联合的条件"④。这是反对社会主义思想史上各种不顾社会历史条件限制而盲目暴动的学

---

① 《马克思恩格斯文集》第 1 卷，人民出版社 2009 年版，第 186—187 页。
② 《马克思恩格斯文集》第 1 卷，人民出版社 2009 年版，第 232 页。
③ 《马克思恩格斯文集》第 1 卷，人民出版社 2009 年版，第 574 页。
④ 《马克思恩格斯文集》第 1 卷，人民出版社 2009 年版，第 574 页。

说。马克思和恩格斯认为，有成效的共产主义运动应建立在生产力的巨大增长和高度发展基础之上，因为只有生产力的高度发展才能促使地域史发展成为普遍的世界历史，才会出现极端贫困的普遍化，只有在极端贫困的前提下，才会重新开始争取必需品的斗争。也只有生产力的高度发展才能出现人们的普遍交往，才能使地域性的个人成为世界历史性的、经验上普遍的个人，从而才能消灭地域性的共产主义。"共产主义只有作为占统治地位的各民族'一下子'同时发生的行动，在经验上才是可能的，而这是以生产力的普遍发展和与此相联系的世界交往为前提的。"① 这一强调表明，资本主义的灭亡和共产主义的到来是一个相对漫长的历史过程，必须遵循社会历史发展的基本规律。它也是对《1844 年经济学哲学手稿》中马克思提出的"整个革命运动必然在私有财产的运动中，即在经济的运动中，为自己既找到经验的基础，也找到理论的基础"② 思想的继承和提升。

概言之，《形态》完成了对马克思和恩格斯从前的哲学信仰的清算，标志着马克思和恩格斯第一个伟大发现即历史唯物主义的正式诞生。《形态》中所取得的理论成果是马克思和恩格斯早期理论和实践探索的理论总结。深入学习和领会《形态》的基本思想，有助于理解马克思和恩格斯的早期思想历程及其基本成果；有助于深刻理解历史唯物主义与历史唯心主义、科学社会主义与各式空想社会主义和共产主义的本质区别；有助于形成科学的思维方式和坚持科学的世界观和方法论，等等。《形态》也因此成为深入学习和掌握马克思主义的基本理论不可绕过的基础文本。

---

① 《马克思恩格斯文集》第 1 卷，人民出版社 2009 年版，第 538—539 页。
② 《马克思恩格斯文集》第 1 卷，人民出版社 2009 年版，第 186 页。

三 文献指南

1. 《马克思恩格斯文集》第 1 卷，人民出版社 2009 年版。

2. ［苏］Г. А. 巴加图利亚：《马克思的第一个伟大发现——唯物史观的形成和发展》，陆忍译，中国人民大学出版社 1981 年版。

3. ［英］戴维·麦克莱伦：《青年黑格尔派与马克思》，夏威仪等译，商务印书馆 1982 年版。

4. 段忠桥：《重释历史唯物主义》，江苏人民出版社 2009 年版。

5. 聂锦芳：《批判与建构：〈德意志意识形态〉文本学研究》，人民出版社 2012 年版。

6. 张梧：《马克思恩格斯〈德意志意识形态〉研究读本》，中央编译出版社 2017 年版。

7. 张一兵：《马克思历史辩证法的主体向度：似自然性、物役性批判理论研究》，北京师范大学出版社 2017 年版。

原文摘选

《德意志意识形态》（节选）

对费尔巴哈、布·鲍威尔和施蒂纳所代表的

现代德国哲学以及各式各样

先知所代表的德国社会主义的批判

第 一 卷

对费尔巴哈、布·鲍威尔和施蒂纳

所代表的现代德国哲学的批判

第 一 章

费尔巴哈

唯物主义观点和唯心主义观点的对立

[I]

正如德意志意识形态家们①所宣告的，德国在最近几年里经历了一次空前的变革。从施特劳斯开始的黑格尔体系的解体过程发展为一种席卷一切"过去的力量"的世界性骚动。在普遍的混乱中，一些强大的王国产生了，又匆匆消逝了，瞬息之间出现了许多英雄，但是马上

---

① "意识形态家"原文为 Ideologe，过去曾译"思想家""玄想家"。Ideologe 一词是由 Ideologie（意识形态）派生出来的。为了保持这两个词译法的一致性，现将"思想家""玄想家"改为"意识形态家"。当时以青年黑格尔派为主要代表的德国哲学，颠倒意识与存在、思想与现实的关系，以纯思想批判代替反对现存制度的实际斗争。马克思和恩格斯把这种哲学称为"德意志意识形态"，把鼓吹这种哲学的人称为"德意志意识形态家"。

又因为出现了更勇敢更强悍的对手而销声匿迹。这是一次革命，法国革命同它相比只不过是儿戏；这是一次世界斗争，狄亚多希的斗争在它面前简直微不足道。一些原则为另一些原则所代替，一些思想勇士为另一些思想勇士所歼灭，其速度之快是前所未闻的。在1842—1845年这三年中间，在德国进行的清洗比过去三个世纪都要彻底得多。

据说这一切都是在纯粹的思想领域中发生的。

然而，不管怎么样，这里涉及的是一个有意义的事件：绝对精神的瓦解过程。在最后一点生命的火花熄灭之后，这具残骸①的各个组成部分就分解了，它们重新化合，构成新的物质。那些以哲学为业，一直以经营绝对精神为生的人们，现在都扑向这种新的化合物。每个人都不辞劳苦地兜售他所得到的那一份。竞争不可避免。起初这种竞争还相当体面，并且循规蹈矩。后来，当商品充斥德国市场，而在世界市场上尽管竭尽全力也无法找到销路的时候，按照通常的德国方式，生意都因搞批量的和虚假的生产，因质量降低、原料掺假、伪造商标、买空卖空、票据投机以及没有任何现实基础的信用制度而搞糟了。竞争变成了激烈的斗争，而这个斗争现在却被吹嘘和构想成一种具有世界历史意义的变革，一种产生了十分重大的结果和成就的因素。

为了正确地评价这种甚至在可敬的德国市民心中唤起怡然自得的民族感情的哲学叫卖，为了清楚地表明这整个青年黑格尔派运动的狭隘性、地域局限性，特别是为了揭示这些英雄们的真正业绩和关于这些业绩的幻想之间的令人啼笑皆非的显著差异，就必须站在德国以外的立场上来考察一下这些喧嚣吵嚷。②

---

① 原文是 caput mortum，原意为"骷髅"；在化学中，是指蒸馏过程结束后的残留物。

② 手稿中删去以下一段话："因此，我们在对这个运动的个别代表人物进行专门批判之前，先提出一些有关德国哲学和整个意识形态的一般意见，这些意见要进一步揭示所有代表人物共同的意识形态前提。这些意见将充分表明我们在进行批判时所持的观点，而表明我们的观点对于了解和说明以后各种批评意见是必要的。我们这些意见正是针对费尔巴哈的，因为只有他才至少向前迈进了一步，只有他的著作才可以认真地加以研究。"

一　费尔巴哈

A. 一般意识形态, 特别是德意志意识形态

德国的批判, 直至它最近所作的种种努力, 都没有离开过哲学的基地。这个批判虽然没有研究过自己的一般哲学前提, 但是它谈到的全部问题终究是在一定的哲学体系即黑格尔体系的基地上产生的。不仅是它的回答, 而且连它所提出的问题本身, 都包含着神秘主义。对黑格尔的这种依赖关系正好说明了为什么在这些新出现的批判家中甚至没有一个人试图对黑格尔体系进行全面的批判, 尽管他们每一个人都断言自己已经超越黑格尔哲学。他们和黑格尔的论战以及他们相互之间的论战, 只局限于他们当中的每一个人都抓住黑格尔体系的某一方面, 用它来反对整个体系, 也反对别人所抓住的那些方面。起初他们还是抓住纯粹的、未加伪造的黑格尔的范畴, 如 "实体" 和 "自我意识"①, 但是后来却用一些比较世俗的名称如 "类"、 "唯一者"、 "人"② 等等, 使这些范畴世俗化。

从施特劳斯到施蒂纳的整个德国哲学批判都局限于对宗教观念的批判。③ 他们的出发点是现实的宗教和真正的神学。至于什么是宗教意识, 什么是宗教观念, 他们后来下的定义各有不同。其进步在于: 所谓占统治地位的形而上学观念、政治观念、法律观念、道德观念以及其他观念也被归入宗教观念或神学观念的领域; 还在于: 政治意识、法律意识、道德意识被宣布为宗教意识或神学意识, 而政治的、法律

---

①　大·施特劳斯和布·鲍威尔使用的基本范畴。

②　路·费尔巴哈和麦·施蒂纳使用的基本范畴。

③　手稿中删去以下这段话: "这种批判自以为是使世界消除一切灾难的绝对救世主。宗教总是被看做和解释成这些哲学家们所厌恶的一切关系的终极原因, 他们的主要敌人。"

的、道德的人，总而言之，"人"，则被宣布为宗教的人。宗教的统治被当成了前提。一切占统治地位的关系逐渐地都被宣布为宗教的关系，继而被转化为迷信——对法的迷信，对国家的迷信等等。到处涉及的都只是教义和对教义的信仰。世界在越来越大的规模内被圣化了，直到最后可尊敬的圣麦克斯①完全把它宣布为圣物，从而一劳永逸地把它葬送为止。

老年黑格尔派认为，只要把一切都归入黑格尔的逻辑范畴，他们就理解了一切。青年黑格尔派则硬说一切都包含宗教观念或者宣布一切都是神学上的东西，由此来批判一切。青年黑格尔派同意老年黑格尔派的这样一个信念，即认为宗教、概念、普遍的东西统治着现存世界。不过一派认为这种统治是篡夺而加以反对，另一派则认为这种统治是合法的而加以赞扬。

既然青年黑格尔派认为，观念、思想、概念，总之，被他们变为某种独立东西的意识的一切产物，是人们的真正枷锁，就像老年黑格尔派把它们看做是人类社会的真正镣铐一样，那么不言而喻，青年黑格尔派只要同意识的这些幻想进行斗争就行了。既然根据青年黑格尔派的设想，人们之间的关系、他们的一切举止行为、他们受到的束缚和限制，都是他们意识的产物，那么青年黑格尔派完全合乎逻辑地向人们提出一种道德要求，要用人的、批判的或利己的意识②来代替他们现在的意识，从而消除束缚他们的限制。这种改变意识的要求，就是要求用另一种方式来解释存在的东西，也就是说，借助于另外的解释来承认它。青年黑格尔派的意识形态家们尽管满口讲的都是所谓"震撼世界的"词句，却是最大的保守派。如果说，他们之中最年轻的人

---

① 指麦·施蒂纳（约·卡·施米特的笔名）。马克思和恩格斯在《德意志意识形态》中也用其他绰号称呼他，例如，称他为"圣桑乔""圣者""教父""乡下佬雅各"等。

② 指路·费尔巴哈、布·鲍威尔和麦·施蒂纳所说的意识。

宣称只为反对"词句"而斗争，那就确切地表达了他们的活动。不过他们忘记了：他们只是用词句来反对这些词句；既然他们仅仅反对这个世界的词句，那么他们就绝对不是反对现实的现存世界。这种哲学批判所能达到的唯一结果，是从宗教史上对基督教作一些说明，而且还是片面的说明。至于他们的全部其他论断，只不过是进一步修饰他们的要求：想用这样一些微不足道的说明作出具有世界历史意义的发现。

这些哲学家没有一个想到要提出关于德国哲学和德国现实之间的联系问题，关于他们所作的批判和他们自身的物质环境之间的联系问题。

1. 一般意识形态，特别是德国哲学

A.①

我们开始要谈的前提不是任意提出的，不是教条，而是一些只有在臆想中才能撇开的现实前提。这是一些现实的个人，是他们的活动和他们的物质生活条件，包括他们已有的和由他们自己的活动创造出来的物质生活条件。因此，这些前提可以用纯粹经验的方法来确认。

全部人类历史的第一个前提无疑是有生命的个人的存在②。因此，

---

① 手稿中删去以下一段话："我们仅仅知道一门唯一的科学，即历史科学。历史可以从两方面来考察，可以把它划分为自然史和人类史。但这两方面是不可分割的；只要有人存在，自然史和人类史就彼此相互制约。自然史，即所谓自然科学，我们在这里不谈；我们需要深入研究的是人类史，因为几乎整个意识形态不是曲解人类史，就是完全撇开人类史。意识形态本身只不过是这一历史的一个方面。"

② 手稿中删去以下这句话："这些个人把自己和动物区别开来的第一个历史行动不在于他们有思想，而在于他们开始生产自己的生活资料。"

第一个需要确认的事实就是这些个人的肉体组织以及由此产生的个人对其他自然的关系。当然，我们在这里既不能深入研究人们自身的生理特性，也不能深入研究人们所处的各种自然条件——地质条件、山岳水文地理条件、气候条件以及其他条件①。任何历史记载都应当从这些自然基础以及它们在历史进程中由于人们的活动而发生的变更出发。

可以根据意识、宗教或随便别的什么来区别人和动物。一当人开始生产自己的生活资料，即迈出由他们的肉体组织所决定的这一步的时候，人本身就开始把自己和动物区别开来。人们生产自己的生活资料，同时间接地生产着自己的物质生活本身。

人们用以生产自己的生活资料的方式，首先取决于他们已有的和需要再生产的生活资料本身的特性。这种生产方式不应当只从它是个人肉体存在的再生产这方面加以考察。更确切地说，它是这些个人的一定的活动方式，是他们表现自己生命的一定方式、他们的一定的生活方式。个人怎样表现自己的生命，他们自己就是怎样。因此，他们是什么样的，这同他们的生产是一致的——既和他们生产什么一致，又和他们怎样生产一致。因而，个人是什么样的，这取决于他们进行生产的物质条件。

这种生产第一次是随着人口的增长而开始的。而生产本身又是以个人彼此之间的交往［Verkehr］为前提的。这种交往的形式又是由生产决定的。

————

各民族之间的相互关系取决于每一个民族的生产力、分工和内部交往的发展程度。这个原理是公认的。然而不仅一个民族与其他民族

---

① 手稿中删去以下这句话："但是，这些条件不仅决定着人们最初的、自然形成的肉体组织，特别是他们之间的种族差别，而且直到如今还决定着肉体组织的整个进一步发展或不发展。"

的关系，而且这个民族本身的整个内部结构也取决于自己的生产以及自己内部和外部的交往的发展程度。一个民族的生产力发展的水平，最明显地表现于该民族分工的发展程度。任何新的生产力，只要它不是迄今已知的生产力单纯的量的扩大（例如，开垦土地），都会引起分工的进一步发展。

一个民族内部的分工，首先引起工商业劳动同农业劳动的分离，从而也引起城乡的分离和城乡利益的对立。分工的进一步发展导致商业劳动同工业劳动的分离。同时，由于这些不同部门内部的分工，共同从事某种劳动的个人之间又形成不同的分工。这种种分工的相互关系取决于农业劳动、工业劳动和商业劳动的经营方式（父权制、奴隶制、等级、阶级）。在交往比较发达的条件下，同样的情况也会在各民族间的相互关系中出现。分工的各个不同发展阶段，同时也就是所有制的各种不同形式。这就是说，分工的每一个阶段还决定个人在劳动材料、劳动工具和劳动产品方面的相互关系。

第一种所有制形式是部落［Stamm］所有制。这种所有制与生产的不发达阶段相适应，当时人们靠狩猎、捕鱼、畜牧，或者最多靠耕作为生。在人们靠耕作为生的情况下，这种所有制是以有大量未开垦的土地为前提的。在这个阶段，分工还很不发达，仅限于家庭中现有的自然形成的分工的进一步扩大。因此，社会结构只限于家庭的扩大：父权制的部落首领，他们管辖的部落成员，最后是奴隶。潜在于家庭中的奴隶制，是随着人口和需求的增长，随着战争和交易这种外部交往的扩大而逐渐发展起来的。

第二种所有制形式是古典古代的公社所有制和国家所有制。这种所有制首先是由于几个部落通过契约或征服联合为一个城市而产生的。在这种所有制下仍然保存着奴隶制。除公社所有制以外，动产私有制以及后来的不动产私有制已经发展起来，但它们是作为一种反常的、从属于公社所有制的形式发展起来的。公民仅仅共同拥有支配自己那些做工的奴隶的权力，因此受公社所有制形式的约束。这是积极公民的一种共同私有制，他们面对着奴隶不得不保存这种自然形成的联合方式。因此，建筑在这个基础上的整个社会结构，以及与此相联系的人民权力，随着私有制，特别是不动产私有制的发展而逐渐趋向衰落。分工已经比较发达。城乡之间的对立已经产生，后来，一些代表城市利益的国家同另一些代表乡村利益的国家之间的对立出现了。在城市内部存在着工业和海外贸易之间的对立。公民和奴隶之间的阶级关系已经充分发展。

随着私有制的发展，这里第一次出现了这样的关系，这些关系我们在考察现代私有制时还会遇见，不过规模更为巨大而已。一方面是私有财产的集中，这种集中在罗马很早就开始了（李奇尼乌斯土地法就是证明），从内战发生以来，尤其是在帝政时期，发展得非常迅速；另一方面是由此而来的平民小农向无产阶级的转化，然而，后者由于处于有产者公民和奴隶之间的中间地位，并未获得独立的发展。

第三种形式是封建的或等级的所有制。古代的起点是城市及其狭小的领域，中世纪的起点则是乡村。地旷人稀，居住分散，而征服者也没有使人口大量增加，——这种情况决定了起点有这样的变化。因此，与希腊和罗马相反，封建制度的发展是在一个宽广得多的、由罗马的征服以及起初就同征服联系在一起的农业的普及所准备好了的地域中开始的。趋于衰落的罗马帝国的最后几个世纪和蛮族对它的征服本身，使得生产力遭到了极大的破坏；农业衰落了，工业由于缺乏销路而一蹶不振，商业停滞或被迫中断，城乡居民减少了。这些情况以及受其制约的进行征服的组织方式，在日耳曼人的军事制度的影响下，发展了封建所有制。这种所有制像部落所有制和公社所有制一样，也是以一种共同体为基础的。但是作为直接进行生产的阶级而与这种共同体对立的，已经不是与古典古代的共同体相对立的奴隶，而是小农奴。随着封建制度的充分发展，也产生了与城市对立的现象。土地占有的等级结构以及与此相联系的武装扈从制度使贵族掌握了支配农奴的权力。这种封建结构同古典古代的公社所有制一样，是一种联合，其目的在于对付被统治的生产者阶级；只是联合的形式和对于直接生产者的关系有所不同，因为出现了不同的生产条件。

在城市中与这种土地占有的封建结构相适应的是同业公会所有制，即手工业的封建组织。在这里财产主要在于个人的劳动。联合起来反对成群搭伙的掠夺成性的贵族的必要性，在实业家同时又是商人的时期对公共商场的需要，流入当时繁华城市的逃亡农奴的竞争的加剧，全国的封建结构，——所有这一切产生了行会；个别手工业者逐渐积蓄起少量资本，而且在人口不断增长的情况下他们的人数没有什么变动，这就使得帮工制度和学徒制度发展起来，而这种制度在城市里产生了一种和农村等级制相似的等级制。

这样，封建时代的所有制的主要形式，一方面是土地所有制和束缚于土地所有制的农奴劳动，另一方面是拥有少量资本并支配着帮工劳动的自身劳动。这两种所有制的结构都是由狭隘的生产关系——小规模的粗陋的土地耕作和手工业式的工业——决定的。在封建制度的繁荣时代，分工是很少的。每一个国家都存在着城乡之间的对立；等级结构固然表现得非常鲜明，但是除了在乡村里有王公、贵族、僧侣和农民的划分，在城市里有师傅、帮工、学徒以及后来的平民短工的划分之外，就再没有什么大的分工了。在农业中，分工因土地的小块耕作而受到阻碍，与这种耕作方式同时产生的还有农民自己的家庭工业；在工业中，各手工业内部根本没有实行分工，而各手工业之间的分工也是非常少的。在比较老的城市中，工业和商业早就分工了；而在比较新的城市中，只是在后来当这些城市彼此发生了关系的时候，这样的分工才发展起来。

　　比较广大的地区联合为封建王国，无论对于土地贵族或城市来说，都是一种需要。因此，统治阶级的组织即贵族的组织到处都在君主的领导之下。

　　…………

（选自《马克思恩格斯文集》第 1 卷，
人民出版社 2009 年版，第 509—523 页）

《共产党宣言》导读

发表于 1848 年 2 月的《共产党宣言》（以下简称《宣言》）堪称人类有史以来最杰出的文献之一，在全部马克思主义经典著作中占据着一个非常特殊而重要的位置。《宣言》是马克思恩格斯为世界上第一个国际性的无产阶级政党"共产主义者同盟"起草的政治纲领，是马克思主义与国际工人运动结合的产物。如果说《德意志意识形态》标志着马克思的第一个伟大发现即历史唯物主义的创立，那么《宣言》则标志着马克思主义的公开问世。它既是马克思主义哲学和政治经济学的运用和发展，也是国际共产主义运动的纲领性文献。《宣言》作为全世界无产阶级和共产党人认识世界和改造世界的强大思想武器，对世界各国的工人运动产生了巨大影响，被誉为"共产党人的圣经"。但由于 1848 年欧洲革命的失败，《宣言》在问世之初的 20 年间实际上处于被围剿、封杀的境地。直到 1871 年巴黎公社运动之后，《宣言》在世界范围内重获新生，各国工人阶级纷纷向它求教。为了适应革命形式的发展，马克思恩格斯为《宣言》的多次再版撰写了七篇序言。其中，前两篇序言由马克思和恩格斯合写，后五篇是在马克思去世后，由恩格斯撰写。除了阐发《宣言》的时代背景、基本思想和历史意义之外，序言也从不同角度进一步丰富和发展了《宣言》的思想。

列宁曾夸赞《宣言》，虽"篇幅不多，价值却相当于多部巨著：它的精神至今还鼓舞着、推动着文明世界全体有组织的正在进行斗争的无产阶级"①。

一　写作背景

从18世纪60年代起，欧洲经历了空前的社会变革，蒸汽机的发明以及大工厂制的建立，极大地解放了社会生产力，推动人类社会进入了全新的资本主义时代。随着生产力的发展和科学技术的革新，英国、法国、德国相继发生资产阶级革命，资产阶级走向国际政治舞台，成为世界政治秩序的统治力量。与此同时，资产阶级为了开辟世界市场，在世界范围内建立了大量的殖民地，掠夺当地的财富，导致民族国家矛盾丛生。在资本主义国家内部，资本家受资本逻辑的支配，对于工人阶级剩余劳动进行层层剥削与榨取，导致了无产阶级的大量贫困，进而造成社会总体生产的相对过剩，因此，经济危机和社会危机频发。巨大的贫富分化也使阶级矛盾日益尖锐，工人运动此起彼伏，相继爆发了三大工人运动，即英国宪章运动、法国里昂工人起义、德国西里西亚纺织工人起义。工人运动的兴起在一定程度上打击了资本主义，意味着无产阶级作为一支独立的政治力量登上历史舞台。而三大工人运动的失败则呼唤着科学的理论以指导不断兴起的工人运动。

伴随着工人运动的发展，形形色色的社会思潮席卷了整个欧洲。但这些社会思潮却难以承担科学指导工人运动的重任。1846年前后，格律恩、克利盖等人鼓吹赫斯的"哲学共产主义"思想，并将其作为"真正的社会主义"的理论基础。"真正的社会主义"用"理论"和

---

① 《列宁全集》第2卷，人民出版社2013年版，第8页。

"爱"的"自我运动"和"自我发展"来实现共产主义并取代无产阶级革命，以华丽的学术辞藻掩盖了资产阶级对无产阶级统治的本质，"爱"的呓语消弭了无产阶级的反抗意志。以魏特林为代表的手工业共产主义者则认为，私有财产是一切罪恶的根源，主张采取"突然革命"的方式进行工人运动。在他构想的"和谐与自由的社会制度"里，财产共享，一切有劳动能力的人都要参加劳动，社会按照平均分配和按劳分配相结合的原则分配生活必需品。这一思想体现了魏特林思想中天真的一面，其密谋起义的革命方式，忽视了革命的社会基础和条件，因此必然走向失败。马克思和恩格斯曾试图帮助魏特林走出空想社会主义思想巢穴，纠正其"突然革命"这一带有"密谋性质"的错误思想，但被魏特林拒绝。魏特林自诩为人间的救世主，认为马克思和恩格斯想要窃取他的救世"药方"。因此，为了批判和区分各种错误的社会思潮，为工人运动提供正确的理论指导，马克思和恩格斯力图阐明科学社会主义的基本原则和立场。

1834 年，流亡法国的德国手工业者组成了"流亡者同盟"，后改名为"正义者同盟"。1846 年，为了把各国分散的工人运动有效组织起来，对同盟进行正确的引导，马克思和恩格斯在布鲁塞尔建立了共产主义通讯委员会。马克思和恩格斯的工作卓有成效，在他们的带领下，在德国国内和伦敦、巴黎都建立了共产主义通讯委员会，为在组织上和理论上建立无产阶级政党准备了条件。1847 年 1 月，正义者同盟的领导成员约瑟夫·莫尔邀请马克思、恩格斯加入并改组同盟。马克思、恩格斯接受了同盟的邀请，担负起了思想上和组织上改组同盟的任务。1847 年 6 月，在马克思和恩格斯的帮助下，国际工人组织"正义者同盟"召开代表大会，并按照恩格斯的倡议把同盟名称改为"共产主义者同盟"。恩格斯参加了这次会议，并受大会委托起草了同盟纲领的第一稿《共产主义信条草案》。该草案围绕"共产主义者的目的"展开，阐述了作为"理想的社会制度"的共产主义社会的基本特质，提出"实现这一目的"的途径是"废除私有财产，代之以财产公有"，要"启发并团结无产阶级"，采取包括革命在内的斗争形式等重要内容。大会批准了以无产阶级政党组织原则为基础的章程草案，并用"全世界无产者联合起来！"的口号取代了正义者同盟"人人皆兄弟"的口号。1847 年 10 月底，恩格斯在《共产主义信条草案》的基础上草拟出《共产主义原理》。1847 年 11 月底至 12 月初，共产主义者同盟在伦敦举行第二次代表大会，马克思和恩格斯参加了此次大会。在大会上他们阐述了个人主张，代表们经过较长时间的辩论，最终接受了马克思恩格斯提出的科学社会主义理论。在"二大"上，同盟委托马克思和恩格斯起草同盟纲领，由于时间紧张，马克思在《共产主义原理》的基础上修改完成了《共产党宣言》。1848 年 1 月《共产党宣言》起草完成，2 月单行本《宣言》在伦敦公开发表。

此外，七篇序言也是《宣言》的重要组成部分，因此，需要对其写作背景进行简要的介绍。"1872 年德文版序言"是马克思恩格斯为新的德文版《宣言》所写。这篇序言根据无产阶级革命尤其是巴黎公社的实践经验，对一些具体结论进行了修改与调整，同时提出，要科学对待马克思主义，对《宣言》中基本原理的实际运用要随时随地以当时的历史条件为转移。"1882 年俄文版序言"是马克思恩格斯为普列汉诺夫翻译的俄文版《宣言》所写。此篇序言分析了世界各国的资本主义发展和无产阶级革命运动的趋势，由此对俄国农村公社土地公有制的前途提出了自己的设想，这对研究资本主义的发展、世界社会主义运动史以及马克思恩格斯晚年的东方社会理论有重要价值。"1883 年德文版序言"是恩格斯为马克思去世后出版的第一个德文版《宣言》所写。该序言第一次明确表述了《宣言》的基本思想，概括了唯物史观的主要内容。"1888 年英文版序言"是恩格斯为由他亲自校订并添加注释的英文版《宣言》所写。在这一版中，恩格斯修改了《宣言》正文中的第一句话"至今一切社会的历史都是阶级斗争的历史"，并在注释中指出"这是指有文字记载的全部历史"。该序言回顾了国际工人运动的历史和《宣言》在各个国家的传播情况。"1890年德文版序言"是恩格斯为《宣言》的第四个德文本所写，全文引录了1882年俄文版序言，援引了1888年英文版序言的主要内容。在"1892年波兰文版序言"中，恩格斯提出了无产阶级革命的国际性与民族独立的辩证关系思想，指出，"欧洲各民族的真诚的国际合作，只有当每个民族自己完全当家做主的时候才能实现"①。在"1893年意大利文版序言"中，恩格斯阐明了资产阶级民主革命与无产阶级社会主义革命的关系，指出，在意大利、德国、匈牙利等国进行的民族统一和独立运动与1848年革命一样，虽然不是社会主义革命，但为社会主义革命扫清了障碍，只有在此基础上才能有无产阶级的国际联合。总体来说，序言主要介绍了三方面内容。一是《宣言》的写作背景和出版情况；二是根据当时无产阶级革命的实际情况，对已有的具体结论进行完善与调整；三是强调了《宣言》的写作任务与基本思想。《宣言》和七篇序言都是19世纪无产阶级革命不断发展的时代产物，体现了马克思主义与时俱进的品格。

二　内容提示

《宣言》是马克思主义学说的第一次系统阐述，也是马克思主义基本原理的全面呈现。其基本思想在恩格斯"1883年德文版序言"中得到了如下概述："每一历史时代的经济生产以及必然由此产生的社会结

---

① 《马克思恩格斯文集》第2卷，人民出版社2009年版，第24页。

构，是该时代政治的和精神的历史的基础；因此（从原始土地公有制解体以来）全部历史都是阶级斗争的历史，即社会发展各个阶段上被剥削阶级和剥削阶级之间、被统治阶级和统治阶级之间斗争的历史；而这个斗争现在已经达到这样一个阶段，即被剥削被压迫的阶级（无产阶级），如果不同时使整个社会永远摆脱剥削、压迫和阶级斗争，就不再能使自己从剥削它压迫它的那个阶级（资产阶级）下解放出来。"①。

《宣言》的正文共分为四个部分。第一部分"资产者和无产者"阐明了马克思主义的阶级斗争理论，分析了资产阶级和无产阶级产生、发展和斗争的过程，揭示了资产阶级灭亡和无产阶级胜利的历史必然性；第二部分"无产者和共产党人"指出了共产党的性质、特点和基本纲领，批判了资产阶级攻击共产党人和共产党的谬论，论述了无产阶级革命和无产阶级专政的基本思想；第三部分"社会主义的和共产主义的文献"运用历史唯物主义观点，批判了当时各种社会主义流派的产生、实质和危害，分析了各种不科学的社会主义思潮；第四部分"共产党人对各种反对党派的态度"阐明了共产党人对各种反对党派应当采取的态度，以及争取无产阶级自身解放过程中的策略和战略问题。

值得一提的是，恩格斯在《英国工人阶级状况》1892 年德文第二版序言、1895 年为马克思的《1848 年至 1850 年的法兰西阶级斗争》一书所写的导言中，分析了《宣言》中存在的历史局限性。在恩格斯看来，《宣言》对资本主义发展的总规律和总趋势的分析是没有错的，但是他们当时都低估了资本主义的发展潜力，误认为资本主义的丧钟即将敲响，社会主义革命的条件已经成熟，但"历史表明，我们以及所有和我们有同样想法的人，都是不对的。历史清楚地表明，当时欧洲

---

① 《马克思恩格斯文集》第 2 卷，人民出版社 2009 年版，第 9 页。

大陆经济发展的状况还远没有成熟到可以铲除资本主义生产的程度"①。恩格斯并没有否定《宣言》中的无产阶级革命思想，而只是对其作了补充和完善。理解《宣言》可把握以下内容。

（一）阶级斗争是阶级社会发展的直接动力

《宣言》第一部分阐明了马克思主义的阶级斗争理论，分析了资产阶级和无产阶级产生、发展和斗争的过程，揭示了资产阶级灭亡和无产阶级胜利的历史必然性。

第一，指出"至今一切社会的历史都是阶级斗争的历史"②。在马克思和恩格斯看来，以往的人类社会的一切历史都是阶级斗争的历史，社会被分成不同的等级，被压迫者反抗压迫者，阶级斗争推动了社会历史的前进。现代社会则是资产阶级社会，它是从封建社会灭亡中产生的，依然属于阶级社会，不过是用新的阶级、新的压迫条件、新的斗争形式代替了旧的，并使整个社会日益分裂为两大敌对的阵营，将阶级斗争转化为无产阶级与资产阶级的斗争。现代资产阶级的出现是工业革命、生产力发展和科技进步的产物。与此同时，机器大工业和世界市场的建立，使得现代国家政权沦为"管理整个资产阶级的共同事务的委员会"③。

第二，充分肯定了资产阶级的历史进步性。马克思和恩格斯认为，资产阶级在历史上曾经起过革命的作用。一是变革了社会关系。资产阶级把一切封建社会的宗法的和田园诗般的关系都破坏了，并以"赤裸裸的利害关系"，"冷酷无情的现金交易"斩断了各种封建羁绊，把一切神圣的职业都变成了出钱招雇的雇佣劳动者。二是变革了人们的观念。资产阶级意识形态使得"一切固定的僵化的关系以及

① 《马克思恩格斯文集》第4卷，人民出版社2009年版，第540页。
② 《马克思恩格斯文集》第2卷，人民出版社2009年版，第31页。
③ 《马克思恩格斯文集》第2卷，人民出版社2009年版，第33页。

与之相适应的素被尊崇的观念和见解都被消除了，一切新形成的关系等不到固定下来就陈旧了。一切等级的和固定的东西都烟消云散了，一切神圣的东西都被亵渎了"①。三是创造了世界历史。资产阶级开拓了世界市场，使一切民族都被卷入到文明中来，它按照自己的面貌为自己创造出一个世界，使农村屈服于城市，使东方从属于西方。四是推动了生产力的巨大进步。资产阶级在不到一百年的时间里创造的生产力，比过去一切世代创造的全部生产力还要多，由此推翻了封建的所有制关系，代之以自由竞争以及相应的社会制度和政治制度。

第三，指出资产阶级同时为自己锻造了无产阶级这一掘墓人。在马克思和恩格斯看来，资产阶级在产生巨大历史作用的同时，也由于自身的生产关系的限制无法适应生产力发展的要求，出现了周期性的商业危机。这表明，资产阶级的关系无法容纳其自身所创造的财富，因此资产阶级用来推翻封建制度的武器现在却对准了自身。资产阶级还锻造了自身的掘墓人即无产者。机器的推广和分工使得无产者的劳动失去了个体独立的性质，工人变成了机器的单纯附属品，人们越来越厌恶劳动，工资也越来越少，且越来越多的人沦为了无产者，这样无产阶级"反对资产阶级的斗争是和它的存在同时开始的"②。起初是个人反抗，后来发展为有组织的工人运动，最后发展到同资产阶级的阶级对抗。从经济斗争发展到组成政党的政治斗争，从地方性的分散斗争发展到全国和国际性的斗争，无产阶级已经从自在阶级发展到自为阶级，从自发斗争发展到了自觉斗争。他们还指出，只有无产阶级才是真正革命的阶级。小商人、手工业者、农民等中间等级会随着大工业的发展而日趋没落和消亡，而流氓无产阶级是社会中消极和腐化的部分，甘心从事被收买和干反动的勾当。只有无产阶级才是大工业

---

① 《马克思恩格斯文集》第 2 卷，人民出版社 2009 年版，第 34—35 页。
② 《马克思恩格斯文集》第 2 卷，人民出版社 2009 年版，第 39 页。

本身的产物，它在这个革命中失去的只是锁链，因而是摧毁私有财产的最革命力量。

第四，提出资产阶级的灭亡和无产阶级的胜利是同样不可避免的。这主要是由生产力和生产关系的矛盾决定的。无产阶级作为被压迫阶级日益沦为赤贫者，处于难以为继的状态，资产阶级带来的工业进步也为工人的联合革命提供了条件，从而使工人的斗争从分散状态进入联合状态。随着大工业的发展，资产阶级赖以生产和占有产品的基础也就岌岌可危了。当生产力与资产阶级的生产关系的矛盾达到不可调和的时候，资本主义社会就将被无产阶级革命所推翻。

（二）无产阶级的产生、发展及其使命任务

在深刻揭示资本主义内在矛盾和历史趋势的基础上，《宣言》第二部分从共产党人和无产阶级的关系出发，指出了共产党是和整个无产阶级的利益完全一致的无产阶级政党，揭示了无产阶级的发生、发展及其历史使命，阐述了无产阶级实现自身使命的具体条件和途径，为无产阶级实现自身使命提供了理论保证。

第一，马克思和恩格斯公开申明了共产党的阶级性质。《宣言》强调工人阶级争取自身权益的斗争必须联合起来，并建立以科学的共产主义理论为指导的政党即共产党。共产党具有鲜明的阶级性，代表了无产阶级的根本利益，"共产党人不是同其他工人政党相对立的特殊政党。他们没有任何同整个无产阶级的利益不同的利益"①。共产党还代表全世界不同国家、民族的无产阶级的共同利益，以及所有反抗资产阶级斗争的无产阶级革命运动的利益。因此，共产党的成员都必须为无产阶级利益而斗争，不应在无产阶级利益之外去谋求个人私利。共产党还是先进的政党，在实践方面，共产党人是在各

---

① 《马克思恩格斯文集》第2卷，人民出版社2009年版，第44页。

国工人政党中最坚决和始终起推动作用的部分；在理论方面，他们胜过群众的地方在于他们了解无产阶级运动的条件、进程和一般结果。

第二，无产阶级是与资产阶级同时成长和发展起来的，是大工业本身的产物。马克思恩格斯指出："随着资产阶级即资本的发展，无产阶级即现代工人阶级也在同一程度上得到发展；现代的工人只有当他们找到工作的时候才能生存，而且只有当他们的劳动增殖资本的时候才能找到工作。"① 就在无产阶级的队伍随着资本的发展而不断壮大的同时，无产阶级反对资产阶级的斗争也在不断进行，最初体现在两个方面。从斗争人员的数量上看，从个别的工人到一个工厂的工人再到一个地方的劳动部分的工人，参与反对资产阶级斗争的人数不断增加；从斗争的目标上看，提高工资、改善工作环境和生活条件是其重要诉求。随着工业的发展，无产阶级从自发阶级逐渐成长为自为阶级，无产阶级的人数逐渐增多并且聚集为广大群众，工业背景下交通工具的发达使得各地的工人取得了联系，并迅速地将地方范围内的斗争汇合成全国性的阶级斗争。斗争的对象直指整个资产阶级及其社会制度，而斗争的目标则升级为争取政治权利。至此，无产阶级成为一个真正的革命阶级。

第三，无产阶级的最近目标在于夺取政权，推翻资产阶级的统治。马克思和恩格斯指出，共产党人的最近目的就是使无产阶级成为统治阶级，推翻资产阶级的统治，由无产阶级夺取政权。无产阶级夺取政权后的任务是利用自己的政治统治，夺取资产阶级的全部资本，把一切生产工具集中在国家即成为统治阶级的无产阶级手里，并尽可能快地增加生产力总量。无产阶级的历史使命是消灭阶级、消灭私有制、

① 《马克思恩格斯文集》第 2 卷，人民出版社 2009 年版，第 38 页。

建立共产主义社会。无产阶级夺取政权并非最终目的，其最终目的在于消灭私有制，实现从阶级社会向无阶级社会即共产主义社会过渡。因此，马克思和恩格斯认为，"共产党人可以把自己的理论概括为一句话：消灭私有制"①，并且指出："如果说无产阶级在反对资产阶级的斗争中一定要联合为阶级，通过革命使自己成为统治阶级，并以统治阶级的资格用暴力消灭旧的生产关系，那么它在消灭这种生产关系的同时，也就消灭了阶级对立的存在条件，消灭了阶级本身的存在条件，从而消灭了它自己这个阶级的统治。代替那存在着阶级和阶级对立的资产阶级的旧社会的，将是这样一个联合体，在那里，每个人的自由发展是一切人的自由发展的条件。"② 未来的共产主义社会将是使每一个人的自由都得到充分实现的"自由人联合体"，也是全世界无产阶级革命运动所共同致力的最终理想。

（三）《宣言》中对未来共产主义社会的设想

通过上述分析，马克思恩格斯进一步阐述了自己对未来共产主义社会的基本设想。

第一，从经济的角度上看，马克思恩格斯批判地继承了空想社会主义者的思想，提出未来共产主义社会要"消灭私有制"的主张。"共产党人可以把自己的理论概括为一句话：消灭私有制。"③ 马克思恩格斯立足于现实，认为资本主义的生产资料私有制不能与生产力相适应，其结果是阻碍了社会生产力的发展并导致了经济危机的出现，因此，要"同传统的所有制关系实行最彻底的决裂"④。在马克思恩格斯看来，共产主义与资本主义是根本对立的，共产主义要否定和消灭的首

① 《马克思恩格斯文集》第 2 卷，人民出版社 2009 年版，第 45 页。
② 《马克思恩格斯文集》第 2 卷，人民出版社 2009 年版，第 53 页。
③ 《马克思恩格斯文集》第 2 卷，人民出版社 2009 年版，第 45 页。
④ 《马克思恩格斯文集》第 2 卷，人民出版社 2009 年版，第 52 页。

先是资本主义的私有制，实现共产主义的经济措施是实行生产资料的公有制。

第二，从政治的角度上看，实现共产主义是无产阶级的历史使命。从无产阶级的自身特点来说：其一，无产阶级作为大工业的产物，其生产和发展与机器大生产密不可分，是最先进生产力的代表；其二，无产阶级作为"资产阶级的、资产阶级国家的奴隶"①，是社会的最底层民众，它的一无所有决定了这一阶级唯有彻底推翻资本主义制度，才能成为社会的真正主人。无产阶级代表了生产力与生产关系的变革，因而是最革命的阶级；其三，无产阶级坚持共同的不分民族的利益，并且始终代表革命运动的前进方向。"无产阶级的运动是绝大多数人的，为绝大多数人谋利益的独立的运动"②，因此是最具群众性的阶级。

第三，从文化的角度上看，共产主义革命要与传统的思想观念划清界限。"共产主义革命就是同传统的所有制关系实行最彻底的决裂；毫不奇怪，它在自己的发展进程中要同传统的观念实行最彻底的决裂。"③ 在这里，"传统观念"指的是以利己主义为核心的封建主义思想和资本主义思想，前者否定和抹杀个体的天真本性和独特个性，提倡奴性、蒙昧与物质，目的是巩固封建等级制度；后者是资本主义社会的产物，建立在资本主义私有制基础之上，表现为拜金主义、享乐主义、物质主义，人与人的关系被消解在没有硝烟的资本主义战场。因此，建立在公有制基础上的共产主义文化必须与建立在私有制基础上的封建主义和资本主义文化进行最彻底的决裂。

（四）对当时的各种社会主义思潮的批判

《宣言》第三部分批判了当时在工人运动中存在较大影响的社会主

---

① 《马克思恩格斯文集》第2卷，人民出版社2009年版，第38页。
② 《马克思恩格斯文集》第2卷，人民出版社2009年版，第42页。
③ 《马克思恩格斯文集》第2卷，人民出版社2009年版，第52页。

义思潮，阐明了科学的社会主义与这些思潮的区别。当时流行的各种社会主义思潮主要有三类。一是"反动的社会主义"，包括封建的社会主义、小资产阶级的社会主义、"真正的"社会主义；二是"保守的或资产阶级的社会主义"；三是"批判的空想的社会主义和共产主义"。各种社会主义思潮都指向批判资本主义，但由于各自的立场和出发点不同，呈现不同的性质，均不能真正揭示资本主义社会的本质及其矛盾，更不能真正指导工人阶级的革命斗争。

封建的社会主义站在封建贵族的立场上批判资产阶级，但只是表面上维护工人阶级的利益，完全不能理解现代历史的进程，具有反动的性质，其批判资本主义是为了恢复封建社会所有制关系。小资产阶级的社会主义"是用小资产阶级和小农的尺度去批判资产阶级制度的"①，尽管透彻分析了现代生产关系中的矛盾，但其实际内容却是力图"恢复旧的所有制关系和旧的社会"②，体现了既反动又空想的性质。"真正的社会主义"则只是"关于真正的社会、关于实现人的本质的无谓思辨"③。德国哲学家和美文学家把法国的社会主义和共产主义文献搬到德国，却阉割了法国的生活条件和实践基础。他们企图用人的本质异化和复归来说明和改造现有社会，自诩代表真理而非无产者的利益，代表人的本质而不是任何阶级的利益。这种基于德国哲学构思出来的社会主义"只存在于云雾弥漫的哲学幻想的太空"④。

"保守的或资产阶级的社会主义"则站在资产阶级的立场上，愿意要资本主义社会的生存条件，而不要由这些条件必然产生的弊端和危

---

① 《马克思恩格斯文集》第 2 卷，人民出版社 2009 年版，第 56 页。
② 《马克思恩格斯文集》第 2 卷，人民出版社 2009 年版，第 57 页。
③ 《马克思恩格斯文集》第 2 卷，人民出版社 2009 年版，第 58 页。
④ 《马克思恩格斯文集》第 2 卷，人民出版社 2009 年版，第 58 页。

险，"他们愿意要现存的社会，但不要那些使这个社会革命化和瓦解的因素。他们愿意要资产阶级，但是不要无产阶级。在资产阶级看来，它所统治的世界自然是最美好的世界"①。这种社会主义是企图通过消除现存的社会弊病而保障资产阶级社会的生存，根本不是服务于无产阶级的解放。

"批判的空想的社会主义和共产主义"主要是以圣西门、傅立叶、欧文等人为代表的社会主义。他们看到了阶级对立，却看不到无产阶级的历史主动性，看不到无产阶级所特有的政治运动。他们试图以他们个人发明的活动来代替社会的活动，用他们幻想的条件来代替解放的条件，用他们特意设计出来的社会组织来代替无产阶级政党，把世界历史视为他们精心设计的社会规划。因而，他们拒绝一切政治行动，特别是革命行动，试图通过和平途径达到自己的目的并通过一些小型的实验来实现他们的社会主义，这种社会主义具有"纯粹空想的性质"②。

尽管上述社会主义和共产主义思潮曾在工人运动中产生了一定影响，但它们不能理解世界历史的真正进程，不是真正站在无产阶级的立场之上，不了解社会历史发展的一般规律，因此，它们根本无法指明历史发展的前进方向，也不能真正成为工人阶级革命斗争的指导思想。马克思恩格斯对这些社会思潮的批判建立在科学的思想基础之上，充分体现了历史唯物主义的基本思想和科学社会主义的理论追求，为国际工人阶级运动指明了科学方向。《宣言》的最后部分，马克思和恩格斯阐明了共产党人对各种反对党派的态度，强调共产党人是为工人阶级的最近的目的和利益而斗争的，代表着工人阶级运动的未来，因此"共产党人到处都支持一切反对现存的社会制度和政治制度的革命

---

① 《马克思恩格斯文集》第 2 卷，人民出版社 2009 年版，第 61 页。
② 《马克思恩格斯文集》第 2 卷，人民出版社 2009 年版，第 64 页。

运动"，致力于消灭私有制，争取全世界民主政党之间的团结和协调，并且毫不隐瞒自己的观点和意图，主张只有通过暴力才能推翻全部现存的社会制度，马克思和恩格斯最后呼吁"全世界无产者，联合起来!"①。

(五)《宣言》中的世界历史理论

马克思主义的世界历史理论在《德意志意识形态》中得到了最初的表达。马克思恩格斯主要是从现代生产力高度发展、资本主义生产关系和市场经济世界化等角度对世界历史趋势作了初步的概括。在《宣言》中，马克思恩格斯以更加开阔的视野考察了资本主义的历史进程，正式提出了马克思主义世界历史理论。

第一，世界历史理论产生的历史背景。一方面，世界历史理论产生于资本主义占统治地位的历史阶段。自 18 世纪英国工业革命以来，人类历史的发展发生了前所未有的大变革。社会化生产以机器大工业为导向，以地理大发现为契机，以科技革命为动力，实现了生产领域，乃至社会生活的重大变革。资产主义"必须到处落户，到处开发，到处建立联系"，并且"由于一切生产工具的迅速改进，由于交通的极其便利，把一切民族甚至最野蛮的民族都卷到文明中来了"②，因此，资产阶级通过商业贸易和殖民掠夺实现了资本的原始积累，并在此基础上完成了产业革命，开拓了世界市场，使世界进入了资本主义时代。另一方面，世界历史理论的提出，与当时资本主义社会的阶级斗争和经济危机有关。资本家在追逐高额利润、提高竞争力，实现"资本积累"的同时也形成了群众的普遍的"贫困积累"，这两方面的积累造成了生产过程的经济危机。资本主义经济危机不断发生，阶级

---

① 《马克思恩格斯文集》第 2 卷，人民出版社 2009 年版，第 66 页。
② 《马克思恩格斯文集》第 2 卷，人民出版社 2009 年版，第 35 页。

矛盾持续尖锐，因此，变革资本主义社会的历史任务摆在了无产阶级面前。正是在这样的世界历史背景之下，《宣言》中的世界历史理论应运而生。

第二，世界历史理论的基本内涵。马克思恩格斯强调，人类社会除原始社会以外的历史都是阶级斗争的历史，社会发展到现代资产阶级社会后，代替它的将是共产主义社会。作为共产党的"完备的理论和实践的党纲"①，《宣言》在指出未来历史发展趋势的同时也指明了无产阶级自身的解放路径。

一方面，《宣言》论述了资本主义生产方式是世界历史形成的动力。马克思认为，资本主义生产方式无限制地追求扩大再生产、无限制地追求市场，决定了它必然打破民族分工的界限，在世界范围内发展资本主义。资本主义世界扩张的过程，也就是资本主义按照自己的面貌改造世界的过程，即资本主义全球化的过程。马克思以此揭示出世界历史形成的现实基础："资产阶级，由于一切生产工具的迅速改进，由于交通的极其便利，把一切民族甚至最野蛮的民族都卷到文明中来了。它的商品的低廉价格，是它用来摧毁一切万里长城、征服野蛮人最顽强的仇外心理的重炮。它迫使一切民族——如果它们不想灭亡的话——采用资产阶级的生产方式；它迫使它们在自己那里推行所谓的文明，即变成资产者。一句话，它按照自己的面貌为自己创造出一个世界。"世界历史形成的直接动因，是资本主义经济发展的需要。资本主义经济就是世界历史的现实的、经验的基础。为了获得和巩固这一基础，资产阶级必然把资本主义的政治和文化推向整个世界，使"各民族的精神产品成了公共的财产"。这样一来，资本主义的世界发展就不再是一个单纯的经济过程，而是包括经济、政治和文化在内的

---

① 《马克思恩格斯文集》第 2 卷，人民出版社 2009 年版，第 11 页。

整体历史现象。当这一整体历史现象占据统治地位的时候，世界历史中的资本主义时代就形成了。

另一方面，《宣言》揭示了共产主义是世界历史的前景。马克思认为，随着分工和交往的扩大、世界历史的形成，单个人的活动也就扩大为了世界历史性的活动。这时，个人与社会的对立就表现为个人与世界市场的对立。世界市场既是支配单个人活动的异化的力量，也是阻止单个人活动成为世界历史性存在的力量。世界历史的发展，作为对人的异化的彻底扬弃，就是消除个人活动和世界市场之间的对立，把单个人的活动提升为世界历史性的存在。世界历史的发展一旦达到这一阶段，人类也就进入了共产主义。作为对资本主义社会的扬弃，共产主义应该是世界性的，并以单个人活动能够打破地域性和民族活动的界限为前提。因此，马克思把共产主义定义为世界性的消灭私有制的历史运动，并反复强调共产主义具有经济的性质："建立共产主义实质上具有经济的性质，这就是为这种联合创造各种物质条件，把现存的条件变成联合的条件"，并由此揭示了共产主义作为一种经济形态的特点及其实现的现实可能性。共产主义作为高于资本主义的社会形态，其根本特点就在于，它是一种消灭了一切异化现象的世界经济形式，因此，共产主义消灭私有制必须在世界历史进程中完成，并成为世界历史运动的趋势，体现着世界历史运动的规律和必然性。

在马克思主义发展史和共产主义运动史上，《宣言》有着特别突出的重要地位。它在标志着马克思主义新世界观公开问世的同时，也标志着工人运动与共产主义的实际结合，以及自在的工人运动开始上升为自为的共产主义革命。因此，它不仅是马克思主义杰出的理论文献，而且必然成为无产阶级革命运动伟大的实践纲领。

三　文献指南

1. 《马克思恩格斯文集》第 2 卷，人民出版社 2009 年版。

2. 《马克思恩格斯文集》第 4 卷，人民出版社 2009 年版。

3. ［意］拉布里奥拉：《纪念〈共产党宣言〉》，杨启潾译，载《关于历史唯物主义》，人民出版社 1984 年版。

4. ［德］洛尔夫·德鲁贝克、雷纳特·麦科尔：《马克思恩格斯论社会主义社会和共产主义社会》，籍维立等译，河南人民出版社 1993 年版。

5. ［美］麦克尔·哈特、［意］安东尼奥·奈格里：《帝国——全球化的政治秩序》，杨建国、范一亭译，江苏人民出版社 2008 年版。

6. 杨金海编著：《马克思恩格斯〈共产党宣言〉研究读本》，中央编译出版社 2017 年版。

原文摘选

卡·马克思和弗·恩格斯
《共产党宣言》（节选）

一个幽灵，共产主义的幽灵，在欧洲游荡。为了对这个幽灵进行神圣的围剿，旧欧洲的一切势力，教皇和沙皇、梅特涅和基佐、法国的激进派和德国的警察，都联合起来了。

有哪一个反对党不被它的当政的敌人骂为共产党呢？又有哪一个反对党不拿共产主义这个罪名去回敬更进步的反对党人和自己的反动敌人呢？

从这一事实中可以得出两个结论：

共产主义已经被欧洲的一切势力公认为一种势力；

现在是共产党人向全世界公开说明自己的观点、自己的目的、自己的意图并且拿党自己的宣言来反驳关于共产主义幽灵的神话的时候了。

为了这个目的，各国共产党人集会于伦敦，拟定了如下的宣言，用英文、法文、德文、意大利文、佛拉芒文和丹麦文公布于世。

一 资产者和无产者①

至今一切社会的历史②都是阶级斗争的历史。

自由民和奴隶、贵族和平民、领主和农奴、行会师傅③和帮工，一句话，压迫者和被压迫者，始终处于相互对立的地位，进行不断的、有时隐蔽有时公开的斗争，而每一次斗争的结局都是整个社会受到革命改造或者斗争的各阶级同归于尽。

在过去的各个历史时代，我们几乎到处都可以看到社会完全划分为各个不同的等级，看到社会地位分成多种多样的层次。在古罗马，有贵族、骑士、平民、奴隶，在中世纪，有封建主、臣仆、行会师傅、帮工、农奴，而且几乎在每一个阶级内部又有一些特殊的阶层。

从封建社会的灭亡中产生出来的现代资产阶级社会并没有消灭阶级对立。它只是用新的阶级、新的压迫条件、新的斗争形式代替了旧的。

但是，我们的时代，资产阶级时代，却有一个特点：它使阶级对立简单化了。整个社会日益分裂为两大敌对的阵营，分裂为两大相互

---

① 恩格斯在 1888 年英文版上加了一个注："资产阶级是指占有社会生产资料并使用雇佣劳动的现代资本家阶级。无产阶级是指没有自己的生产资料，因而不得不靠出卖劳动力来维持生活的现代雇佣工人阶级。"

② 恩格斯在 1888 年英文版上加了一个注："这是指有文字记载的全部历史。在 1847 年，社会的史前史、成文史以前的社会组织，几乎还没有人知道。后来，哈克斯特豪森发现了俄国的土地公有制，毛勒证明了这种公有制是一切条顿族的历史起源的社会基础，而且人们逐渐发现，农村公社是或者曾经是从印度到爱尔兰的各地社会的原始形态。最后，摩尔根发现了氏族的真正本质及其对部落的关系，这一卓绝发现把这种原始共产主义社会的内部组织的典型形式揭示出来了。随着这种原始公社的解体，社会开始分裂为各个独特的、终于彼此对立的阶级。关于这个解体过程，我曾经试图在《家庭、私有制和国家的起源》（1886 年斯图加特第 2 版）中加以探讨。"

③ 恩格斯在 1888 年英文版上加了一个注："行会师傅就是在行会中享有全权的会员，是行会内部的师傅，而不是行会的首领。"

直接对立的阶级：资产阶级和无产阶级。

从中世纪的农奴中产生了初期城市的城关市民；从这个市民等级中发展出最初的资产阶级分子。

美洲的发现、绕过非洲的航行，给新兴的资产阶级开辟了新天地。东印度和中国的市场、美洲的殖民化、对殖民地的贸易、交换手段和一般商品的增加，使商业、航海业和工业空前高涨，因而使正在崩溃的封建社会内部的革命因素迅速发展。

以前那种封建的或行会的工业经营方式已经不能满足随着新市场的出现而增加的需求了。工场手工业代替了这种经营方式。行会师傅被工业的中间等级排挤掉了；各种行业组织之间的分工随着各个作坊内部的分工的出现而消失了。

但是，市场总是在扩大，需求总是在增加。甚至工场手工业也不再能满足需要了。于是，蒸汽和机器引起了工业生产的革命。现代大工业代替了工场手工业；工业中的百万富翁、一支一支产业大军的首领、现代资产者，代替了工业的中间等级。

大工业建立了由美洲的发现所准备好的世界市场。世界市场使商业、航海业和陆路交通得到了巨大的发展。这种发展又反过来促进了工业的扩展，同时，随着工业、商业、航海业和铁路的扩展，资产阶级也在同一程度上发展起来，增加自己的资本，把中世纪遗留下来的一切阶级排挤到后面去。

由此可见，现代资产阶级本身是一个长期发展过程的产物，是生产方式和交换方式的一系列变革的产物。

资产阶级的这种发展的每一个阶段，都伴随着相应的政治上的进展①。

---

① "相应的政治上的进展"在1888年英文版中是"这个阶级的相应的政治上的进展"。

它在封建主统治下是被压迫的等级，在公社①里是武装的和自治的团体，在一些地方组成独立的城市共和国②，在另一些地方组成君主国中的纳税的第三等级③；后来，在工场手工业时期，它是等级君主国④或专制君主国中同贵族抗衡的势力，而且是大君主国的主要基础；最后，从大工业和世界市场建立的时候起，它在现代的代议制国家里夺得了独占的政治统治。现代的国家政权不过是管理整个资产阶级的共同事务的委员会罢了。

资产阶级在历史上曾经起过非常革命的作用。

资产阶级在它已经取得了统治的地方把一切封建的、宗法的和田园诗般的关系都破坏了。它无情地斩断了把人们束缚于天然尊长的形形色色的封建羁绊，它使人和人之间除了赤裸裸的利害关系，除了冷酷无情的"现金交易"，就再也没有任何别的联系了。它把宗教虔诚、骑士热忱、小市民伤感这些情感的神圣发作，淹没在利己主义打算的冰水之中。它把人的尊严变成了交换价值，用一种没有良心的贸易自由代替了无数特许的和自力挣得的自由。总而言之，它用公开的、无耻的、直接的、露骨的剥削代替了由宗教幻想和政治幻想掩盖着的剥削。

资产阶级抹去了一切向来受人尊崇和令人敬畏的职业的神圣光环。它把医生、律师、教士、诗人和学者变成了它出钱招雇的雇佣劳动者。

资产阶级撕下了罩在家庭关系上的温情脉脉的面纱，把这种关系

---

① 恩格斯在1888年英文版上加了一个注："法国的新兴城市，甚至在它们从封建主手里争得地方自治和'第三等级'的政治权利以前，就已经称为'公社'了。一般说来，这里是把英国当做资产阶级经济发展的典型国家，而把法国当做资产阶级政治发展的典型国家。"恩格斯在1890年德文版上加了一个注："意大利和法国的市民，从他们的封建主手中买得或争利最初的自治权以后，就把自己的城市共同体称为'公社'。"

② 在1888年英文版中这里加上了"（例如在意大利和德国）"。

③ 在1888年英文版中这里加上了"（例如在法国）"。

④ "等级君主国"在1888年英文版中是"半封建君主国"。

变成了纯粹的金钱关系。

资产阶级揭示了，在中世纪深受反动派称许的那种人力的野蛮使用，是以极端怠惰作为相应补充的。它第一个证明了，人的活动能够取得什么样的成就。它创造了完全不同于埃及金字塔、罗马水道和哥特式教堂的奇迹；它完成了完全不同于民族大迁徙和十字军征讨的远征。

资产阶级除非对生产工具，从而对生产关系，从而对全部社会关系不断地进行革命，否则就不能生存下去。反之，原封不动地保持旧的生产方式，却是过去的一切工业阶级生存的首要条件。生产的不断变革，一切社会状况不停地动荡，永远的不安定和变动，这就是资产阶级时代不同于过去一切时代的地方。一切固定的僵化的关系以及与之相适应的素被尊崇的观念和见解都被消除了，一切新形成的关系等不到固定下来就陈旧了。一切等级的和固定的东西都烟消云散了，一切神圣的东西都被亵渎了。人们终于不得不用冷静的眼光来看他们的生活地位、他们的相互关系。

不断扩大产品销路的需要，驱使资产阶级奔走于全球各地。它必须到处落户，到处开发，到处建立联系。

资产阶级，由于开拓了世界市场，使一切国家的生产和消费都成为世界性的了。使反动派大为惋惜的是，资产阶级挖掉了工业脚下的民族基础。古老的民族工业被消灭了，并且每天都还在被消灭。它们被新的工业排挤掉了，新的工业的建立已经成为一切文明民族的生命攸关的问题；这些工业所加工的，已经不是本地的原料，而是来自极其遥远的地区的原料；它们的产品不仅供本国消费，而且同时供世界各地消费。旧的、靠本国产品来满足的需要，被新的、要靠极其遥远的国家和地带的产品来满足的需要所代替了。过去那种地方的和民族的自给自足和闭关自守状态，被各民族的各方面的互相往来和各方面的互相依赖所代替了。物质的生产是如此，精神的生产也是如此。各民族的精神产品成了公共的财产。民族的片面性和局限性日益成为不可能，于是由许多种民族的和地方的文学形成了一种世界的文学①。

资产阶级，由于一切生产工具的迅速改进，由于交通的极其便利，把一切民族甚至最野蛮的民族都卷到文明中来了。它的商品的低廉价格，是它用来摧毁一切万里长城、征服野蛮人最顽强的仇外心理的重炮。它迫使一切民族——如果它们不想灭亡的话——采用资产阶级的生产方式；它迫使它们在自己那里推行所谓的文明，即变成资产者。一句话，它按照自己的面貌为自己创造出一个世界。

资产阶级使农村屈服于城市的统治。它创立了巨大的城市，使城市人口比农村人口大大增加起来，因而使很大一部分居民脱离了农村生活的愚昧状态。正像它使农村从属于城市一样，它使未开化和半开化的国家从属于文明的国家，使农民的民族从属于资产阶级的民族，使东方从属于西方。

资产阶级日甚一日地消灭生产资料、财产和人口的分散状态。它使人口密集起来，使生产资料集中起来，使财产聚集在少数人的手里。由此必然产生的结果就是政治的集中。各自独立的、几乎只有同盟关系的、各有不同利益、不同法律、不同政府、不同关税的各个地区，现在已经结合为一个拥有统一的政府、统一的法律、统一的民族阶级利益和统一的关税的统一的民族。

资产阶级在它的不到一百年的阶级统治中所创造的生产力，比过去一切世代创造的全部生产力还要多，还要大。自然力的征服，机器的采用，化学在工业和农业中的应用，轮船的行驶，铁路的通行，电报的使用，整个整个大陆的开垦，河川的通航，仿佛用法术从地下呼唤出

---

① "文学"一词德文是"Literatur"，这里泛指科学、艺术、哲学、政治等方面的著作。

来的大量人口——过去哪一个世纪料想到在社会劳动里蕴藏有这样的生产力呢?

由此可见,资产阶级赖以形成的生产资料和交换手段,是在封建社会里造成的。在这些生产资料和交换手段发展的一定阶段上,封建社会的生产和交换在其中进行的关系,封建的农业和工场手工业组织,一句话,封建的所有制关系,就不再适应已经发展的生产力了。这种关系已经在阻碍生产而不是促进生产了。它变成了束缚生产的桎梏。它必须被炸毁,它已经被炸毁了。

起而代之的是自由竞争以及与自由竞争相适应的社会制度和政治制度、资产阶级的经济统治和政治统治。

现在,我们眼前又进行着类似的运动。资产阶级的生产关系和交换关系,资产阶级的所有制关系,这个曾经仿佛用法术创造了如此庞大的生产资料和交换手段的现代资产阶级社会,现在像一个魔法师一样不能再支配自己用法术呼唤出来的魔鬼了。几十年来的工业和商业的历史,只不过是现代生产力反抗现代生产关系、反抗作为资产阶级及其统治的存在条件的所有制关系的历史。只要指出在周期性的重复中越来越危及整个资产阶级社会生存的商业危机就够了。在商业危机期间,总是不仅有很大一部分制成的产品被毁灭掉,而且有很大一部分已经造成的生产力被毁灭掉。在危机期间,发生一种在过去一切时代看来都好像是荒唐现象的社会瘟疫,即生产过剩的瘟疫。社会突然发现自己回到了一时的野蛮状态;仿佛是一次饥荒、一场普遍的毁灭性战争,使社会失去了全部生活资料;仿佛是工业和商业全被毁灭了。这是什么缘故呢?因为社会上文明过度,生活资料太多,工业和商业太发达。社会所拥有的生产力已经不能再促进资产阶级文明和资产阶级所有制关系的发展;相反,生产力已经强大到这种关系所不能适应的地步,它已经受到这种关系的阻碍;而它一着手克服这种障碍,就使整个资产阶级社会陷入混乱，就使资产阶级所有制的存在受到威胁。资产阶级的关系已经太狭窄了，再容纳不了它本身所造成的财富了。资产阶级用什么办法来克服这种危机呢？一方面不得不消灭大量生产力，另一方面夺取新的市场，更加彻底地利用旧的市场。这究竟是怎样的一种办法呢？这不过是资产阶级准备更全面更猛烈的危机的办法，不过是使防止危机的手段越来越少的办法。

资产阶级用来推翻封建制度的武器，现在却对准资产阶级自己了。

但是，资产阶级不仅锻造了置自身于死地的武器；它还产生了将要运用这种武器的人——现代的工人，即无产者。

随着资产阶级即资本的发展，无产阶级即现代工人阶级也在同一程度上得到发展；现代的工人只有当他们找到工作的时候才能生存，而且只有当他们的劳动增殖资本的时候才能找到工作。这些不得不把自己零星出卖的工人，像其他任何货物一样，也是一种商品，所以他们同样地受到竞争的一切变化、市场的一切波动的影响。

由于推广机器和分工，无产者的劳动已经失去了任何独立的性质，因而对工人也失去了任何吸引力。工人变成了机器的单纯的附属品，要求他做的只是极其简单、极其单调和极容易学会的操作。因此，花在工人身上的费用，几乎只限于维持工人生活和延续工人后代所必需的生活资料。但是，商品的价格，从而劳动的价格，是同它的生产费用相等的。因此，劳动越使人感到厌恶，工资也就越减少。不仅如此，机器越推广，分工越细致，劳动量①也就越增加，这或者是由于工作时间的延长，或者是由于在一定时间内所要求的劳动的增加，机器运转的加速，等等。

现代工业已经把家长式的师傅的小作坊变成了工业资本家的大工

---

① "劳动量"在1888年英文版中是"劳动负担"。

厂。挤在工厂里的工人群众就像士兵一样被组织起来。他们是产业军的普通士兵,受着各级军士和军官的层层监视。他们不仅仅是资产阶级的、资产阶级国家的奴隶,他们每日每时都受机器、受监工、首先是受各个经营工厂的资产者本人的奴役。这种专制制度越是公开地把营利宣布为自己的最终目的,它就越是可鄙、可恨和可恶。

手的操作所要求的技巧和气力越少,换句话说,现代工业越发达,男工也就越受到女工和童工的排挤。对工人阶级来说,性别和年龄的差别再没有什么社会意义了。他们都只是劳动工具,不过因为年龄和性别的不同而需要不同的费用罢了。

当厂主对工人的剥削告一段落,工人领到了用现钱支付的工资的时候,马上就有资产阶级中的另一部分人——房东、小店主、当铺老板等等向他们扑来。

以前的中间等级的下层,即小工业家、小商人和小食利者,手工业者和农民——所有这些阶级都降落到无产阶级的队伍里来了,有的是因为他们的小资本不足以经营大工业,经不起较大的资本家的竞争;有的是因为他们的手艺已经被新的生产方法弄得不值钱了。无产阶级就是这样从居民的所有阶级中得到补充的。

(选自《马克思恩格斯文集》第 2 卷,
人民出版社 2009 年版,第 30—53 页)

《〈政治经济学批判〉序言》
与《〈政治经济学批判〉导言》导读

马克思主义政治经济学是马克思主义的重要组成部分。马克思和恩格斯历经近半个世纪的艰辛探索，批判地继承了古典政治经济学的劳动价值论等思想，提出了剩余价值理论，创立了马克思主义政治经济学，创作了具有划时代意义的巨著《资本论》，为无产阶级的解放事业提供了强有力的理论武器。鉴于《资本论》篇幅巨大、结构复杂，本书难以容纳，故而选择了马克思在政治经济学研究历程中写下的另外两个重要文本，即《〈政治经济学批判〉序言》（以下简称《序言》）与《〈政治经济学批判〉导言》（以下简称《导言》）。在这两个文本中，马克思对资产阶级政治经济学的对象和方法实现了科学革命，明确阐发了马克思主义政治经济学的研究对象和研究方法。

一　写作背景

从 19 世纪 40 年代开始，马克思恩格斯就着力于政治经济学研究，并为之付出了毕生精力。在《资本论》问世之前，马克思基于

《1857—1858 年经济学手稿》（又称《政治经济学批判大纲》）写成，并于 1859 年出版的《政治经济学批判。第一分册》，是一个重要的里程碑。本部分将以这一重要时期为界，介绍马克思恩格斯的研究历程，以及这一时期的《序言》《导言》两个文本的基本情况。

1842—1843 年，马克思作为《莱茵报》的编辑，第一次遇到"要对所谓物质利益发表意见的难事"①。无论是对林木盗窃法、地产析分、摩泽尔农民状况以及自由贸易和保护关税的辩论，还是对于新闻自由问题的斗争，都促使他思考各种社会问题及其经济动因。英法工人的斗争，以及与奥格斯堡《总汇报》关于共产主义的争论，也让他感到有必要从经济关系方面对共产主义思潮进行深入研究。1843 年 3 月，马克思离开《莱茵报》后，通过批判黑格尔法哲学，得出："法的关系正像国家的形式一样，既不能从它们本身来理解，也不能从所谓人类精神的一般发展来理解，相反，它们根源于物质的生活关系。"② 而对于这种物质生活关系之总和（被黑格尔概括为"市民社会"）的解剖，应该在政治经济学领域中进行。由此，马克思开始了第一次系统的政治经济学研究。与此同时，恩格斯已经在同时期的《国民经济学批判大纲》中分析和批判了作为资本主义私有制的理论表现的资产阶级政治经济学及其基本范畴，强调只有消灭私有制、全面变革现存的社会关系，才能消除资本主义的弊端。这篇被马克思誉为"批判经济学范畴的天才大纲"③ 的著作可以说是马克思主义政治经济学的开端，也是激励马克思转向政治经济学研究的另一重要原因。

1843 年 10 月起，马克思在巴黎阅读并摘录了大量政治经济学文献，其中包括亚当·斯密、大卫·李嘉图、詹姆斯·穆勒和恩格斯等

---

① 《马克思恩格斯文集》第 2 卷，人民出版社 2009 年版，第 588 页。
② 《马克思恩格斯文集》第 2 卷，人民出版社 2009 年版，第 591 页。
③ 《马克思恩格斯文集》第 2 卷，人民出版社 2009 年版，第 592 页。

人的著作，并写下了 7 本《巴黎笔记》。在此期间，他还创作了《1844
年经济学哲学手稿》。这是马克思第一次批判性地考察资本主义经济制
度和资产阶级政治经济学，并初步阐述了自己的经济学思想。在这部
手稿中，马克思详细考察了工资、资本利润、地租、竞争等问题，提
出了异化劳动范畴并阐述了异化劳动的四个规定，分析了异化劳动和
私有财产的关系。1845 年 2 月，马克思移居布鲁塞尔并访问曼彻斯特，
进一步研究政治经济学和经济史的文献资料，写下了 6 本《布鲁塞尔
笔记》和 9 本《曼彻斯特笔记》。这一时期的研究成果主要体现在《德
意志意识形态》《哲学的贫困》《雇佣劳动与资本》《关于自由贸易的
演说》和《共产党宣言》等一系列著作中。这些著作阐述了历史唯物
主义的基本观点，包含着剩余价值理论的萌芽，揭露了以剥削雇佣工
人劳动为基础的资本主义生产关系的实质，为马克思主义政治经济学
奠定了初步基础。后来，马克思因为参加 1848 年欧洲革命曾一度中断
了政治经济学研究。

1848 年欧洲革命失败后，马克思不得不侨居伦敦，这里对于考察
资产阶级社会是一个方便的地点。随着资本主义进入新的发展阶段，
马克思感到有必要重新开启研究。1850—1853 年，马克思在大英博物
馆研究了大量资产阶级政治经济学著作、官方文件和刊物，写下了 24
本《伦敦笔记》。在《伦敦笔记》中，马克思重点研究了货币、信用、
危机、地租、农业、雇佣劳动与资本的关系和李嘉图学派解体的原因
等问题，其理论水平已显著超过 1848 年革命之前的水平。为了深刻理
解资本主义生产，他的研究范围十分广泛，涉及自然科学、技术史、
工艺史等政治经济学之外的学科。此后，马克思通过为报纸撰稿来谋
生，因而不能集中精力从事研究，但在评论经济事件的过程中，他进
一步熟悉实际细节，丰富了研究材料。

1857 年，世界性资本主义经济危机爆发，马克思认为这次危机预

示着新的无产阶级革命即将到来。为了在此之前用科学理论武装无产阶级，使他们认清革命形势与任务，并清除在工人运动中流行的蒲鲁东主义的恶劣影响，他夜以继日地加紧研究。在 1857—1858 年，马克思一边写下了 3 本《危机笔记》，一边着力于总结研究成果，写下了一系列手稿，即《1857—1858 年经济学手稿》。这部手稿是《资本论》的前身，标志着马克思主义政治经济学的基本形成。马克思在其中第一次提出了劳动二重性理论，创立了剩余价值理论。此外，他还制定了《政治经济学批判》著作的结构计划，经过不断修改完善，最后定为六册。

随后，马克思在这部手稿的基础上开始写作《政治经济学批判》，并于 1859 年 6 月出版了第一分册。这一分册只包括计划中第一册第一篇的前两章《商品》和《货币或简单流通》，不包括原计划论述资本的第三章。这部意义重大的著作被马克思视为"15 年的即我一生中的黄金时代的研究成果"①。1861—1863 年，马克思按计划继续在原有手稿的基础上写作《政治经济学批判》的第二分册，即第一册第一篇的第三章《资本一般》。他写下了 23 个笔记本的《1861—1863 年经济学手稿》。这部手稿是《资本论》的第一稿，其中的理论史部分即《剩余价值理论》对资产阶级政治经济学作了系统批判。1862 年年底，马克思制定了新的写作计划。他决定先把"资本一般"写成一部独立著作出版，定名《资本论》，"政治经济学批判"只作为副标题。他计划将《资本论》写成四册，即《资本的生产过程》《资本的流通过程》《总过程的各种形态》和理论史。1863—1865 年，他以《资本论》为标题，写下了前三册的手稿，即《1863—1865 年经济学手稿》，这是《资本论》的第二稿。1865 年年底，他还在《工资、利润和价格》中以通俗的形式阐述了基本成熟的剩余价值理论。

---

① 《马克思恩格斯文集》第 10 卷，人民出版社 2009 年版，第 167 页。

完成三册《资本论》手稿后，马克思投入对第一册的最后加工，并于 1867 年 9 月作为《资本论》第一卷出版。此后，马克思投入对《资本论》第一卷的修订和翻译工作中，同时继续研究、撰写其余卷册，但最终未能完成。19 世纪 70 年代以后，马克思恩格斯在指导国际工人运动期间，批判了各类错误的经济学观点，还对前资本主义社会和未来社会的经济关系进行了研究，这些成果体现在《论住宅问题》《哥达纲领批判》《人类学笔记》《历史学笔记》《家庭、私有制与国家的起源》等晚期著作中。

马克思逝世后，恩格斯对遗留的《资本论》手稿进行编辑整理，将第二、三册分别编为《资本论》第二、三卷（第三卷的原定标题改为《资本主义生产的总过程》），分别于 1885 年和 1894 年出版。他还编辑加工了《资本论》第一卷，于 1890 年出版了现在通用的版本。恩格斯未及整理的《剩余价值理论》在他逝世后由考茨基编辑出版。《资本论》是马克思主义政治经济学正式形成的标志。在其中，马克思运用辩证唯物主义和历史唯物主义的世界观和方法论，揭示了资本主义社会的经济规律，阐述了资本主义产生、发展和灭亡的规律，分析了资本主义的内在矛盾，论证了共产主义取代资本主义的历史必然性，为科学社会主义奠定了理论基础。

《序言》是马克思为《政治经济学批判。第一分册》所写的序言，内容较为简短。在其中，马克思回溯了自己研究政治经济学和创立唯物史观的思想历程，对历史唯物主义的基本原理作了经典表述。他在《序言》开头写道：“我把已经起草的一篇总的导言压下了，因为仔细想来，我觉得预先说出正要证明的结论总是有妨害的，读者如果真想跟着我走，就要下定决心，从个别上升到一般。”[①] 而这篇被压下的“总的

---

① 《马克思恩格斯文集》第 2 卷，人民出版社 2009 年版，第 588 页。

导言"，就是马克思为计划中的《政治经济学批判》所写的《导言》。

《导言》是一篇未完成的手稿，位于《1857—1858 年经济学手稿》的开头部分，马克思在其中详细地论述了政治经济学的研究对象和研究方法。《导言》写于 1857 年 8 月下旬至 9 月中，在马克思生前没有发表过。直到 1903 年，考茨基才第一次将它发表于《新时代》杂志。《导言》正文共四节，分节标题为"1. 生产""2. 生产与分配、交换、消费的一般关系""3. 政治经济学的方法""4. 生产。生产资料和生产关系。生产关系和交往关系。国家形式和意识形式同生产关系和交往关系的关系。法的关系。家庭关系"。《导言》开头的标题是"I. 生产、消费、分配、交换（流通）"，它实际上只包括前两节，而在之后的正文中，再也没有接续它的罗马数字。《导言》所在笔记本的封面上标有字母"M"，并附有写作日期和地点："1857 年 8 月 23 日""写于伦敦"。封面还有目录，这个目录中的分节标题为"（1）生产一般""（2）生产、分配、交换和消费之间的一般关系""（3）政治经济学的方法""（4）生产资料（力）和生产关系；生产关系和交往关系等等"。这些标题与《导言》正文中相应的标题略有不同，而且比后者更确切地反映出《导言》的逻辑结构。可以设想，这是马克思在起草《导言》正文以后才写上的。

二　内容提示

《序言》和《导言》虽然都不是为了《资本论》而写的，但是它们分别属于《1857—1858 年经济学手稿》和《政治经济学批判。第一分册》，共同代表了马克思主义政治经济学创立过程中一个重要时期的思想。本部分将基于这两个文本，从研究对象和研究方法的科学革命等方面，对马克思主义政治经济学作初步介绍。这些内容与《资本论》有着密切的联系，也有助于理解《资本论》。

（一）《序言》：历史唯物主义的经典表述

在《序言》中，马克思回顾了自己研究政治经济学的动因和经过，并用一段话简要表述了他一经得到就用于指导研究的历史唯物主义原理。这段叙述表明，马克思的"政治经济学研究"和"历史唯物主义的创立"之间是相互促进的关系：他不是先在哲学上创立了成熟的思想方法、再用以指导毕生研究，而是在对政治经济学的初步研究中提出了历史唯物主义的基本原理，再以此指导进一步的政治经济学研究，并在研究中继续深化历史唯物主义的思想内涵。

最初，通过《莱茵报》时期对经济问题的思考和后来对黑格尔唯心主义国家观的批判，马克思开始转向政治经济学研究以寻求对市民社会的解剖。在巴黎、布鲁塞尔期间，马克思系统研究了政治经济学，逐渐认识到物质生产在人类历史发展中的决定性作用。随后，在1845年的《德意志意识形态》中，马克思恩格斯通过清算他们从前在哲学上信仰过的青年黑格尔派和费尔巴哈的唯心史观等思想，首次阐明了他们创立的历史唯物主义学说的基本原理。

《德意志意识形态》对此概括如下："从直接生活的物质生产出发阐述现实的生产过程，把同这种生产方式相联系的、它所产生的交往形式即各个不同阶段上的市民社会理解为整个历史的基础，从市民社会作为国家的活动描述市民社会，同时从市民社会出发阐明意识的所有各种不同的理论产物和形式，如宗教、哲学、道德等等，而且追溯它们产生的过程。"[①] 这是马克思在《序言》之前对历史唯物主义学说所作的最完整表述，指导了马克思这一时期的大量创作。

后来在伦敦，马克思重新开始研究政治经济学，并进一步考察新的材料，由此在《序言》中提出了更为成熟的对历史唯物主义的经典

---

① 《马克思恩格斯文集》第1卷，人民出版社2009年版，第544页。

表述。马克思继承了《德意志意识形态》中的基本观点，在其基础上提出了"生产力"与"生产关系"这一对矛盾运动的概念，并始终把对"现实的人"的活动和物质生活条件的研究，看作科学的历史观的前提。

马克思指出："人们在自己生活的社会生产中发生一定的、必然的、不以他们的意志为转移的关系，即同他们的物质生产力的一定发展阶段相适合的生产关系。"[①] 这一论断后来演变为"生产力决定生产关系"这一命题。在生产力发展的一定阶段内，生产力的性质决定着现存生产关系的性质，现存生产关系适应于生产力，并促进生产力的发展。这就是"生产力的发展形式"[②]。

但是，生产关系并不总是与生产力相适应的，它对生产力也并非只有积极的促进作用。当生产力发展到一定阶段，就会同它一直在其中运动的现存生产关系或财产关系发生矛盾。现存生产关系就会阻碍生产力的发展，变成生产力的桎梏。到那时，生产力和生产关系之间的矛盾运动就会导致社会革命时代的到来。

马克思恩格斯在《德意志意识形态》中，虽然已经提出"生产力"的范畴，也使用过"生产关系"一词，但二者不是在矛盾运动的意义上对应使用的。他们当时分析的是"生产力"与"交往形式"的矛盾运动。除了频繁使用的"交往形式"，还有"交往方法""交往关系"等相似的术语。这些术语含义较广，并未明确指向人们在物质生产过程中的交往，相比而言，马克思从《哲学的贫困》开始明确使用的"生产关系"概念要更为科学和准确。

接着，马克思提出了历史唯物主义学说中第二对矛盾运动的概念——"经济基础"与"上层建筑"。马克思指出，生产关系的总和构成社会的经济结构，这是人类生活的现实基础，后文称之为"经济

---

① 《马克思恩格斯文集》第 2 卷，人民出版社 2009 年版，第 591 页。
② 《马克思恩格斯文集》第 2 卷，人民出版社 2009 年版，第 591 页。

基础"；在经济基础之上，竖立着"法律的和政治的上层建筑"以及与之相适应的"一定的社会意识形式"①，它们分别就是后来所说的"政治上层建筑"和"观念（意识形态）上层建筑"。马克思进一步说明，物质生活的生产方式制约着整个社会生活、政治生活和精神生活的过程，而且，"随着经济基础的变更，全部庞大的上层建筑也或慢或快地发生变革"②，这一论断后来演变为"经济基础决定上层建筑"这一命题。经济基础决定上层建筑的性质，也决定上层建筑的变革，而上层建筑的各个组成部分的变化过程和速度是不尽相同的。

对于这些变革，马克思强调，必须区别开"生产的经济条件方面所发生的物质的、可以用自然科学的精确性指明的变革"和"人们借以意识到这个冲突并力求把它克服的那些法律的、政治的、宗教的、艺术的或哲学的，简言之，意识形态的形式"③。正如判断一个人不能以他对自己的看法为根据，判断一个变革时代也不能以它的意识为根据。马克思指明了唯物史观的出发点：即不是意识决定存在，相反，是社会存在决定社会意识。时代的自我意识只是被意识到了的存在，而这个作为前提的存在就是人们的现实生活过程。因此，"这个意识必须从物质生活的矛盾中，从社会生产力和生产关系之间的现存冲突中去解释"④。

马克思通过前述两对矛盾运动的分析，揭示了人类社会发展的一般规律，论证了旧的社会形态为新的更高的社会形态所取代的历史必然性，同时也指出了这一取代得以发生的条件，即著名的"两个决不会"论断："无论哪一个社会形态，在它所能容纳的全部生产力发挥出来之前，是决不会灭亡的；而新的更高的生产关系，在它的物质存在

---

① 《马克思恩格斯文集》第2卷，人民出版社2009年版，第591页。
② 《马克思恩格斯文集》第2卷，人民出版社2009年版，第592页。
③ 《马克思恩格斯文集》第2卷，人民出版社2009年版，第592页。
④ 《马克思恩格斯文集》第2卷，人民出版社2009年版，第592页。

条件在旧社会的胎胞里成熟以前，是决不会出现的。"① 人类只提出自己能够解决的任务，这是因为真正的任务只有在解决它的物质条件已经存在或正在生成时才会产生。

最后，马克思还概述了人类历史的发展进程："大体说来，亚细亚的、古希腊罗马的、封建的和现代资产阶级的生产方式可以看做是经济的社会形态演进的几个时代。"② 马克思断言，资产阶级的生产关系是社会生产过程的最后一个对抗形式，这种对抗表现为资本主义的基本矛盾——生产社会化与资本主义生产资料私有制之间的矛盾。在资产阶级社会内部成熟起来的生产力，即社会化大生产以及与之相联系的工人阶级，正是解决这种对抗的物质条件。正如马克思在《资本论》第一卷中所说，"生产资料的集中和劳动的社会化，达到了同它们的资本主义外壳不能相容的地步。这个外壳就要炸毁了。资本主义私有制的丧钟就要响了。剥夺者就要被剥夺了"，而新的社会将"在协作和对土地及靠劳动本身生产的生产资料的共同占有的基础上，重新建立个人所有制"③。

这一段落是《序言》最重要的部分，它对历史唯物主义的基本立场、观点和方法作了最简明扼要的概述，为科学理解人类社会历史发展提供了钥匙。由于《序言》相较于《德意志意识形态》的有关论述更为精辟和成熟，且比之更早公开问世，因而具有独立的理论价值和科学意义。

不过，需要注意的是，《序言》中的历史唯物主义观点虽然强调物质生活的生产方式对人类社会历史进程的决定性作用，但"决定性作用"并不等于唯一决定因素，也不能把历史唯物主义误读为经济决定

---

① 《马克思恩格斯文集》第 2 卷，人民出版社 2009 年版，第 592 页。
② 《马克思恩格斯文集》第 2 卷，人民出版社 2009 年版，第 592 页。
③ 《马克思恩格斯文集》第 5 卷，人民出版社 2009 年版，第 874 页。

论。本篇所选的另一个重要文本即《导言》的第四节，是马克思未完成的关于历史唯物主义一系列基本问题的分析，其中留下的几条写作提纲包括"生产力（生产资料）的概念和生产关系的概念的辩证法""物质生产的发展例如同艺术发展的不平衡关系""这种见解表现为必然的发展。但承认偶然"[①]等内容。这些内容提示我们，要充分认识到马克思恩格斯创立的历史唯物主义学说中蕴含的历史辩证法，防止对其作近代知性科学式的解读，这样历史唯物主义的丰富内涵才会真正展现出来。

进一步的，我们也不能把马克思对历史唯物主义所作的概述当作一个脱离历史的、先验的、形而上学的教条公式，并把它套用于任何历史时期或地方。正如前文所说，马克思正是在对现实的研究中深化发展了历史唯物主义，这就意味着历史唯物主义不是用既有的方法论原则去吞没现实，而是要不断地回到现实，在具体的、活生生的历史中丰富自己的知识，从而揭示出人类社会历史发展的多样性。最具现实性的例子是，马克思拒绝别人把他"关于西欧资本主义起源的历史概述彻底变成一般发展道路的历史哲学理论"[②]，而是认为经济文化落后的国家在一定条件下可以跨过"资本主义制度的卡夫丁峡谷"[③]，后来苏联、中国等国家建立起的社会主义制度就从实践上证明了这一点。

（二）《导言》：政治经济学的研究对象及其原理的具体阐述

马克思在《导言》第一、二节中详细地论述了马克思主义政治经济学的研究对象，这是《导言》的一大理论贡献。

在第一节"生产"中，马克思开宗明义："摆在面前的对象，首先是物质生产。"[④] 这是对马克思主义政治经济学的研究对象的初步界定。

[①] 《马克思恩格斯文集》第8卷，人民出版社2009年版，第34页。
[②] 《马克思恩格斯文集》第3卷，人民出版社2009年版，第466页。
[③] 《马克思恩格斯文集》第3卷，人民出版社2009年版，第578页。
[④] 《马克思恩格斯文集》第8卷，人民出版社2009年版，第5页。

但斯密、李嘉图等资产阶级政治经济学家也研究生产，于是，随之而来的问题是，研究什么样的生产？马克思接着作出了进一步界定："在社会中进行生产的个人，——因而，这些个人的一定社会性质的生产，当然是出发点。"①

马克思批判了资产阶级政治经济学家把像鲁滨逊一样脱离社会的孤立个人作为出发点的做法。他指出，18世纪的人以为这种孤立个人是合乎自然的，是人类历史的起点，然而，这不过是虚构的假象。只要追溯历史就会发现，在越早的历史时期，进行生产的个人就越表现为不独立，它从属于从家庭到氏族再到公社等不断扩大的整体。只有在18世纪成熟起来的"市民社会"中，各种社会关系对个人而言才表现为满足私人利益的手段和自由竞争的客观经济规律，个人因而表现为独立的个体。正如马克思所指出，孤立个人在社会之外进行生产是罕见的，因为人只有在社会中才能独立。由此可见，孤立个人的观点恰恰产生于迄今为止社会关系最发达的时代，它实际上是封建社会解体和资本主义新兴生产力不断发展的历史产物。马克思指出，巴师夏和凯里等19世纪的庸俗经济学家仍然沉迷于18世纪的错觉，从孤立个人的生产出发，对资本主义经济关系作反历史的分析，而蒲鲁东甚至通过编造神话来说明这种经济关系的起源。马克思在《1857-1858年经济学手稿》中的《巴师夏和凯里》一文，以及《哲学的贫困》这一著作中，对上述观点分别作了批驳。

通过上述分析，马克思作出界定：即政治经济学的研究对象是"一定社会发展阶段上的生产"②。具体到当时，就是研究现代资产阶级生产，这也是马克思从《政治经济学批判》到《资本论》一直研究的本题。这一界定表明，政治经济学要把生产的历史发展过程在它的各个阶段上加以研究，即研究生产在一定历史时代中的特性。但另一

---

① 《马克思恩格斯文集》第8卷，人民出版社2009年版，第5页。
② 《马克思恩格斯文集》第8卷，人民出版社2009年版，第6页。

方面，生产的一切历史时代之间又具有某些共性，这就是资产阶级政治经济学家最善于利用的所谓"生产一般"概念。

马克思承认，不同时代的生产确实有一些共同的标志和规定，这些"有许多组成部分的、分为不同规定的东西"① 就是"生产一般"。它们是一切生产的必备条件和基本要素，包括生产主体（人）、生产客体（自然）以及生产工具等。如果没有这些"生产一般"，任何生产都无从设想。然而，这种"生产一般"只是简单地提出了共同点，是一种思维中的知性抽象。马克思也仅仅认同于能把这些一般规定事先确定下来，以免在研究和叙述中重复提及，就还算是一个合理的抽象。但如果我们只用这几个简单的规定来考察生产，生产就会仅仅被看作"人使用生产工具改造自然"，这样，政治经济学就变成了一门与具体社会生产关系无关的工艺学。马克思指出，仅凭这些"生产一般"的抽象要素，不可能理解任何一个现实的历史的生产阶段。

马克思强调，抽出"生产一般"正是为了不至于因为各个时代的生产具有统一性，而忘记了它们之间的本质差别。通过抽掉共同点，我们可以清晰地确认各个时代之间的差别，而正是这些差别决定了某一生产关系区别于其他生产关系的规定性。资产阶级政治经济学家则恰恰相反，他们凭借这些共同点，抹杀了各个时代的生产的本质差别，以此证明现存社会关系是永存的、和谐的。例如凯里，他忽略了使"生产工具""积累的劳动"成为"资本"的那个"特殊"，混淆了作为一般生产条件的"生产工具"与特殊的资本主义生产关系中的"资本"，以为"资本是一种一般的、永存的自然关系"②，从而否认了生产关系的全部历史。

当时时髦的、以约翰·穆勒为代表的经济学家，一方面在著作开

---

① 《马克思恩格斯文集》第 8 卷，人民出版社 2009 年版，第 9 页。
② 《马克思恩格斯文集》第 8 卷，人民出版社 2009 年版，第 9 页。

头安排一个"总论"部分，用来论述一切生产的一般条件，从而将生产描述为一种"与历史无关的永恒自然规律"①，资本主义生产关系因此成了不以人的意志为转移的法则；另一方面却认为分配是可以随心所欲、任意改变的。对此，马克思指出，不同社会中的不同分配关系之间，同样可以提出某种共同规定，那就是在生产关系中处于不同地位的人，总是有着截然不同的决定其产品分配的规律。这就说明，决不能把生产与分配粗暴地割裂开来，这正是马克思在下一节论述的内容。

在第二节"生产与分配、交换、消费的一般关系"中，马克思批判地引用了詹姆斯·穆勒的"四分法"。这种观点认为，政治经济学的研究对象分为生产、分配、交换、消费四部分，它们形成了一个黑格尔式的"三段论"：生产是"一般"，表现为起点，决定于一般自然规律；分配和交换是"特殊"，表现为中介，依照社会或个人的偶然情况实行分配与再分配；消费是"个别"，表现为终点，最终目的是满足个人需要；全体由此结合在一起。马克思认为，这种观点人为地割裂出四个并列的、独立自主的领域，建立起肤浅的联系。马克思则通过准确阐明四者之间现实的相互关系，强调了生产对于分配、交换和消费的决定性作用。

首先，生产和消费的关系。马克思指出，二者之间具有直接的同一性，生产是主体（人的劳动能力）和客体（生产资料）的双重消费，而消费则是通过某种方式、从某一方面把作为生产者的人再生产出来。二者之间的同一性也体现在，生产与消费相互依存，互为手段和中介：消费使得生产在产品被使用的意义上得到最终的完成，在现实中确证了自身的活动，还为生产创造出观念上的、想象的生产对象，即"在生产者身上引起追求一定目的的需要"②，从而提供生产的动力

---

① 《马克思恩格斯文集》第 8 卷，人民出版社 2009 年版，第 11 页。
② 《马克思恩格斯文集》第 8 卷，人民出版社 2009 年版，第 16 页。

和目的；生产在消费的客体方面，为消费创造出外在的消费对象或材料，又在消费的主体方面，以一定的产品规定了消费的一定方式和性质，还创造出有消费需要或知觉的消费者，即在消费者身上引起对产品的需要，从而提供消费的动力。由此可见，二者之间的同一性还表现为：它们都是为了实现自身而把对方创造出来，都把自身当作对方创造出来。马克思又强调，即使有这三方面的同一性，生产和消费也不能简单等同起来。它们实际上是同一运动过程的两极，其中生产起支配作用，通过主体的生产和自我再生产使整个过程得以重新进行。此外，在社会中，主体生产时不以直接占有产品为目的，而产品通过被消费而返回到主体时，也不是直接被主体获得。于是，生产与消费之间的运动过程因产品的完成而中断，也就出现了分配这一环节。

其次，生产和分配的关系。马克思批判了李嘉图等资产阶级政治经济学家"专门把分配规定为经济学的对象"①，并将各种生产关系的范畴在生产项目和分配项目中分两次提出的幻觉。马克思指出，分配形式（地租、工资、利息和利润）是以相应的生产要素（土地、劳动和资本）为前提的，分配关系完全取决于生产结构，参与生产的一定方式决定参与分配的形式。正如前文区分了一般生产工具和特殊的资本那样，马克思强调，这里作为分配前提的生产要素都是在一定社会中的具体生产关系，如工资的前提不是劳动一般，而是资本主义雇佣劳动，地租的前提也不是土地一般，而是资本主义大农业。除了这种"产品的分配"之外，还有两种表现为先于生产并决定生产结构的分配，即"生产工具的分配"和"社会成员在各类生产之间的分配"②，这也是李嘉图把分配作为研究本题的依据。对此，马克思从"再生产"的意义上指出，这不是狭义的"分配"，而是前一个时期生产的历史结

---

① 《马克思恩格斯文集》第 8 卷，人民出版社 2009 年版，第 19 页。
② 《马克思恩格斯文集》第 8 卷，人民出版社 2009 年版，第 20 页。

果为下一个时期的生产提供前提和条件。

再次，生产同交换和流通的关系。马克思指出，不论是交换的前提，即分工与私人生产，还是交换的深度、广度和方式，交换就其一切要素来说，要么直接包含在生产之中，要么就是由生产的发展和结构所决定。

最后，马克思得出结论：生产、分配、交换、消费不是四个独立的领域，也不是同一的东西，就其现实关系而言，它们辩证统一于作为总体的生产之中，作为这个总体的各个环节，构成"统一体内部的差别"①。作为总体的生产支配着各个环节，并决定它们之间的相互关系，而这些环节在有机整体内的相互作用，则决定各个环节的"单方面形式"②。至此，马克思主义政治经济学的研究对象得到更明确的界定，即一定社会发展阶段的生产总体及其内部各环节间的一定相互关系，正如他后来在《资本论》第一卷第一版序言中所说的："我要在本书研究的，是资本主义生产方式以及和它相适应的生产关系和交换关系。"③

(三)《导言》：政治经济学的研究方法的明确表达

马克思在《导言》的第三节中详细论述了马克思主义政治经济学的研究方法，这是《导言》的另一大理论贡献。

马克思在前文已然表明，我们要研究的这个"生产"是一个实在的"具体总体"。正如他所指出，生产"始终是一定的社会体即社会的主体在或广或窄的由各生产部门组成的总体中活动着"④，那么，政治经济学的考察似乎就应当从一个国家的人口以及人口在不同生产部门

---

① 《马克思恩格斯文集》第8卷，人民出版社2009年版，第23页。
② 《马克思恩格斯文集》第8卷，人民出版社2009年版，第23页。
③ 《马克思恩格斯文集》第5卷，人民出版社2009年版，第8页。
④ 《马克思恩格斯文集》第8卷，人民出版社2009年版，第10页。

的分布等内容开始，因为这些是"全部社会生产行为的基础和主体"与"现实的前提"①。这似乎也符合历史唯物主义的立场。但马克思认为，这种做法实际上是错误的。

马克思指出，人口确实是一个生动的整体，但如果我们只采取感性直观的方法去认识它，就只能得到一个未经理解的"表象具体"，即"关于整体的一个混沌的表象"②。人口是由某些阶级构成的，如果抛开这些阶级，人口就是一个空洞的概念。这些阶级以雇佣劳动、资本等因素为依据，而这些因素又以交换、分工等为前提。如果我们没有把握交换、分工等简单概念，就永远不能理解人口、阶级、资本等复杂概念。这就要求我们从"表象具体"出发，通过分析达到越来越简单的概念，这一过程就是"抽象"。

正如马克思在《资本论》第一卷第一版序言中所说，"分析经济形式，既不能用显微镜，也不能用化学试剂。二者都必须用抽象力来代替"③，政治经济学不能像自然科学那样，通过设计实验、排除变量来研究因变量的性质，只能使用抽象思维——对最直接的具体事物加以分析，区分出各种切近的规定性，并将这些不同的规定性固定在某一范畴内，逐步达到最简单、最稀薄的规定。

在政治经济学研究中，达到最简单的规定还不是思维的终点。思维的行程必须从这里回过头来，充分考虑各个抽象概念之间的相互关系并对其规定性加以综合，经过逐步演绎，最终回到那个复杂的人口概念。但是，这时得到的人口已经不再是那个混沌的表象了。经过迂回的"具体—抽象—具体"过程后，原本作为"表象具体"的人口

---

① 《马克思恩格斯文集》第8卷，人民出版社2009年版，第24页。
② 《马克思恩格斯文集》第8卷，人民出版社2009年版，第24页。
③ 《马克思恩格斯文集》第5卷，人民出版社2009年版，第8页。

成为"一个具有许多规定和关系的丰富的总体"①，即能被我们充分理解的、思想的具体总体。这个"具体—抽象—具体"的方法，就是马克思主义政治经济学的研究方法。马克思将它分为前后两条道路：

第一条道路，"从具体到抽象"，这是资产阶级政治经济学在它的产生时期走过的道路。例如，17 世纪的威廉·配第等最早的政治经济学家，就是从人口、民族、国家等生动的整体开始，得出了一些"有决定意义的抽象的一般的关系，如分工、货币、价值等等"②。这种分析的方法使得完整的表象被蒸发，只留下抽象的规定性。这些被确定下来的个别要素，固然为政治经济学的后续发展奠定了基础，但这种抽象只是前文所述"生产一般"那样的知性抽象，它们缺乏具体、现实的社会历史性，也丧失了"多样性的统一"③，无法用来把握整体。

第二条道路，"从抽象到具体"，这是资产阶级政治经济学在它的科学时期走过的道路，即斯密、李嘉图等古典政治经济学家建构理论体系的方法。他们从早期政治经济学家抽象出来的简单概念出发（例如，斯密以分工为起点、李嘉图以价值为起点），逐步上升到国家、国际交换和世界市场等具体现实。马克思认为这是科学上正确的方法，即有可能科学地把握具体总体的方法。

在这一研究方法中，"从具体到抽象"和"从抽象到具体"是连贯统一的两个环节。前者以具体总体作为现实的起点、直观和表象的起点，以抽象范畴作为思维的终点；后者又以抽象范畴作为思维的起点，并超越其局限性，以具体总体的再现作为思维的终点。两个环节

---

① 《马克思恩格斯文集》第 8 卷，人民出版社 2009 年版，第 24 页。
② 《马克思恩格斯文集》第 8 卷，人民出版社 2009 年版，第 24 页。
③ 《马克思恩格斯文集》第 8 卷，人民出版社 2009 年版，第 25 页。

的第一个统一性在于抽象范畴，正确的抽象是建构科学理论的关键。以《资本论》为例，马克思正是从资本主义社会中抽象出商品这个社会财富的元素形式，从最抽象的商品范畴出发，通过价值形式的矛盾运动演绎出货币和资本等复杂范畴。第二个统一性在于具体总体，思想的具体总体要能在思维中准确再现实在的具体总体。正如马克思在《资本论》第一卷第二版跋中所说的，"研究必须充分地占有材料，分析它的各种发展形式，探寻这些形式的内在联系。只有这项工作完成以后，现实的运动才能恰当地叙述出来"①，充分的研究和恰当的叙述是具体总体得以准确再现的保证。

在"从抽象到具体"这一环节中，与黑格尔把具体总体理解为"处于直观和表象之外或驾于其上而思维着的、自我产生着的概念的产物"②不同，马克思认为，用思维掌握具体并在头脑中把它再现出来的方式，决不等于具体总体本身的产生过程，思想的具体总体只是"把直观和表象加工成概念这一过程的产物"③。思维着的头脑用它专有的理论思辨的方式来把握世界，这种方式并不像以艺术精神、宗教精神或实践精神来把握世界那样，本身就与世界发生着交互。因为实在的具体总体仍然在头脑之外保持着它的独立性，社会主体则始终作为前提浮现在表象面前。例如，"交换价值"这样的简单范畴不是自然存在的，而是以现实的人口、国家等为前提，"只能作为一个具体、生动的既定整体的抽象的单方面的关系而存在"④。正如马克思在《资本论》第一卷第二版跋中所说的，"观念的东西不外是移入人的头脑并在人的头脑中改造过的物质的东西而已"⑤，马克思的研究方法是对黑格尔辩证

---

① 《马克思恩格斯文集》第 5 卷，人民出版社 2009 年版，第 21—22 页。
② 《马克思恩格斯文集》第 8 卷，人民出版社 2009 年版，第 25 页。
③ 《马克思恩格斯文集》第 8 卷，人民出版社 2009 年版，第 25 页。
④ 《马克思恩格斯文集》第 8 卷，人民出版社 2009 年版，第 25 页。
⑤ 《马克思恩格斯文集》第 5 卷，人民出版社 2009 年版，第 22 页。

法的颠倒，其根基是历史唯物主义的基本原理——不是意识决定存在，相反，是社会存在决定社会意识。

既然思维的范畴始终以一定的社会历史存在为前提，那么经济范畴的逻辑次序就等同于历史存在的先后次序吗？这一问题对于政治经济学著作的分篇具有决定性意义。对此，马克思通过大量例证作出了回答。

马克思指出，"比较简单的范畴可以表现一个比较不发展的整体的处于支配地位的关系或者一个比较发展的整体的从属关系，这些关系在整体向着以一个比较具体的范畴表现出来的方面发展之前，在历史上已经存在"①。例如，在资本、雇佣劳动等存在之前，货币就已经存在过。而在一些历史上还不成熟的社会形式中，已经存在协作、发达分工等最高级的经济形式，却不存在任何货币。这说明，在历史上，比较简单的范畴可以在比较具体的范畴之前存在，而比较具体的范畴也可以在比较不发展的社会形式中有过比较充分的发展。在此限度内，"从抽象到具体"的思维进程总体上符合现实历史过程。

接下来，马克思以"劳动"这一最简单、最抽象的经济范畴的形成为例，进一步说明：抽象范畴虽然存在于一切时代，但就其规定性本身来说，是较发达的历史条件的产物，而且只有在这些条件内才具有充分的适用性。不同于重商主义和重农主义把劳动局限于一定特殊形式的活动，斯密同等看待任何种类的劳动，从而抽象出了"劳动一般"的概念。这个抽象不同于马克思之前批判的"生产一般"那种知性抽象，它不仅是各种劳动组成的一个具体总体的精神结果，更以各种现实劳动组成的发达的总体为前提。马克思指出："最一般的抽象总只是产生在最丰富的具体发展的场合，在那里，一种东西为

---

① 《马克思恩格斯文集》第 8 卷，人民出版社 2009 年版，第 26 页。

许多东西所共有，为一切所共有。"① 在现代资产阶级社会中，个人很容易从一种劳动转到另一种劳动，一定种类的劳动对他们来说是偶然的、无差别的，因此，劳动才能不仅在范畴上，而且在现实中都成为创造社会财富的手段，"劳动"这个抽象范畴才"成为实际上真实的东西"②。

对于资产阶级社会这个最发达的生产组织，马克思指出，表现它的各种关系的范畴以及对它的结构的理解，同时也能使我们透视一切已经覆灭的社会形式的结构和生产关系，因为它正是借助这些社会形式的残片和要素建立起来的。当然，旧的社会形式的要素虽然得到一定保留，但和过去具有本质区别：一些原有的征兆已经得到充分发展，一些尚未克服的残余已然萎缩变形。马克思对此做了一个经典的比喻："人体解剖对于猴体解剖是一把钥匙……低等动物身上表露的高等动物的征兆，只有在高等动物本身已被认识之后才能理解。"③ 总的来说，历史发展的辩证法意味着，"最后的形式总是把过去的形式看成是向着自己发展的各个阶段"④，资产阶级社会这个具体总体最具有多样性的统一。

马克思指出，在一切社会形式中，都有一种生产决定其他一切生产的地位和影响，因而它的关系也决定其他一切关系的地位和影响。对此，他又作了一个经典的比喻："这是一种普照的光，它掩盖了一切其他色彩，改变着它们的特点。这是一种特殊的以太，它决定着它里面显露出来的一切存在的比重。"⑤ 在资产阶级社会中，资本就是这种支配一切的经济权力，致使农业成为完全由资本支配的工业部门，地

---

① 《马克思恩格斯文集》第 8 卷，人民出版社 2009 年版，第 28 页。
② 《马克思恩格斯文集》第 8 卷，人民出版社 2009 年版，第 29 页。
③ 《马克思恩格斯文集》第 8 卷，人民出版社 2009 年版，第 29 页。
④ 《马克思恩格斯文集》第 8 卷，人民出版社 2009 年版，第 30 页。
⑤ 《马克思恩格斯文集》第 8 卷，人民出版社 2009 年版，第 31 页。

租也成为资本主义性质的地租。正如马克思所说，不懂资本便不能懂地租，不懂地租却完全可以懂资本，尽管土地所有制在历史上先于资本起决定作用，但在研究资产阶级社会的政治经济学著作中，必须把资本放在土地所有制之前说明。作为"普照的光"，资本"必须成为起点又成为终点"①。

马克思提醒我们，研究经济范畴的发展时必须认识到，范畴只表现一定社会的"存在形式、存在规定、常常只是个别的侧面"②，在政治经济学研究中，这个社会决不是在把它当作这样一个社会来谈论的时候才开始存在的。他强调，问题不在于不同社会形式相继更替的历时性序列，而在于现代资产阶级社会内部的共时性结构。因此，经济范畴的次序不取决于它们在历史上起决定作用的先后次序，而应当取决于它们在现代资产阶级社会中的相互关系。

在本节的结尾，马克思按照"从抽象到具体"的进程，提出了政治经济学著作的"五篇结构计划"：（1）一般的抽象规定，包括商品、价值、货币等或多或少属于一切社会形式的范畴；（2）形成资产阶级内部结构并且作为三大基本阶级之依据的三个范畴：资本、雇佣劳动、土地所有制；（3）资产阶级社会在国家形式上的概括；（4）生产的国际关系；（5）世界市场和危机。在最后一篇的"世界市场"这个具体总体中，资本主义社会的一切矛盾都展开了，普遍的危机威胁着现存的生产方式和社会形式，迫使它采取新的历史形态。

后来，马克思在进一步研究和写作中加深了对现代资产阶级社会的内部结构及相互关系的理解，于是，他在《序言》的开头公布了新的"六册结构计划"："我考察资产阶级经济制度是按照以下的顺序：

---

① 《马克思恩格斯文集》第 8 卷，人民出版社 2009 年版，第 32 页。
② 《马克思恩格斯文集》第 8 卷，人民出版社 2009 年版，第 30 页。

资本、土地所有制、雇佣劳动；国家、对外贸易、世界市场。"① 原五篇结构中的第二篇被调整为六册结构中的前三册，三个范畴的叙述顺序也有所改变；原第一篇被作为绪论性章节，放进第一册《资本》中；原后三篇被调整为后三册。不过，叙述的起点和终点，以及"从抽象到具体"的总进程，始终没有改变。

无论是"五篇结构计划"还是"六册结构计划"，无论是《政治经济学批判》还是《资本论》，马克思都未能完成他的政治经济学研究，未能从最抽象的商品范畴上升到作为具体总体的世界市场。这意味着，马克思主义政治经济学仍然是一个开放的体系。只要我们坚持马克思在《序言》中表述的历史唯物主义基本原理和《导言》中论述的研究对象和研究方法，就能在社会实践中丰富和发展马克思主义，续写马克思主义政治经济学新篇章。

三　文献指南

1. 《马克思恩格斯全集》第 30 卷，人民出版社 1995 年版。

2. 《马克思恩格斯全集》第 31 卷，人民出版社 1998 年版。

3. 《马克思恩格斯文集》第 2、5、8 卷，人民出版社 2009 年版。

4. ［比利时］埃内斯特·曼德尔：《卡尔·马克思经济思想的形成：从 1843 年到〈资本论〉》，吕佳翼译，光明日报出版社 2018 年版。

5. ［意］马塞罗·默斯托主编：《马克思的〈大纲〉：〈政治经济学批判大纲〉150 年》，闫月梅等译，中国人民大学出版社 2016 年版。

6. ［德］米夏埃尔·海因里希：《政治经济学批判》，张义修、房誉译，南京大学出版社 2021 年版。

---

① 《马克思恩格斯文集》第 2 卷，人民出版社 2009 年版，第 588 页。

7. 聂锦芳、彭宏伟编著：《马克思〈资本论〉研究读本》，中央编译出版社 2013 年版。

8. 史清竹编著：《〈政治经济学批判〉研究读本》，中央编译出版社 2017 年版。

9. 余源培、吴晓明主编：《马克思主义哲学经典文本导读》上卷，高等教育出版社 2005 年版。

10. 赵学清编著：《〈1857—1858 年经济学手稿〉研究读本》，中央编译出版社 2017 年版。

原文摘选

卡尔·马克思

《政治经济学批判》序言（节选）

…………

我所得到的，并且一经得到就用于指导我的研究工作的总的结果，可以简要地表述如下：人们在自己生活的社会生产中发生一定的、必然的、不以他们的意志为转移的关系，即同他们的物质生产力的一定发展阶段相适合的生产关系。这些生产关系的总和构成社会的经济结构，即有法律的和政治的上层建筑竖立其上并有一定的社会意识形式与之相适应的现实基础。物质生活的生产方式制约着整个社会生活、政治生活和精神生活的过程。不是人们的意识决定人们的存在，相反，是人们的社会存在决定人们的意识。社会的物质生产力发展到一定阶段，便同它们一直在其中运动的现存生产关系或财产关系（这只是生产关系的法律用语）发生矛盾。于是这些关系便由生产力的发展形式变成生产力的桎梏。那时社会革命的时代就到来了。随着经济基础的变更，全部庞大的上层建筑也或慢或快地发生变革。在考察这些变革时，必须时刻把下面两者区别开来：一种是生产的经济条件方面所发生的物质的、可以用自然科学的精确性指明的变革，一种是人们借以意识到这个冲突并力求把它克服的那些法律的、政治的、宗教的、艺术的或哲学的，简言之，意识形态的形式。我们判断一个人不能以他对自己的看法为根据，同样，我们判断这样一个变革时代也不能以它的意识为根据；相反，这个意识必须从物质生活的矛盾中，从社会生产力和生产关系之间的现存冲突中去解释。无论哪一个社会形态，在它所能容纳的全部生产力发挥出来以前，是决不会灭亡的；而新的更高的生产关系，在它的物质存在条件在旧社会的胎胞里成熟以前，是决不会出现的。所以人类始终只提出自己能够解决的任务，因为只要仔细考察就可以发现，任务本身，只有在解决它的物质条件已经存在或者至少是在生成过程中的时候，才会产生。大体说来，亚细亚的、古希腊罗马的、封建的和现代资产阶级的生产方式可以看做是经济的社会形态演进的几个时代。资产阶级的生产关系是社会生产过程的最后一个对抗形式，这里所说的对抗，不是指个人的对抗，而是指从个人的社会生活条件中生长出来的对抗；但是，在资产阶级社会的胎胞里发展的生产力，同时又创造着解决这种对抗的物质条件。因此，人类社会的史前时期就以这种社会形态而告终。

············

（选自《马克思恩格斯文集》第 2 卷，人民出版社 2009 年版，第 591—592 页）

卡尔·马克思
《政治经济学批判》导言（节选）

［M－1］A. 导言
I. 生产、消费、分配、交换（流通）
1. 生产

············

因此，说到生产，总是指在一定社会发展阶段上的生产——社会个人的生产。因而，好像只要一说到生产，我们或者就要把历史发展过程在它的各个阶段上一一加以研究，或者一开始就要声明，我们指的是某个一定的历史时代，例如，是现代资产阶级生产——这种生产事实上是我们研究的本题。可是，生产的一切时代有某些共同标志，共同规定。生产一般是一个抽象，但是只要它真正把共同点提出来，定下来，免得我们重复，它就是一个合理的抽象。不过，这个一般，或者说，经过比较而抽出来的共同点，本身就是有许多组成部分的、分为不同规定的东西。其中有些属于一切时代，另一些是几个时代共有的。[有些]规定是最新时代和最古时代共有的。没有它们，任何生产都无从设想；但是，如果说最发达的语言和最不发达的语言共同具有一些规律和规定，那么，构成语言发展的恰恰是有别于这个一般和共同点的差别。对生产一般适用的种种规定所以要抽出来，也正是为了不致因为有了统一（主体是人，客体是自然，这总是一样的，这里已经出现了统一）而忘记本质的差别。那些证明现存社会关系永存与和谐的现代经济学家的全部智慧，就在于忘记这种差别。例如，没有生产工具，哪怕这种生产工具不过是手，任何生产都不可能。没有过去的、积累的劳动，哪怕这种劳动不过是由于反复[M-3]操作而积聚在野蛮人手上的技巧，任何生产都不可能。资本，别的不说，也是生产工具，也是过去的、客体化了的劳动。可见资本是一种一般的、永存的自然关系；这样说是因为恰好抛开了正是使"生产工具"、"积累的劳动"成为资本的那个特殊。因此，生产关系的全部历史，例如在凯里看来，是历代政府的恶意篡改。

....

总之，一切生产阶段所共有的、被思维当做一般规定而确定下来的规定，是存在的，但是所谓一切生产的一般条件，不过是这些抽象要素，用这些要素不可能理解任何一个现实的历史的生产阶段。

2. 生产与分配、交换、消费的一般关系

....

我们得到的结论并不是说，生产、分配、交换、消费是同一的东西，而是说，它们构成一个总体的各个环节，一个统一体内部的差别。生产既支配着与其他要素相对而言的生产自身，也支配着其他要素。过程总是从生产重新开始。交换和消费不能是起支配作用的东西，这是不言而喻的。分配，作为产品的分配，也是这样。而作为生产要素的分配，它本身就是生产的一个要素。因此，一定的生产决定一定的消费、分配、交换和这些不同要素相互间的一定关系。当然，生产就其单方面形式来说也决定于其他要素。例如，当市场扩大，即交换范围扩大时，生产的规模也就增大，生产也就分得更细。随着分配的变动，例如，随着资本的积聚，随着城乡人口的不同的分配等等，生产也就发生变动。最后，消费的需要决定着生产。不同要素之间存在着相互作用。每一个有机整体都是这样。

3. 政治经济学的方法

....

从实在和具体开始，从现实的前提开始，因而，例如在经济学上从作为全部社会生产行为的基础和主体的人口开始，似乎是正确的。但是，更仔细地考察起来，这是错误的。如果我，例如，抛开构成人口的阶级，人口就是一个抽象。如果我不知道这些阶级所依据的因素，如雇佣劳动、资本等等，阶级又是一句空话。而这些因素是以交换、分工、价格等等为前提的。比如资本，如果没有雇佣劳动、价值、货币、价格等等，它就什么也不是。因此，如果我从人口着手，那么，这就是关于整体的一个混沌的表象，并且通过更切近的规定我就会在分析中达到越来越简单的概念；从表象中的具体达到越来越稀薄的抽

象，直到我达到一些最简单的规定。于是行程又得从那里回过头来，直到我最后又回到人口，但是这回人口已不是关于整体的一个混沌的表象，而是一个具有许多规定和关系的丰富的总体了。

第一条道路是经济学在它产生时期在历史上走过的道路。例如，17世纪的经济学家总是从生动的整体，从人口、民族、国家、若干国家等等开始；但是他们最后总是从分析中找出一些有决定意义的抽象的一般的关系，如分工、货币、价值等等。这些个别要素一旦多少确定下来和抽象出来，从劳动、分工、需要、交换价值等等这些简单的东西上升到国家、国际交换和世界市场的各种经济学体系就开始出现了。

后一种方法显然是科学上正确的方法。具体之所以具体，因为它是许多规定的综合，因而是多样性的统一。因此它在思维中表现为综合的过程，表现为结果，而不是表现为起点，虽然它是现实的起点，因而也是直观和表象的起点。在第一条道路上，完整的表象蒸发为抽象的规定；在第二条道路上，抽象的规定在思维行程中导致具体的再现。

因此，黑格尔陷入幻觉，把实在理解为自我综合、自我深化和自我运动的思维的结果，其实，从抽象上升到具体的方法，只是思维用来掌握具体、把它当做一个精神上的具体再现出来的方式。但决不是具体本身的产生过程。举例来说，最简单的经济范畴，如交换价值，是以人口即在一定关系中进行生产的人口为前提的；也是以［M－15］某种家庭、公社或国家等为前提的。交换价值只能作为一个具体的、生动的既定整体的抽象的单方面的关系而存在。相反，作为范畴，交换价值却有一种洪水期前的存在。因此，在意识看来（而哲学意识就是被这样规定的：在它看来，正在理解着的思维是现实的人，而被理解了的世界本身才是现实的世界），范畴的运动表现为现实的生产行为

（只可惜它从外界取得一种推动），而世界是这种生产行为的结果；这——不过又是一个同义反复——只有在下面这个限度内才是正确的：具体总体作为思想总体、作为思想具体，事实上是思维的、理解的产物；但是，决不是处于直观和表象之外或驾于其上而思维着的、自我产生着的概念的产物，而是把直观和表象加工成概念这一过程的产物。整体，当它在头脑中作为思想整体而出现时，是思维着的头脑的产物，这个头脑用它所专有的方式掌握世界，而这种方式是不同于对于世界的艺术精神的，宗教精神的，实践精神的掌握的。实在主体仍然是在头脑之外保持着它的独立性；只要这个头脑还仅仅是思辨地、理论地活动着。因此，就是在理论方法上，主体，即社会，也必须始终作为前提浮现在表象面前。

…………

可见，比较简单的范畴，虽然在历史上可以在比较具体的范畴之前存在，但是，它在深度和广度上的充分发展恰恰只能属于一个复杂的社会形式，而比较具体的范畴在一个比较不发展的社会形式中有过比较充分的发展。

…………

对任何种类劳动的同样看待，以各种现实劳动组成的一个十分发达的总体为前提，在这些劳动中，任何一种劳动都不再是支配一切的劳动。所以，最一般的抽象总只是产生在最丰富的具体发展的场合，在那里，一种东西为许多东西所共有，为一切所共有。这样一来，它就不再只是在特殊形式上才能加以思考了。另一方面，劳动一般这个抽象，不仅仅是各种劳动组成的一个具体总体的精神结果。对任何种类劳动的同样看待，适合于这样一种社会形式，在这种社会形式中，个人很容易从一种劳动转到另一种劳动，一定种类的劳动对他们说来是偶然的，因而是无差别的。这里，劳动不仅在范畴上，而且在现实中都成了创造财富一般的手段，它不再是同具有某种特殊性的个人结合在一起的规定了。在资产阶级社会的最现代的存在形式——美国，这种情况最为发达。所以，在这里"劳动"、"劳动一般"、直截了当的劳动这个范畴的抽象，这个现代经济学的起点，才成为实际上真实的东西。所以，这个被现代经济学提到首位的、表现出一种古老而适用于一切社会形式的关系的最简单的抽象，只有作为最现代的社会的范畴，才在这种抽象中表现为实际上真实的东西。人们也许会说，在美国表现为历史产物的东西——对任何劳动同样看待——，例如在俄罗斯人那里，就表现为天生的素质。但是，首先，是野蛮人具有能被使用于一切的素质，还是文明人自动去从事一切，是大有区别的。其次，在俄罗斯人那里，实际上同对任何种类劳动同样看待这一点相适应的，是传统地固定在一种十分确定的劳动上，他们只是由于外来的影响才从这种状态中解脱出来。

[M-18] 劳动这个例子令人信服地表明，哪怕是最抽象的范畴，虽然正是由于它们的抽象而适用于一切时代，但是就这个抽象的规定性本身来说，同样是历史条件的产物，而且只有对于这些条件并在这些条件之内才具有充分的适用性。

资产阶级社会是最发达的和最多样性的历史的生产组织。因此，那些表现它的各种关系的范畴以及对于它的结构的理解，同时也能使我们透视一切已经覆灭的社会形式的结构和生产关系。资产阶级社会借这些社会形式的残片和因素建立起来，其中一部分是还未克服的遗物，继续在这里存留着，一部分原来只是征兆的东西，发展到具有充分意义，等等。人体解剖对于猴体解剖是一把钥匙。反过来说，低等动物身上表露的高等动物的征兆，只有在高等动物本身已被认识之后才能理解。因此，资产阶级经济为古代经济等等提供了钥匙。但是，决不是像那些抹杀一切历史差别、把一切社会形式都看成资产阶级社会形式的经济学家所理解的那样。人们认识了地租，就能理解代役租、什一税等等。但是不应当把它们等同起来。

其次，因为资产阶级社会本身只是发展的一种对立的形式，所以，那些早期形式的各种关系，在它里面常常只以十分萎缩的或者完全歪曲的形式出现。公社所有制就是个例子。因此，如果说资产阶级经济的范畴适用于一切其他社会形式这种说法是对的，那么，这也只能在一定意义上来理解。这些范畴可以在发展了的、萎缩了的、漫画式的种种形式上，总是在有本质区别的形式上，包含着这些社会形式。所说的历史发展总是建立在这样的基础上的：最后的形式总是把过去的形式看成是向着自己发展的各个阶段，并且因为它很少而且只是在特定条件下才能够进行自我批判——这里当然不是指作为崩溃时期出现的那样的历史时期——，所以总是对过去的形式作片面的理解。基督教只有在它的自我批判在一定程度上，可说是在可能范围内完成时，才有助于对早期神话作客观的理解。同样，资产阶级经济学只有在资产阶级社会的自我批判已经开始时，才能理解封建的、古代的和东方的经济。在资产阶级经济学没有用编造神话的办法把自己同过去的经济完全等同起来时，它对于以前的经济，特别是它曾经还不得不与之直接斗争的封建经济的批判，是与基督教对异教的批判或者新教对旧教的批判相似的。

[M-19] 在研究经济范畴的发展时，正如在研究任何历史科学、社会科学时一样，应当时刻把握住：无论在现实中或在头脑中，主体——这里是现代资产阶级社会——都是既定的；因而范畴表现这个一定社会即这个主体的存在形式、存在规定、常常只是个别的侧面；因此，这个一定社会在科学上也决不是在把它当做这样一个社会来谈论的时候才开始存在的。这必须把握住，因为这对于分篇直接具有决定的意义。

例如，从地租开始，从土地所有制开始，似乎是再自然不过的了，因为它是同土地，即同一切生产和一切存在的源泉结合着的，并且它又是同一切多少固定的社会的最初的生产形式即同农业结合着的。但是，这是最错误不过的了。在一切社会形式中都有一种一定的生产决定其他一切生产的地位和影响，因而它的关系也决定其他一切关系的地位和影响。这是一种普照的光，它掩盖了一切其他色彩，改变着它们的特点。这是一种特殊的以太，它决定着它里面显露出来的一切存在的比重。

…………

[M-20]因此，把经济范畴按它们在历史上起决定作用的先后次序来排列是不行的，错误的。它们的次序倒是由它们在现代资产阶级社会中的相互关系决定的，这种关系同表现出来的它们的自然次序或者符合历史发展的次序恰好相反。问题不在于各种经济关系在不同社会形式的相继更替的序列中在历史上占有什么地位。更不在于它们在"观念上"（蒲鲁东）（在关于历史运动的一个模糊的表象中）的顺序。而在于它们在现代资产阶级社会内部的结构。

…………

（选自《马克思恩格斯文集》第8卷，
人民出版社2009年版，第6—32页）

《哥达纲领批判》导读

马克思主义是 19 世纪资本主义矛盾激化和工人运动发展的产物，自其诞生以来，通过与世界各国工人运动相结合，逐步发展成为指导国际共产主义运动和世界社会主义事业的科学理论。随着国际工人组织和各国工人政党相继建立，马克思和恩格斯也通过批判各种非科学社会主义流派的错误思潮，总结工人阶级革命斗争的经验教训，进一步丰富和发展了科学社会主义理论。本书选择了马克思晚年的一篇重要著作《哥达纲领批判》，在这篇著作中，马克思从经济学说、政治策略等方面逐条批判了《哥达纲领》草案中的拉萨尔主义错误观点，并阐发了一系列科学社会主义的基本原理。

一　写作背景

19 世纪 60 年代末以来，德国工人运动分裂为拉萨尔派和爱森纳赫派。1875 年，两派在哥达召开合并预备会议，拟定了合并纲领草案，马克思正是针对这一纲领草案写下了《哥达纲领批判》。这一著作在马克思生前没有公开发表，但于 1891 年被恩格斯发表在《新时代》杂志上。本部分将介绍德国工人运动发展中两个派别的形成、分裂与合并，以及《哥达纲领批判》写作和发表的历史背景。

1848 年，马克思恩格斯撰写的《共产党宣言》才刚刚问世，一场资产阶级民主革命的风暴就席卷了整个欧洲大陆。马克思恩格斯也亲身参与德国的"三月革命"，指导工人阶级的斗争。当时的德国，由于几十个小邦分治的局面和封建专制制度的统治，资本主义发展受到严重阻碍。因为资产阶级力量薄弱，农民人数众多，无产阶级的觉悟程度和组织程度也还不够高，"三月革命"以失败告终。

1848 年欧洲革命虽然普遍遭到了失败，但动摇了封建制度的基础，促进了资本主义的发展。在各国工人运动低潮期间，资本主义进入了和平发展时期，无产阶级队伍也不断壮大。到 19 世纪 50 年代末 60 年代初，随着德国资本主义迅速发展，德国工人运动重新活跃起来，各种工人团体和组织如雨后春笋般纷纷成立，形成了一支独立的政治力量。与此同时，德国资产阶级既想借助无产阶级的力量对抗封建势力，但又害怕工人运动的发展，于是在同封建势力既斗争又妥协的同时，通过宣扬劳资合作和崇拜普鲁士王朝等思想来削弱工人运动。在这一复杂的阶级斗争形势下，德国工人运动中滋长出以拉萨尔①为代表的机会主义思潮。

拉萨尔的主要观点包括：鼓吹"铁的工资规律"；坚持唯心主义国家观，鼓吹通过国家帮助工人建立合作社来改善工人的生活；争取普选权，通过与统治阶级合作来实现"自由国家"；反对农民运动等。此外，他还和当时的普鲁士首相俾斯麦勾结，支持普鲁士政府通过王朝

---

① 斐迪南·拉萨尔（1825—1864）在参加 1848 年欧洲革命期间与马克思恩格斯相识。革命失败后，他在政治上暂时消沉，转向学术研究，发表了一系列宣扬唯心主义学说的作品。德国工人运动复苏后，他积极参加运动，标榜自己是马克思的学生，实际上通过剽窃并歪曲马克思的《政治经济学批判。第一分册》和《共产党宣言》等著作，提出了一整套机会主义理论以指导德国工人运动。1863 年，他推动创立了德国工人的独立政治组织——全德工人联合会，并当选为主席，但次年因决斗身亡。

战争自上而下地统一德国。这些观点具有极大的危害性，严重侵蚀着刚刚发展起来的德国工人运动。马克思恩格斯看清了拉萨尔的真面目，并与之决裂。但由于他们远在英国从事理论工作，在德国工人中的名声和影响不及拉萨尔，拉萨尔得以成为当时德国工人运动的领袖。在拉萨尔死后，他的信徒施韦泽等继续领导他创立的全德工人联合会，仍然推行拉萨尔主义的路线。

1864 年，为适应各国工人运动重新高涨和走向国际联合的需要，国际工人协会成立，史称"第一国际"。在马克思恩格斯的领导下，第一国际积极促进和推动各国工人运动发展，并同内部的蒲鲁东主义、工联主义、巴枯宁主义等错误思潮开展斗争，确立了马克思主义的指导地位。针对德国工人运动的状况，马克思恩格斯也多次给拉萨尔派领导人写信，批评其思想路线和策略原则，并在德国工人中宣传马克思主义观点、揭露拉萨尔主义路线，培养了奥古斯都·倍倍尔和威廉·李卜克内西等德国工人的优秀代表。1867 年，倍倍尔当选为联合会主席，按照第一国际的原则对联合会进行整顿，这引起了施韦泽等拉萨尔派的反对，导致联合会分裂。拉萨尔派中以威廉·白拉克为代表的先进工人，逐渐了解到拉萨尔主义的危害，开始接受马克思主义观点，并在内部结成反对派。1869 年，白拉克退出联合会，同倍倍尔、李卜克内西一派在爱森纳赫召开代表大会，成立德国社会民主工党，通过了《爱森纳赫纲领》。爱森纳赫派宣布加入第一国际，坚持工人阶级独立的政治立场和国际主义原则，反对拉萨尔主义，主张同普鲁士专制制度作斗争，自下而上地统一德国。

1871 年，普法战争结束后，德国实现统一，建立了容克地主和资产阶级联合专政的德意志帝国，为资本主义长足发展开辟了条件。由于巴黎公社的失败，第一国际迫于内外压力将总委员会迁往美国，从此名存实亡，欧洲工人运动再次陷入低潮，但德国却取代法国成为斗争中心。1872 年，俾斯麦以"叛国罪"判处李卜克内西和倍倍尔两年徒刑，1873 年的经济危机也使资产阶级与无产阶级的矛盾更加激化。在这一形势下，德国两派工人越来越意识到团结合作的必要性。

爱森纳赫派曾多次主动向拉萨尔派提议合作，但总是遭到持宗派主义立场的拉萨尔派领导人的拒绝。后来，由于先进的德国工人抛弃了拉萨尔主义，爱森纳赫派不断发展壮大，拉萨尔派日趋瓦解。拉萨尔派领导人为摆脱困境，主动提出同爱森纳赫派合并。1875 年 2 月，两派在哥达召开合并预备会议，拟定了《德国工人党纲领》即《哥达纲领》草案，公开发表在各自的机关报上，准备提交 5 月的哥达合并代表大会讨论。

《哥达纲领》草案共四节，阐述了德国工人党的原则、目标、道路和要求。整个纲领草案充满了拉萨尔主义的观点，表明李卜克内西等人为实现两派合并而在原则问题上对拉萨尔派作了重大让步。由于合并情况并未通报给马克思恩格斯，当他们在报纸上看到这个纲领草案时感到非常惊讶和愤怒。爱森纳赫派其他领导人如倍倍尔、白拉克等也对这个草案感到疑虑，想征求马克思恩格斯的意见。

1875 年 3 月，恩格斯给倍倍尔写了一封长信，表达了他和马克思对纲领草案的看法，并深入剖析了其中的错误观点。4 月底至 5 月初，马克思又抱病撰写了《德国工人党纲领批注》，逐条批判了拉萨尔主义的观点，并写信给白拉克，附上这一批注，请他转交爱森纳赫派领导人传阅。马克思给白拉克的信连同《德国工人党纲领批注》，后来被通称为《哥达纲领批判》。正如恩格斯所指出，这一著作"第一次明确而有力地表明了马克思对拉萨尔开始从事鼓动工作以来所采取的方针的态度，而且既涉及拉萨尔的经济学原则，也涉及他的策略"①。《哥达

---

① 《马克思恩格斯文集》第 3 卷，人民出版社 2009 年版，第 423 页。

纲领批判》同恩格斯给倍倍尔的信在内容上有密切的联系，表明马克思恩格斯反对拉萨尔主义、维护科学社会主义原则的立场和观点是相同的。他们认为，一步实际运动比一份纲领更重要，既然纲领上不可能超过《爱森纳赫纲领》，那就缔结一个共同行动协定，或者根据当前情况对《爱森纳赫纲领》作适当修正。一个新纲领就是一面在全世界面前公开树立起来的旗帜，是"可供人们用来衡量党的运动水平的里程碑"①，所以它相比《爱森纳赫纲领》决不能倒退。他们指出，合并要看拉萨尔派是否放弃他们的宗派口号和错误策略，像这样出卖原则换来的合并，代价太高了。因此，他们决不能沉默地承认一个"差不多每一个字都应当加以批判"②的纲领，更不会承认合并后的新党。

然而，李卜克内西没有接受批评。纲领草案只作了几处不重要的修改后，就在合并大会上被通过为《德国社会主义工人党纲领》，即正式的《哥达纲领》。尽管这个纲领存在严重错误，但两派合并后，德国工人运动仍然在马克思恩格斯的指导下进一步发展，因此他们没有公开声明不同意这个纲领。直到1890年，随着德国工人运动日益壮大，德国社会主义工人党决定起草一个新纲领以取代《哥达纲领》。次年，为了反击党内日益滋长的机会主义思潮，肃清拉萨尔主义的影响，并帮助制定正确的纲领，恩格斯不顾李卜克内西等人的反对，将《哥达纲领批判》删掉一些尖锐内容后公开发表，并写了序言。这一著作在党内受到欢迎，提升了全党的理论水平。在恩格斯的支持下，1891年10月的爱尔福特代表大会通过了由考茨基和伯恩施坦起草的《爱尔福特纲领》。这个新纲领比起《哥达纲领》前进了一大步，它标志着马克思主义对拉萨尔主义等错误思潮的胜利，深刻影响了19世纪末20世纪初整个欧洲的工人运动。

---

① 《马克思恩格斯文集》第3卷，人民出版社2009年版，第426页。
② 《马克思恩格斯文集》第3卷，人民出版社2009年版，第415页。

二　内容提示

《哥达纲领批判》由四部分组成，分别对应批判了纲领草案的每一节内容。本部分将从经济学说、政治策略等方面，介绍马克思恩格斯对拉萨尔主义错误观点的批判，以及对科学社会主义理论的丰富和发展。

（一）对拉萨尔主义经济学说的批判

《哥达纲领》草案的第一节第1—3条是关于劳动和分配的观点，第二节涉及"铁的工资规律"，这些内容集中体现了拉萨尔主义的经济学说，《哥达纲领批判》的第一、二部分对此逐条加以批判。

1. 对拉萨尔主义劳动观的批判

草案第一节第1条首先提出，"劳动是一切财富和一切文化的源泉"①。在马克思看来，这是在儿童识字课本里都能找到的粗浅见解。劳动必须在具备相应的劳动资料和劳动对象等物质条件的前提下才能创造财富的物质内容（即使用价值），而一切劳动资料和劳动对象的第一源泉正是自然界。正如他在《资本论》第一卷中所指出，"人在生产中只能像自然本身那样发挥作用，就是说，只能改变物质的形式。不仅如此，他在这种改变形态的劳动本身中还要经常依靠自然力的帮助"②，况且劳动本身就是"一种自然力即人的劳动力的表现"③，因此，劳动不是财富的唯一源泉，自然界同样是财富的源泉。

马克思进一步剖析：资产阶级故意不提劳动的自然制约性，赋予

---

① 《马克思恩格斯文集》第3卷，人民出版社2009年版，第428页。
② 《马克思恩格斯文集》第5卷，人民出版社2009年版，第56页。
③ 《马克思恩格斯文集》第3卷，人民出版社2009年版，第428页。

劳动一种超自然的创造力，正是为了回避劳动的决定性条件——生产资料的所有制。劳动者必须能以所有者的身份来对待、处置自然界，才能劳动和生产，否则，一个除自己的劳动力以外没有任何其他财产的人，在任何社会中都不得不给拥有劳动的物质条件的人做奴隶，只有得到他们的允许才能劳动和生存。在资本主义社会中，这就是以生产资料私有制为基础的雇佣劳动制度。

马克思指出，一个社会主义的纲领决不容许这样故意模糊的提法，而且应当借此揭露剥削的实质——既然认为劳动是一切财富的源泉，那么不占有劳动产品也就不能占有财富，因而可推知，如果一个人自己不劳动，那就一定是靠别人的劳动生活。但纲领草案在这里却把话题转移到"有益的劳动只有在社会中和通过社会才是可能的"①。马克思讽刺道，如果有益的劳动离不开社会，那也可以说无益的劳动离不开社会，这不过是在重复卢梭《社会契约论》中描述的人类从自然状态进入社会状态后的活动。其实，劳动有益与否是和社会无关的。马克思指出，只要能产生预期的有益结果，连蒙昧人的捕猎、采集都算是有益的劳动。不过，孤立的劳动（假定它具备物质条件）虽然能创造使用价值，却不能创造财富和文化，这是因为财富除了物质内容外，还具有社会形式。因此，劳动只有作为社会的劳动，才能成为财富和文化的源泉。

马克思尖锐地指出，以上混乱表达，不过是为了引出"所以劳动所得应当不折不扣和按照平等的权利属于社会一切成员"② 这一拉萨尔主义的口号。马克思分析道，既然前面说明了社会是劳动的条件，那么劳动所得就应当属于社会，而且在个人分配前要先扣除用于"维持

---

① 《马克思恩格斯文集》第 3 卷，人民出版社 2009 年版，第 429 页。
② 《马克思恩格斯文集》第 3 卷，人民出版社 2009 年版，第 429 页。

社会的那一部分"①。但这一部分是指什么呢？对此，马克思讽刺道，泛泛而谈"劳动"和"社会"这些空洞词句，只会导致社会财富的分配被既得利益者随便摆弄。他指出，一个社会主义的纲领必须阐明资本主义社会的历史规律，即随着劳动的社会性发展，非劳动者与劳动者在财富和文化方面的两极分化如何发展起来，由此揭示资本主义社会的基本矛盾，以及它如何生产出"自身的掘墓人"②。

接下来，草案第一节第 2 条提出，"在现代社会，劳动资料为资本家阶级所垄断"③。马克思指出，这是对第一国际章程的抄袭和篡改。原文是"劳动资料即生活源泉的垄断"④，这意味着，土地这一劳动资料的垄断者，即地主，是和资本家共同剥削着工人阶级的。但是，拉萨尔由于和代表德国容克地主利益的俾斯麦相勾结，就故意只攻击资本家而不攻击地主。

2. 对拉萨尔主义分配观的批判

草案第一节第 3 条提出："劳动的解放要求把劳动资料提高为社会的公共财产，要求集体调节总劳动并公平分配劳动所得。"⑤ 马克思把它和第 1 条中的"劳动所得应当不折不扣和按照平等的权利属于社会一切成员"放在一起批判。

马克思分析了"不折不扣""平等的权利"和"社会一切成员"等表述之间的矛盾：如果劳动所得属于社会一切成员，自然也就属于非劳动者，那么，分配给非劳动者的部分，就是劳动所得中的"折扣"；相反，如果劳动所得只属于社会中的劳动者，非劳动者得不到分配，那么，劳动者和非劳动者之间就不具有平等的权利。马克思指出，

---

① 《马克思恩格斯文集》第 3 卷，人民出版社 2009 年版，第 429 页。
② 《马克思恩格斯文集》第 2 卷，人民出版社 2009 年版，第 43 页。
③ 《马克思恩格斯文集》第 3 卷，人民出版社 2009 年版，第 431 页。
④ 《马克思恩格斯文集》第 3 卷，人民出版社 2009 年版，第 431 页。
⑤ 《马克思恩格斯文集》第 3 卷，人民出版社 2009 年版，第 431 页。

"社会一切成员"和"平等的权利"只是些空话，矛盾的实质在于，拉萨尔所谓"不折不扣的劳动所得"在草案所设想的新社会（"劳动资料是公共财产，总劳动是由集体调节的"①）中是没有意义的。

马克思首先指出，"劳动所得"是拉萨尔为了代替明确的经济学概念而提出的一个模糊观念。它没有说明"所得"是指劳动的产品，还是产品的价值；如果是指后者，也没有明确是指产品的总价值，还是指劳动新增的那部分价值。如果姑且把"劳动所得"理解为劳动的产品，那么集体总劳动的所得就是社会总产品。正如前文所分析，社会总产品首先要扣除"维持社会的那一部分"，这包括以下几点。

第一，用来补偿生产资料的部分；第二，用来追加扩大再生产的部分——这两项都是保证社会再生产顺利进行所必需的投资，主要根据现有物资和力量来确定；第三，用来应付不幸事故、自然灾害等的后备基金或保险基金——这一项在经济上也是必要的，计算时还要考虑概率；第四，同生产没有直接关系的一般管理费用——这相当于政府维持社会秩序的开支，但在新社会中，这一部分会日益缩减；第五，用来满足社会共同需要的部分——这包括学校、保健设施等，在新社会中，这一部分会日益增加；第六，为丧失劳动能力的人等设立的基金——这相当于当时的官办济贫事业。

马克思指出，以上扣除是无法根据"公平分配"或"平等的权利"这些空话计算出的，而只有完成这些扣除后，剩下的产品才是在各生产者之间进行个人分配的那部分消费资料，这才谈得上拉萨尔那种狭隘意义上的"分配"。此时，"不折不扣的劳动所得"已经变成"有折有扣的"了，而这些"折扣"最终又是为社会集体服务的，因为"从一个处于私人地位的生产者身上扣除的一切，又会直接或间接

---

① 《马克思恩格斯文集》第3卷，人民出版社2009年版，第432页。

地用来为处于社会成员地位的这个生产者谋利益"①。于是，拉萨尔的这个口号已经没有了任何意义。

所谓"公平分配"更是一个伪概念。一方面，关于"公平"，资产阶级断言现存的资本主义分配方式就是公平的，而各种社会主义宗派分子对公平也持有不同的观念。事实上，正如马克思在《〈政治经济学批判〉序言》中所说，"法的关系……根源于物质的生活关系"②，恰恰是从经济关系中产生了法的关系，而不是相反，由法的概念来调节经济关系。马克思指出，纲领草案谈到"公平"或"平等"，就是用"民主主义者和法国社会主义者所惯用的、凭空想象的关于权利等等的废话"③，来歪曲已在党内扎根的现实主义观点。另一方面，关于"分配"，马克思延续了他在《〈政治经济学批判〉导言》中的观点：分配不是像庸俗社会主义者（如蒲鲁东）和资产阶级经济学家（如李嘉图、穆勒）所以为的不依赖于生产方式，相反，"消费资料的任何一种分配，都不过是生产条件本身分配的结果；而生产条件的分配，则表现生产方式本身的性质"④，因此，专门讨论狭义的"分配"也是错误的。

在马克思看来，既然资本主义生产方式下，生产资料由资本家和地主掌握，无产阶级只拥有劳动力，那么自然会产生这一分配关系——资本家和地主无偿占有剩余价值，无产阶级只得到维持劳动力再生产的生活资料。要想改变资本主义分配关系，就必须彻底消灭生产资料私有制，建立生产资料公有制。在这种条件下，将产生一种和当前不同的消费资料分配方式，后文将对此加以介绍。

---

① 《马克思恩格斯文集》第3卷，人民出版社2009年版，第433页。
② 《马克思恩格斯文集》第2卷，人民出版社2009年版，第591页。
③ 《马克思恩格斯文集》第3卷，人民出版社2009年版，第436页。
④ 《马克思恩格斯文集》第3卷，人民出版社2009年版，第436页。

3. 对"铁的工资规律"的批判

"草案"第二节提出,"废除工资制度连同铁的工资规律"①。"铁的工资规律"是拉萨尔的经济学观点,他认为,工人的平均工资始终停留在维持生存和繁殖所必需的水平上,实际工资围绕这个中心点上下摆动,不能长期高于或低于它,否则会由于工人状况的改善或恶化,发生工人人口供应的过剩或短缺,结果又会使工资回到原来水平。②

马克思首先指出,"工资制度"应该改为雇佣劳动制度,而且它不必"连同"什么规律,因为一旦废除了雇佣劳动,自然也就废除了它的规律。马克思的《资本论》第一卷已经指出,工资不是它表面上呈现的劳动价值或价格,而是劳动力价值或价格的隐蔽形式,它掩盖了资本主义剥削的实质;不管工资较好还是较坏,工人的目的是要废除雇佣劳动制度本身——这些见解已经在党内广泛传播,决不能再退回拉萨尔的陈旧教条。

马克思进一步指出,拉萨尔的论据是资产阶级庸俗经济学家马尔萨斯的人口论,即把工人失业、贫困的原因归于生活资料不足以满足人口需要这一永恒的自然规律。资产阶级经济学家一直企图借此证明,社会制度的变革不能消除自然规律所造成的贫困。但马克思在《资本论》第一卷中已经驳斥了这个理论,并阐明,每一种特殊的、历史的生产方式都有其特殊的、历史地发生作用的人口规律,而"相对人口过剩"就是"资本主义生产方式所特有的人口规律"③。因此,拉萨尔的"铁的工资规律"本身也是错误的。

(二)对拉萨尔主义政治策略的批判

《哥达纲领》草案的第一节第 4、5 条涉及在国内和国际上的政治

① 《马克思恩格斯文集》第 3 卷,人民出版社 2009 年版,第 440 页。
② 《马克思恩格斯文集》第 3 卷,人民出版社 2009 年版,第 677 页。
③ 《马克思恩格斯文集》第 5 卷,人民出版社 2009 年版,第 728 页。

策略，第三、四节涉及"国家帮助"策略和唯心主义国家观，《哥达纲领批判》的第三、四部分对此逐条加以批判。

1. 对国内、国际政治策略的批判

草案第一节第 4 条提出："劳动的解放应当是工人阶级的事情，对它说来，其他一切阶级只是反动的一帮。"① 前一句又抄袭了第一国际章程，并把"工人阶级的解放"篡改为"劳动的解放"这种陈旧术语；后一句则体现了拉萨尔主义的国内政治策略，即认为无产阶级以外的封建主、资产阶级和中间等级都毫无革命性，并反对与之结盟。

马克思在这里重申了在《共产党宣言》中早已阐明的态度：在他们看来，无产阶级是大工业本身的产物，并力求摆脱资本主义的性质，对于资产阶级来说确实是革命的，而且是在同资产阶级对立的一切阶级中，唯一真正革命的阶级。然而，资产阶级是大工业的体现者，对于随着大工业的发展而日趋灭亡的封建主和中间等级来说，又会被看作革命的阶级。因此，不能简单地说他们同资产阶级"一起"组成"反动的一帮"。

另外，中间等级，即农民和其他小资产阶级，由于即将转入无产阶级的队伍，有可能离开自己原来的立场，站到无产阶级的立场上来，因而也可以说他们是革命的，至少不能说他们是"反动的一帮"。马克思恩格斯在总结 1848 年革命经验教训的《路易·波拿巴的雾月十八日》《德国的革命与反革命》等著作中就已经在理论上阐明了工农联盟的思想，而爱森纳赫派在实践中也和小资产阶级民主派的人民党合作多年，并在 1874 年国会选举中得到中间等级的支持，取得了很大的胜利。马克思尖锐地指出，拉萨尔对《共产党宣言》的歪曲，同样是为了粉饰他同俾斯麦结成的反动联盟。

① 《马克思恩格斯文集》第 3 卷，人民出版社 2009 年版，第 437 页。

草案第一节第 5 条提出："工人阶级为了本身的解放,首先是在现代民族国家的范围内进行活动,同时意识到,它的为一切文明国家的工人所共有的那种努力必然产生的结果,将是各民族的国际的兄弟联合。"① 这一条体现了拉萨尔的国际政治策略,即对工人运动持有最狭隘的民族主义观点,并公开背叛《共产党宣言》中"全世界无产者,联合起来"② 的国际主义思想。

对此,马克思又重申了《共产党宣言》中的观点:即工人阶级的革命斗争在形式上虽然是民族的、本国范围内的,但在内容上却早已是国际性的了。这是因为,各资本主义国家都已经"在经济上处在世界市场范围内""在政治上处在国家体系的范围内"③,而且,为了对付各国工人运动,各国资产阶级早已在世界范围内联合起来了。马克思指出,纲领草案对于国际主义的理解,只限于意识到各国工人阶级在革命斗争中的共同努力,并将产生国际联合的必然结果,却只字不提要如何履行这种共同努力和国际联合所带来的职责。事实上,德国是巴黎公社失败后欧洲工人运动的中心,面对俾斯麦实行的国际联合镇压政策,即使第一国际已经名存实亡,德国工人阶级也应该一如既往地履行国际职责,决不能放弃国际主义原则。

2. 对"国家帮助"的批判

草案第三节提出:"为了替社会问题的解决开辟道路,德国工人党要求在劳动人民的民主监督下,依靠国家帮助建立生产合作社⋯⋯以致能从它们里面产生总劳动的社会主义的组织。"④ 拉萨尔在政治

---

① 《马克思恩格斯文集》第 3 卷,人民出版社 2009 年版,第 438 页。
② 《马克思恩格斯文集》第 2 卷,人民出版社 2009 年版,第 66 页。
③ 《马克思恩格斯文集》第 3 卷,人民出版社 2009 年版,第 439 页。
④ 《马克思恩格斯文集》第 3 卷,人民出版社 2009 年版,第 442 页。

策略上既反对国内同盟，又反对国际联合，是因为他把实现社会主义的希望寄托在"国家帮助"上。他认为，只要国家帮助工人建立生产合作社，就能免去中间剥削、废除铁的工资规律，使工人获得自己的全部劳动所得并改善生活条件，从而和平、合法地实现社会主义。

马克思首先指出，并不存在什么需要"开辟道路"来解决的"社会问题"。事实上，唯一的"社会问题"就是现存的阶级斗争，而解决"社会问题"唯一正确的道路，就是通过无产阶级革命，推翻资本主义制度，实现工人阶级的根本解放。马克思强调，社会主义是在社会的革命转变过程中实现的，而不是在由国家建立的生产合作社中产生的。拉萨尔认为资本主义"社会问题"的解决与社会主义的实现可以抛开阶级斗争和革命，这只是一厢情愿的幻想，其本质是要求放弃无产阶级革命、接受资产阶级统治。

草案还为"国家帮助"蒙上了一层民主主义的"面纱"，即把"国家帮助"置于"劳动人民的民主监督下"，但这改变不了机会主义的实质。马克思指出，一方面，当时德国的资本主义发展还不够充分，"劳动人民"大多数是农民，他们的文化素质和组织性不高，无法承担起监督责任；另一方面，"民主"意味着"人民当权"，但如果劳动人民还只能向国家乞求帮助建立生产合作社，那就说明他们充分意识到"自己既没有当权，也没有成熟到当权的程度"①。

其实，拉萨尔所谓"国家帮助"也是剽窃了法国资产阶级共和主义者、基督教社会主义者毕舍——他企图用国家建立的生产合作社（工场）来平息当时法国的工人斗争，并同法国社会主义者争夺工人群众。马克思认为，把这种要求写入纲领草案，也意味着从阶级运动的

---

① 《马克思恩格斯文集》第3卷，人民出版社2009年版，第443页。

立场完全退到宗派运动的立场。马克思虽然批判"国家帮助"的幻想，但并不简单反对生产合作社本身。在他看来，虽然仅靠生产合作社不能从根本上改造资本主义社会，但它毕竟是工人变革现存生产条件的尝试。当然，这种合作社"只是在工人自己独立创办，既不受政府保护，也不受资产者保护的情况下"① 才有价值。

3. 对唯心主义国家观的批判

拉萨尔把实现社会主义的希望寄托在"国家帮助"上，和他持有的唯心主义国家观是分不开的。拉萨尔认为，国家的使命是使人的本质能够积极地发展和不断地完善，是教育和推动人类走向自由，因此国家是为一切人的、超阶级的社会组织。《哥达纲领》草案第四节中涉及的"国家的自由的基础""精神的和道德的基础"以及"经济的基础"② 等内容正是其唯心主义国家观的体现，马克思对此作出了批判，并阐述了马克思主义的国家观。

纲领草案将"国家"与"自由"并提，这意味着什么呢？恩格斯在给倍倍尔的信中讽刺道，"从字面上看，自由国家就是可以自由对待本国公民的国家，即具有专制政府的国家"③，这就是当时德国的"自由"。马克思也讽刺道，各种国家形式的自由与否，取决于这些国家形式把这种"自由"限制到什么程度。

纲领草案提出国家的这些"基础"，就意味着把国家理解成了一种独立存在物；至于提出把缴纳单一的累进所得税作为国家的"经济的基础"，更说明国家被理解成了一个由于分工而同社会分离的独特机体。实际上，国家虽然高踞于社会之上，却并不独立于社会。马克思指出，现存国家的基础就是现存社会，是现存的社会经济关系。而由

---

① 《马克思恩格斯文集》第3卷，人民出版社2009年版，第443页。
② 《马克思恩格斯文集》第3卷，人民出版社2009年版，第443—446页。
③ 《马克思恩格斯文集》第3卷，人民出版社2009年版，第414页。

于所得税正是以不同社会阶级的不同收入来源为前提，因此，纲领草案中所指的这个国家的基础就是资本主义社会。

马克思指出，纲领草案中滥用的"现代社会"一词也是指存在于一切文明国度中的资本主义社会。由于每个具体国度的资本主义发展程度不同，因此，建立在现代社会之上的"现代国家"也就形式纷繁、随国境而异。尽管如此，不同的"现代国家"由于具有共同的社会经济基础，也就具有某些根本的共同特征，这就形成了以资产阶级社会为根基的"现代国家制度"。

马克思主义国家观认为，阶级社会中的国家不是超阶级的，其本质恰恰是阶级统治和压迫的工具。早在 1852 年发表的《路易·波拿巴的雾月十八日》中，马克思就已经指出，资产阶级共和国意味着"一个阶级对其他阶级实行无限制的专制统治"[1]。后来，恩格斯也在《家庭、私有制与国家的起源》中指出，"在经济上占统治地位的阶级……借助于国家而在政治上也成为占统治地位的阶级，因而获得了镇压和剥削被压迫阶级的新手段"[2]。当时的德国就是一个由容克地主和资产阶级对其他阶级实行专制统治的国家，面对这样的国家，"用一切合法手段去争取建立自由国家"[3] 的拉萨尔主义策略显然是荒诞且有害的。

（三）科学社会主义理论的丰富和发展

马克思的《哥达纲领批判》不仅在对拉萨尔主义错误思潮的斗争中捍卫了科学社会主义原则，还在批判的基础上对未来社会的发展阶段、分配方式和国家制度等作出了构想。在《哥达纲领批判》的第一部分中，马克思第一次明确提出并具体分析了共产主义社会的两个阶

---

① 《马克思恩格斯文集》第 2 卷，人民出版社 2009 年版，第 479 页。
② 《马克思恩格斯文集》第 4 卷，人民出版社 2009 年版，第 191 页。
③ 《马克思恩格斯文集》第 3 卷，人民出版社 2009 年版，第 440 页。

段及其不同特征；在第四部分中，马克思科学地阐述了关于过渡时期和无产阶级专政的理论。

1. 共产主义社会的两个阶段

马克思接续前文对拉萨尔主义分配观的批判，进一步阐明，在以生产资料公有制为基础的新社会，即共产主义社会中，甚至连"劳动所得"一词也没有意义。马克思指出，在资本主义社会中，生产者的产品必须普遍采取商品这一社会形式，实现相互交换，因此，用于生产这些产品的个人劳动，也必须经过迂回曲折的道路，才能作为社会总劳动的组成部分而存在。这就是马克思在《政治经济学批判。第一分册》中所说的，具体形式的个人劳动必须在交换过程中"采取与自身直接对立的形式，即抽象一般性的形式，才变成社会劳动"[1]。而在共产主义社会中，生产者不交换自己的产品，产品就不再成为商品，用于生产产品的个人劳动也直接表现为社会总劳动的一部分。这些劳动也就不再化为抽象的人类劳动，不再凝结为《资本论》第一卷中所说的那种"同一的幽灵般的对象性"[2]。于是，呈现为产品所具有的某种物的属性的"价值"[3]也就不再存在。既然劳动者不再需要通过出卖劳动力商品来换得劳动创造出的一部分价值，那么"劳动所得"这个含义模糊的用语自然就失去了意义。

马克思在这里描述的正是共产主义社会的共性特征。然而，共产主义社会并不是一蹴而就的，它需要经历一个漫长而艰巨的历史过程。他指出，这里讨论的共产主义社会不是在自身基础上发展起来的高级阶段，而是刚刚从资本主义社会中产生的共产主义社会第一阶段，也就是推翻资本主义制度后初步建立的社会主义社会。这个阶段

---

① 《马克思恩格斯全集》第 31 卷，人民出版社 1998 年版，第 426 页。
② 《马克思恩格斯文集》第 5 卷，人民出版社 2009 年版，第 51 页。
③ 《马克思恩格斯文集》第 3 卷，人民出版社 2009 年版，第 434 页。

的社会，在经济、道德和精神等各方面都还"带着它脱胎出来的那个旧社会的痕迹"①，如生产力不够发达，物质资料不够丰富，旧的社会分工与差异尚未消除，人们也还不能完全自觉自愿地劳动。因此，这一阶段必须利用消费资料来调动人们的劳动积极性，以保证社会生产并推动社会发展，这就要求采取"按劳分配"的方式来分配劳动产品。

按劳分配意味着：每一个生产者从社会领得一张凭证，证明他提供了多少劳动，这个劳动量已经扣除了前文列举的那些用于社会再生产和公共支出部分的劳动；他根据这张凭证从社会储存的产品中领回耗费了同等劳动量的消费资料。总而言之，按劳分配的原则是：个人以一种形式给予社会的劳动量，又将以另一种形式领回来。而这些消费资料在各个生产者之间的分配原则也是类似的：一种形式的一定量劳动同另一种形式的同量劳动相交换。可见，这种基于同等劳动量的交换原则和资本主义社会中的商品等价交换原则几乎相同，但又有所进步。一方面，在这里，每个人只能提供自己的劳动、只能占有个人消费资料，因而不存在资本对劳动力的剥削；另一方面，在商品交换中，价值相等的情况只存在于长期平均之中，而在这里，每一个场合都能实现交换量的平等。

马克思清醒地指出，尽管存在这些进步，这种"平等的权利"实际上仍被限制在"资产阶级权利"②的框框里，部分反映着资本主义的经济关系。以劳动作为同一尺度的按劳分配原则，似乎对所有劳动者一视同仁，但正是这种一视同仁的劳动，对于不同个人来说，却是不平等的权利。一方面，不同个人在智力和体力上拥有不同的天赋和能力，能够提供的劳动量不同，这被默认为天然特权；另一方面，不

① 《马克思恩格斯文集》第3卷，人民出版社2009年版，第434页。
② 《马克思恩格斯文集》第3卷，人民出版社2009年版，第434页。

同个人具有不同的生活境况，具有不同的需要，却只被当作一个抽象的劳动者，因而相同的分配也会带来不同的生活水平。于是，在消费资料的分配上，出现了一切抽象权利所固有的弊病——在形式上平等，而在事实上反而不平等。但由于"权利决不能超出社会的经济结构以及由经济结构制约的社会的文化发展"①，这种弊病在这一阶段是不可避免的。

马克思指出，要消除这些弊病，只有发展到共产主义社会的高级阶段。到那时，迫使个人服从的旧式分工以及由此带来的各种对立已经消失，劳动也不再只是谋生的手段，而是成为生活的第一需要；随着生产力的充分增长，物质资料极大丰富，社会才能完全超出资产阶级权利的狭隘眼界，"才能在自己的旗帜上写上：各尽所能，按需分配"②。这里的"各尽所能，按需分配"其实是马克思对空想社会主义者卡贝的一个表述的改译。这意味着社会不再以同一的尺度对待不同个人，而是充分尊重一切个体差异和"自由个性"③，满足不同个人的不同需要。因此，"按需分配"也不再具有"分配"的原本含义，它应当被理解为"各取所需"。这时，每个人的自由发展将成为"一切人的自由发展的条件"④。

2. 过渡时期与无产阶级专政

马克思在前文阐述马克思主义国家观时指出，在作为"现代国家制度"之根基的资本主义社会消亡之后，未来国家将有所不同。那么，在未来的共产主义社会中，国家制度会发生怎样的变化呢？马克思认为，对于这个问题，只能科学地回答，像拉萨尔或李卜克内西那样简

---

① 《马克思恩格斯文集》第3卷，人民出版社2009年版，第435页。
② 《马克思恩格斯文集》第3卷，人民出版社2009年版，第436页。
③ 《马克思恩格斯全集》第30卷，人民出版社1995年版，第108页。
④ 《马克思恩格斯文集》第2卷，人民出版社2009年版，第53页。

单把"人民"和"国家"两个词连成"人民国家"没有任何帮助，只会得到巴枯宁等无政府主义者的挖苦和诋毁。

马克思的回答是："在资本主义社会和共产主义社会之间，有一个从前者变为后者的革命转变时期。同这个时期相适应的也有一个政治上的过渡时期，这个时期的国家只能是无产阶级的革命专政。"① 可以看出，无产阶级专政这一处于政治过渡时期的国家制度，是以社会经济的革命转变作为基础并与之相适应的。

正如马克思在《共产党宣言》中所说，"工人革命的第一步就是使无产阶级上升为统治阶级……无产阶级将利用自己的政治统治，一步一步地夺取资产阶级的全部资本，把一切生产工具集中在国家即组织成为统治阶级的无产阶级手里，并且尽可能快地增加生产力的总量"②，在这个彻底摧毁旧社会、建立新社会的革命转变时期内，国家在政治上的任务，就是要改造旧的经济条件。只要无产阶级本身还是一个阶级，就意味着资产阶级还存在、无产阶级还在同它进行斗争，无产阶级就必须采用暴力措施来加速这一改造过程。在这一相当长的历史时期内，被推翻的资产阶级决不会坐以待毙，必然拼死反抗，无产阶级也就必须作为统治阶级对他们实行专政。

在总结1848年革命的经验教训期间，马克思在一系列著作和信件中首次使用并阐述了无产阶级专政这个术语，他指出："阶级斗争必然导致无产阶级专政……这个专政不过是达到消灭一切阶级和进入无阶级社会的过渡"③，"这种专政是达到消灭一切阶级差别，达到消灭这些差别所由产生的一切生产关系，达到消灭和这些生产关系相适应的一

---

① 《马克思恩格斯文集》第3卷，人民出版社2009年版，第445页。
② 《马克思恩格斯文集》第2卷，人民出版社2009年版，第52页。
③ 《马克思恩格斯文集》第10卷，人民出版社2009年版，第106页。

切社会关系，达到改变由这些社会关系产生出来的一切观念的必然的过渡阶段"①。也就是说，无产阶级专政这一国家制度把政治统治当作手段而非目的，相反，它的存在是为了过渡到无阶级的共产主义社会。

到那时，正如恩格斯在给倍倍尔的信中所说，国家就会自行解体和消失，这是因为"国家只是在斗争中、在革命中用来对敌人实行暴力镇压的一种暂时的设施"②。即使是这之前暂时存在的国家，也已经不再是原来意义上的国家。马克思在1871年发表的《法兰西内战》中认为，巴黎公社实质上是工人阶级的政府，是可以使劳动在经济上获得解放的政治形式，这就是他理想中的无产阶级专政；而巴黎公社的经验就是，"工人阶级不能简单地掌握现成的国家机器，并运用它来达到自己的目的"③。这说明，社会主义革命必须打碎旧的国家机器，建立起全新的政治形式。正是在巴黎公社的开创性意义上，恩格斯建议把"国家"一词换成古德文中的"共同体"，也相当于法文的"公社"。

无产阶级专政理论是科学社会主义的核心内容之一，列宁后来在《国家与革命》中更是将它与"阶级斗争"并称为"检验是否真正理解和承认马克思主义"的"试金石"④。如今，重温马克思的《哥达纲领批判》，有助于我们清醒辨别当代各类国内外社会思潮，准确把握科学社会主义基本原理，以科学理论指导社会实践，并在社会实践中进一步丰富和发展马克思主义。

---

① 《马克思恩格斯文集》第2卷，人民出版社2009年版，第166页。
② 《马克思恩格斯文集》第3卷，人民出版社2009年版，第414页。
③ 《马克思恩格斯文集》第3卷，人民出版社2009年版，第151页。
④ 《列宁全集》第31卷，人民出版社2010年版，第32页。

三　文献指南

1. 《马克思恩格斯文集》第 3 卷，人民出版社 2009 年版。

2. 高放：《国际共产主义运动史纲》，陕西师范大学出版社 2018 年版。

3. 黄楠森、庄福龄主编：《马克思主义哲学史》第 3 卷，北京出版社 1991 年版。

4. 裴晓军编著：《〈哥达纲领批判〉研究读本》，中央编译出版社 2013 年版。

5. 叶庆丰：《社会主义发展史纲》，中共中央党校出版社 2011 年版。

6. 张世鹏编译：《德国社会民主党纲领汇编》，北京大学出版社 2005 年版。

7. 张文焕：《拉萨尔评传》，中央编译出版社 2023 年版。

8. 中共中央马克思恩格斯列宁斯大林著作编译局：《哥达纲领批判》，人民出版社 2018 年版。

原文摘选

卡尔·马克思
哥达纲领批判（节选）

德国工人党纲领批注

一

....

劳动不是一切财富的源泉。自然界同劳动一样也是使用价值（而物质财富就是由使用价值构成的！）的源泉，劳动本身不过是一种自然力即人的劳动力的表现。上面那句话在一切儿童识字课本里都可以找到，并且在劳动具备相应的对象和资料的前提下是正确的。可是，一个社会主义的纲领不应当容许这种资产阶级的说法回避那些唯一使这种说法具有意义的条件。只有一个人一开始就以所有者的身份来对待自然界这个一切劳动资料和劳动对象的第一源泉，把自然界当做属于他的东西来处置，他的劳动才成为使用价值的源泉，因而也成为财富的源泉。资产者有很充分的理由硬给劳动加上一种超自然的创造力，因为正是由于劳动的自然制约性产生出如下的情况：一个除自己的劳动力以外没有任何其他财产的人，在任何社会的和文化的状态中，都不得不为另一些已经成了劳动的物质条件的所有者的人做奴隶。他只有得到他们的允许才能劳动，因而只有得到他们的允许才能生存。

···········

既然有益的劳动只有在社会中和通过社会才是可能的，劳动所得就应当属于社会，其中只有不必用来维持劳动"条件"即维持社会的那一部分，才归各个劳动者所得。

事实上，这个论点在一切时代都被当时的社会制度的先驱提出过。首先要满足政府以及依附于它的各个方面的要求，因为政府是维持社会秩序的社会机关；其次要满足各种私有者的要求，因为各种私有财产是社会的基础，如此等等。你们看，这些空洞的词句是随便怎么摆弄都可以的。

···········

"随着劳动的社会性的发展，以及由此而来的劳动之成为财富和文化的源泉，劳动者方面的贫穷和愚昧、非劳动者方面的财富和文化也发展起来。"

这是直到目前的全部历史的规律。因此，不应当泛泛地谈论"劳动"和"社会"，而应当在这里清楚地证明，在现今的资本主义社会中怎样最终创造了物质的和其他的条件，使工人能够并且不得不铲除这个历史祸害。

···········

什么是"劳动所得"呢？是劳动的产品呢，还是产品的价值？如果是后者，那么，是产品的总价值呢，或者只是劳动新加在消耗掉的生产资料的价值上的那部分价值？

"劳动所得"是拉萨尔为了代替明确的经济学概念而提出的一个模糊观念。

什么是"公平的"分配呢？

难道资产者不是断言今天的分配是"公平的"吗？难道它事实上

不是在现今的生产方式基础上唯一"公平的"分配吗？难道经济关系是由法的概念来调节，而不是相反，从经济关系中产生出法的关系吗？难道各种社会主义宗派分子关于"公平的"分配不是也有各种极不相同的观念吗？

为了弄清楚"公平的分配"一语在这里是什么意思，我们必须把第一段和本段对照一下。本段设想的是这样一个社会，在那里"劳动资料是公共财产，总劳动是由集体调节的"，而在第一段我们则看到，"劳动所得应当不折不扣和按照平等的权利属于社会一切成员"。

"属于社会一切成员"？也属于不劳动的成员吗？那么"不折不扣的劳动所得"又在哪里呢？只属于社会中劳动的成员吗？那么社会一切成员的"平等的权利"又在哪里呢？

…………

在一个集体的、以生产资料公有为基础的社会中，生产者不交换自己的产品；用在产品上的劳动，在这里也不表现为这些产品的价值，不表现为这些产品所具有的某种物的属性，因为这时，同资本主义社会相反，个人的劳动不再经过迂回曲折的道路，而是直接作为总劳动的组成部分存在着。于是，"劳动所得"这个由于含义模糊就是现在也不能接受的用语，便失去了任何意义。

我们这里所说的是这样的共产主义社会，它不是在它自身基础上已经发展了的，恰好相反，是刚刚从资本主义社会中产生出来的，因此它在各方面，在经济、道德和精神方面都还带着它脱胎出来的那个旧社会的痕迹。所以，每一个生产者，在作了各项扣除以后，从社会领回的，正好是他给予社会的。他给予社会的，就是他个人的劳动量。例如，社会劳动日是由全部个人劳动小时构成的；各个生产者的个人劳动时间就是社会劳动日中他所提供的部分，就是社会劳动日中他的一份。他从社会领得一张凭证，证明他提供了多少劳动（扣除他为公共基金而进行的劳动），他根据这张凭证从社会储存中领得一份耗费同等劳动量的消费资料。他以一种形式给予社会的劳动量，又以另一种形式领回来。

显然，这里通行的是调节商品交换（就它是等价的交换而言）的同一原则。内容和形式都改变了，因为在改变了的情况下，除了自己的劳动，谁都不能提供其他任何东西，另一方面，除了个人的消费资料，没有任何东西可以转为个人的财产。至于消费资料在各个生产者中间的分配，那么这里通行的是商品等价物的交换中通行的同一原则，即一种形式的一定量劳动同另一种形式的同量劳动相交换。

所以，在这里平等的权利按照原则仍然是资产阶级权利，虽然原则和实践在这里已不再互相矛盾，而在商品交换中，等价物的交换只是平均来说才存在，不是存在于每个个别场合。

虽然有这种进步，但这个平等的权利总还是被限制在一个资产阶级的框框里。生产者的权利是同他们提供的劳动成比例的；平等就在于以同一尺度——劳动——来计量。但是，一个人在体力或智力上胜过另一个人，因此在同一时间内提供较多的劳动，或者能够劳动较长的时间；而劳动，要当做尺度来用，就必须按照它的时间或强度来确定，不然它就不成其为尺度了。这种平等的权利，对不同等的劳动来说是不平等的权利。它不承认任何阶级差别，因为每个人都像其他人一样只是劳动者；但是它默认，劳动者的不同等的个人天赋，从而不同等的工作能力，是天然特权。所以就它的内容来讲，它像一切权利一样是一种不平等的权利。权利，就它的本性来讲，只在于使用同一尺度；但是不同等的个人（而如果他们不是不同等的，他们就不成其为不同的个人）要用同一尺度去计量，就只有从同一个角度去看待他们，从一个特定的方面去对待他们，例如在现在所讲的这个场合，把他们只当做劳动者，再不把他们看做别的什么，把其他一切都撇开了。

其次，一个劳动者已经结婚，另一个则没有；一个劳动者的子女较多，另一个的子女较少，如此等等。因此，在提供的劳动相同，从而由社会消费基金中分得的份额相同的条件下，某一个人事实上所得到的比另一个人多些，也就比另一个人富些，如此等等。要避免所有这些弊病，权利就不应当是平等的，而应当是不平等的。

但是这些弊病，在经过长久阵痛刚刚从资本主义社会产生出来的共产主义社会第一阶段，是不可避免的。权利决不能超出社会的经济结构以及由经济结构制约的社会的文化发展。

在共产主义社会高级阶段，在迫使个人奴隶般地服从分工的情形已经消失，从而脑力劳动和体力劳动的对立也随之消失之后；在劳动已经不仅仅是谋生的手段，而且本身成了生活的第一需要之后；在随着个人的全面发展，他们的生产力也增长起来，而集体财富的一切源泉都充分涌流之后，——只有在那个时候，才能完全超出资产阶级权利的狭隘眼界，社会才能在自己的旗帜上写上：各尽所能，按需分配！

…………

在所谓分配问题上大做文章并把重点放在它上面，那也是根本错误的。

消费资料的任何一种分配，都不过是生产条件本身分配的结果；而生产条件的分配，则表现生产方式本身的性质。例如，资本主义生产方式的基础是：生产的物质条件以资本和地产的形式掌握在非劳动者手中，而人民大众所有的只是生产的人身条件，即劳动力。既然生产的要素是这样分配的，那么自然就产生现在这样的消费资料的分配。如果生产的物质条件是劳动者自己的集体财产，那么同样要产生一种和现在不同的消费资料的分配。庸俗的社会主义仿效资产阶级经济学家（一部分民主派又仿效庸俗社会主义）把分配看成并解释成一种不依赖于生产方式的东西，从而把社会主义描写为主要是围绕着分配兜圈子。

…………

资产阶级，作为大工业的体现者，对封建主和中间等级说来，在这里是被当做革命阶级看待的，而封建主和中间等级力求保持过时的生产方式所创造的一切社会阵地。所以他们并不是同资产阶级一起只组成反动的一帮。

…………

《宣言》又补充说："中间等级……是革命的，那是鉴于他们行将转入无产阶级的队伍。"

所以，从这个观点看来，说什么对工人阶级说来，中间等级"同资产阶级一起"并且加上封建主"只组成反动的一帮"，这也是荒谬的。

…………

不言而喻，为了能够进行斗争，工人阶级必须在国内作为阶级组织起来，而且它的直接的斗争舞台就是本国。所以，它的阶级斗争不就内容来说，而像《共产主义宣言》所指出的"就形式来说"，是本国范围内的斗争。但是，"现代民族国家的范围"，例如德意志帝国，本身又在经济上"处在世界市场的范围内"，在政治上"处在国家体系的范围内"。任何一个商人都知道德国的贸易同时就是对外贸易，而俾斯麦先生的伟大恰好在于他实行一种国际的政策。

而德国工人党把自己的国际主义归结为什么呢？就是意识到它的努力所产生的结果"将是各民族的国际的兄弟联合"。这句从资产阶级的和平和自由同盟那里抄来的话，是要用来代替各国工人阶级在反对各国统治阶级及其政府的共同斗争中的国际兄弟联合的。这样，关于德国工人阶级的国际职责竟一字不提！德国工人阶级竟然应当这样去对付为反对它而已经同其他一切国家的资产者实现兄弟联合的本国资产阶级，对付俾斯麦先生的国际阴谋政策！

…………

二

....

如果我接受带有拉萨尔印记因而是拉萨尔所说的意义上的规律，我就不得不连同他的论据一起接受下来。这个论据是什么呢？正如朗格在拉萨尔死后不久所表明的，这就是（朗格自己宣扬的）马尔萨斯的人口论。但是，如果这个理论是正确的，那么，我即使把雇佣劳动废除一百次，也还废除不了这个规律，因为在这种情况下，这个规律不仅支配着雇佣劳动制度，而且支配着一切社会制度。经济学家们50多年以来正是以此为根据证明，社会主义不能消除自然本身造成的贫困，而只能使它普遍化，使它同时分布在社会的整个表面上！

....

自从拉萨尔死后，在我们党内，这样一种科学见解已经给自己开辟了道路，就是工资不是它表面上呈现的那种东西，不是劳动的价值或价格，而只是劳动力的价值或价格的隐蔽形式。这样，过去关于工资的全部资产阶级见解以及对这种见解的全部批评都被彻底推翻了，并且弄清了：雇佣工人只有为资本家（因而也为同资本家一起分享剩余价值的人）白白地劳动一定的时间，才被允许为维持自己的生活而劳动，就是说，才被允许生存；整个资本主义生产体系的中心问题，就是用延长工作日，或者提高生产率，增强劳动力的紧张程度等等办法，来增加这个无偿劳动；因此，雇佣劳动制度是奴隶制度，而且劳动的社会生产力越发展，这种奴隶制度就越残酷，不管工人得到的报酬较好或是较坏。而现在，当这个见解在我们党内越来越给自己开辟出道路的时候，竟有人倒退到拉萨尔的教条那里去，虽然他们应当知道，拉萨尔并不懂得什么是工资，而是跟着资产阶级经济学家把事物的外表当做事物的本质。

....

三

············

如果说工人们想要在社会的范围内，首先是在本国的范围内创造合作生产的条件，这只是表明，他们力争变革现存的生产条件，而这同靠国家帮助建立合作社毫无共同之处！至于现有的合作社，它们只是在工人自己独立创办，既不受政府保护，也不受资产者保护的情况下，才有价值。

四

············

使国家变成"自由的"，这决不是已经摆脱了狭隘的臣民见识的工人的目的。在德意志帝国，"国家"几乎同在俄国一样地"自由"。自由就在于把国家由一个高踞社会之上的机关变成完全服从这个社会的机关；而且就在今天，各种国家形式比较自由或比较不自由，也取决于这些国家形式把"国家的自由"限制到什么程度。

德国工人党——至少是当它接受了这个纲领的时候——表明：它对社会主义思想领会得多么肤浅，它不把现存社会（对任何未来社会也是一样）当做现存国家的（对未来社会来说是未来国家的）基础，反而把国家当做一种具有自己的"精神的、道德的、自由的基础"的独立存在物。

而且纲领还荒谬地滥用了"现代国家"、"现代社会"等字眼，甚至更荒谬地误解了向之提出自己要求的那个国家！

"现代社会"就是存在于一切文明国度中的资本主义社会，它或多或少地摆脱了中世纪的杂质，或多或少地由于每个国度的特殊的历史发展而改变了形态，或多或少地有了发展。"现代国家"却随国境而异。它在普鲁士德意志帝国同在瑞士不一样，在英国同在美国不一样。

所以，"现代国家"是一种虚构。

但是，不同的文明国度中的不同的国家，不管它们的形式如何纷繁，却有一个共同点：它们都建立在现代资产阶级社会的基础上，只是这种社会的资本主义发展程度不同罢了。所以，它们具有某些根本的共同特征。在这个意义上可以谈"现代国家制度"，而未来就不同了，到那时，"现代国家制度"现在的根基即资产阶级社会已经消亡了。

于是就产生了一个问题：在共产主义社会中国家制度会发生怎样的变化呢？换句话说，那时有哪些同现在的国家职能相类似的社会职能保留下来呢？这个问题只能科学地回答；否则，即使你把"人民"和"国家"这两个词联接一千次，也丝毫不会对这个问题的解决有所帮助。

在资本主义社会和共产主义社会之间，有一个从前者变为后者的革命转变时期。同这个时期相适应的也有一个政治上的过渡时期，这个时期的国家只能是无产阶级的革命专政。

但是，这个纲领既不谈无产阶级的革命专政，也不谈未来共产主义社会的国家制度。

纲领的政治要求除了人所共知的民主主义的陈词滥调，如普选权、直接立法、人民权利、国民军等等，没有任何其他内容。这纯粹是资产阶级的人民党、和平和自由同盟的回声。所有这些要求，只要不是靠幻想夸大了的，都已经实现了。不过实现了这些要求的国家不是在德意志帝国境内，而是在瑞士、美国等等。这类"未来国家"就是现代国家，虽然它是存在于德意志帝国的"范围"以外。

但是他们忘记了一点。既然德国工人党明确地声明，它是在"现代民族国家"内，就是说，是在自己的国家即普鲁士德意志帝国内进行活动——否则，它的大部分要求就没有意义了，因为人们只要求他们还没有的东西——，那么，它就不应当忘记主要的一点，就是说，这一切美妙的玩意儿都建立在承认所谓人民主权的基础上，所以它们只有在民主共和国内才是适宜的。

既然他们没有勇气像法国工人纲领在路易－菲力浦和路易－拿破仑时代那样要求民主共和国——而这是明智的，因为形势要求小心谨慎——，那就不应当采取这个既不"诚实"也不体面的手法：居然向一个以议会形式粉饰门面、混杂着封建残余、同时已经受到资产阶级影响、按官僚制度组成、以警察来保护的军事专制国家，要求只有在民主共和国里才有意义的东西，并且还向这个国家庄严地保证，他们认为能够"用合法手段"从它那里争得这类东西！

庸俗民主派把民主共和国看做千年王国，他们完全没有想到，正是在资产阶级社会的这个最后的国家形式里阶级斗争要进行最后的决战，——就连这样的庸俗民主派也比这种局限于为警察所容许而为逻辑所不容许的范围内的民主主义高明得多。

…………

整个纲领，尽管满是民主的喧嚣，却彻头彻尾地感染了拉萨尔宗派对国家的忠顺信仰，或者说感染了并不比前者好一些的对民主奇迹的信仰，或者说得更确切些，整个纲领是这两种对奇迹的信仰的妥协，这两种信仰都同样远离社会主义。

…………

（选自《马克思恩格斯文集》第 3 卷，
人民出版社 2009 年版，第 428—447 页）

《反杜林论》（节选）导读

  写于 1876—1878 年的《反杜林论》，是为了彻底批判欧根·杜林（1833—1921）在哲学、政治经济学和社会主义领域宣扬的错误观点，回击杜林对马克思学说的攻击，清除杜林思想在德国社会民主党内的影响，恩格斯集中精力而创造的一部马克思主义重要著作，它以论战形式写就，思想深刻，文笔犀利，对马克思主义基本理论作了系统阐述，极大地丰富、发展了马克思主义哲学和整个马克思主义。

一 写作背景

  19 世纪 70 年代，马克思主义通过总结 1871 年巴黎公社的经验教训，不仅在理论上继续得到丰富、发展，而且在工人运动的实践中得到日益广泛的传播并取得主导地位，欧洲工人运动进入了一个新的发展阶段。与此同时，"杜林瘟疫"在德国逐步蔓延开来，资产阶级为了达到瓦解工人运动的目的，加紧了对马克思主义的攻击和歪曲；1875 年 5 月，德国社会主义工人党建立，它是由德国工人运动中的两派即德国社会民主工党（爱森纳赫派）和全德工人联合会（拉萨尔派）合并而成的。在制定统一党纲的过程中，威廉·李卜克内西（1826—

1900）、奥古斯特·倍倍尔（1840—1913）等原爱森纳赫派的领导人因为理论上的不成熟和无原则的妥协，尽管明确必须以马克思主义为指导，但还是把一些拉萨尔主义的错误观点写进了纲领草案中。不少拉萨尔分子参加了党的各种机构并积极展开活动，在党内继续坚持和宣传拉萨尔主义。这次合并虽然在组织上实现了统一，但在思想和理论上却导致了混乱。德国社会主义工人党亟须在理论上取得统一和提高。

　　《反杜林论》是德国社会民主党内思想斗争的直接产物。"杜林主义"是一种公开反对马克思主义的、以折中主义和庸俗经济学为基础的、小资产阶级的空想社会主义的理论体系，其主要代表是德国小资产阶级思想家、曾在柏林大学任讲师的杜林。1871—1875 年，杜林打着"社会主义的行家"兼"改革家"的旗号，相继抛出《哲学教程》《国民经济学和社会经济学教程》以及《国民经济学和社会主义批判史》三部著作，试图建立起哲学、政治经济学和社会主义的一个极为庞杂的思想体系，即所谓的"杜林主义"：在哲学上，以机械论和唯心史观反对马克思的历史唯物主义，把马克思的辩证法等同于黑格尔的辩证法；在经济学上，以庸俗经济学反对马克思的剩余价值学说；在社会主义理论方面，以小资产阶级的社会主义对抗科学社会主义。杜林的思想一时间被许多青年大学生崇拜和追捧，甚至也在德国社会主义工人党内产生了很大影响，爱·伯恩施坦（1850—1932）、约·莫斯特（1846—1906）等都成了杜林的拥趸，甚至倍倍尔也一度受到杜林的影响。这其中的原因主要有以下三点：一是杜林以激进的言辞抨击社会现实，自命为社会主义信徒的他公开宣称自己是德国社会主义工人党的积极支持者，他在批评拉萨尔主义的观点的同时，也肆意攻击马克思思想观点，具有混淆性；二是他的社会主义思想中的机会主义性质十分具有迷惑性，如其中的"共同社会"概念就强调在现有的经济制度下，存在着工人摆脱雇佣奴隶制的可能性，其实现途径主要依靠工人的社会资助；三是他的极为庞杂的思想体系特别是哲学体系具有欺骗性。

为了回击杜林对马克思主义的进攻，捍卫马克思主义在工人运动中的主导地位，推动德国社会主义工人党在思想上的统一和理论水平上的提高，保证德国工人运动的健康发展，马克思和恩格斯应李卜克内西的请求，决定公开回击杜林。马克思和恩格斯关注杜林的观点，最初缘于1867年12月《现代知识补充材料》杂志第3卷第3期发表的杜林对马克思《资本论》第1卷的评论。从马克思和恩格斯1868年1—3月的书信中，可以看出他们对杜林观点的批判态度。而面对1875年前后杜林对马克思主义的公开攻击，也为了系统地阐述和宣传马克思主义，恩格斯不得不中断正在进行的《自然辩证法》的研究和写作，肩负起反击杜林的重任并展开全力批判。以前认为无须重视杜林的马克思，在1876年3月指出了杜林的平庸思想在党内传播的危险性，同意恩格斯关于必须回击杜林的意见和计划，并亲自撰写了第二编中的第十章。在马克思的支持下，从1876年5月至1878年6月，恩格斯历时两年多完成了《反杜林论》这一可以说凝结着马克思和恩格斯共同心血的著作。他说："本书所阐述的世界观，绝大部分是由马克思确立和阐发的，而只有极小的部分是属于我的，所以，我的这种阐述不可能在他不了解的情况下进行，这在我们相互之间是不言而喻的。在付印之前，我曾把全部原稿念给他听，而且经济学那一编的第十章（《〈批判史〉论述》）就是马克思写的。"①

1877—1878年，《反杜林论》以论文的形式陆续发表在党的中央机关报即莱比锡的《前进报》上。1878年7月，恩格斯将系列论文编辑成书，讽刺性套用杜林1865年在慕尼黑出版的《凯里在国民经济学

---

① 《马克思恩格斯文集》第9卷，人民出版社2009年版，第11页。

和社会科学中实行的变革》的书名，起名为《欧根·杜林先生在科学中实行的变革》，后来简称《反杜林论》。1878 年 10 月底，《反杜林论》出版后不久，俾斯麦政府就实行反社会党人法，此书和恩格斯的其他著作一起在德国遭到查禁。1880 年，恩格斯应保·拉法格（1842—1911）请求，把《反杜林论》的三章（《引论》第一章及第三编的第一、二两章）改编为一本独立的通俗著作，由拉法格译成法文并经恩格斯本人审定出版，书名为《空想社会主义和科学社会主义》，1883 年出版德文版单行本时书名改为《社会主义从空想到科学的发展》。马克思称它为"科学社会主义的入门"①。

二 内容提示

《反杜林论》是恩格斯通过对杜林在哲学分类上的先验主义倾向、认识论上的形而上学绝对论和社会历史观上的唯心论的批判，全面系统地阐述了对马克思主义的三个组成部分——哲学、政治经济学和科学社会主义的基本观点，揭示了三者之间的内在联系，阐明了辩证唯物主义和历史唯物主义是科学的世界观和方法论。全书包括三个版本的序言、引论和正文。正文又分为三编，即"哲学""政治经济学""社会主义"。本书节选的部分主要是序言、引论中的"概论"、第一编"哲学"的主要内容以及第二编"政治经济学"的部分内容。

（一）马克思主义的主要组成部分及其内在联系

引论中的"概论"是全书的总纲。恩格斯系统阐述了社会主义从空想到科学的发展过程，论证了马克思主义哲学、政治经济学、科学社会主义的基本观点以及三者之间的内在联系。恩格斯在《反杜林论》

---

① 《马克思恩格斯文集》第 3 卷，人民出版社 2009 年版，第 493 页。

1878 年版"序言"中指出，对杜林主义的批判，"使我在这本书所涉及到的很不相同的领域中，有可能正面阐发我对这些在现时具有较为普遍的科学意义或实践意义的争论问题的见解"①。在《反杜林论》1885 年版"序言"中，恩格斯又重申："本书所批判的杜林先生的'体系'涉及非常广泛的理论领域，这使我不能不跟着他到处跑，并以自己的见解去反驳他的见解。因此消极的批判成了积极的批判；论战转变成对马克思和我所主张的辩证方法和共产主义世界观的比较连贯的阐述，而这一阐述包括了相当多的领域。"② 恩格斯的话表明，由于内容和体系不能截然分开，因此，对杜林主义内容的批判必然要涉及杜林主义的体系，同时，正面论述马克思主义观点也必然要阐发它们之间的内在联系和连贯性。《反杜林论》恰恰是恩格斯对马克思主义哲学理论体系的建构和对马克思主义理论整体性的阐明。

首先，科学社会主义是资本主义生产方式的矛盾运动以及无产阶级解放运动的理论表现。马克思恩格斯把科学社会主义"置于现实的基础之上"③，科学社会主义的产生既有现实的物质经济根源，也有其思想来源。

资本主义生产方式的基本矛盾是科学社会主义产生的物质经济根源。社会化大生产和资本主义的私人占有之间的矛盾是资本主义社会一切矛盾的总根源，而对这一矛盾及其运动的考察，在理论上的表现形式就是现代社会主义，所以，恩格斯说："现代社会主义，就其内容来说，首先是对现代社会中普遍存在的有财产者和无财产者之间、资产者和雇佣工人之间的阶级对立以及生产中普遍存在的无政府状态这

---

① 《马克思恩格斯文集》第 9 卷，人民出版社 2009 年版，第 8 页。
② 《马克思恩格斯文集》第 9 卷，人民出版社 2009 年版，第 10—11 页。
③ 《马克思恩格斯文集》第 9 卷，人民出版社 2009 年版，第 22 页。

两个方面进行考察的结果。"① 但是，就科学社会主义的思想来源来说，它是 18 世纪法国伟大的启蒙学者"所提出的各种原则的进一步的、据称是更彻底的发展"②。特别是 19 世纪空想社会主义，是科学社会主义的直接思想来源。以圣西门、傅立叶和欧文为代表的空想社会主义者的积极贡献在于：揭露和批判了资本主义制度，提出了对未来社会制度的空想描写和天才猜测，包含着科学社会主义思想和原则的萌芽。其局限性则是：他们都不承认自己是当时已经历史地产生的无产阶级利益的代表，不把社会主义看作历史发展的必然产物，而是少数天才人物的偶然的发现，不主张暴力革命而是幻想通过宣传教育使富人良心发现来实现共产主义。恩格斯接着指出，为了使社会主义从空想变为科学，就必须具体分析资本主义生产方式的内在矛盾，揭示它产生、发展和灭亡的规律。要实现这一革命，必须要有科学的世界观和方法论，要有世界观上的革命性变革。

其次，唯物辩证法奠定了科学认识社会的理论基础。通过深入考察人类认识史和哲学发展史，恩格斯论述了马克思主义哲学的变革以及唯物辩证法的产生，论证了科学的世界观和方法论对于社会主义从空想到科学发展的重要作用，提出"现代唯物主义本质上都是辩证的"③ 这一论断。

他指出："现代唯物主义，否定的否定，不是单纯地恢复旧唯物主义，而是把 2000 年来哲学和自然科学发展的全部思想内容以及这 2000 年的历史本身的全部思想内容加到旧唯物主义的持久性的基础上。这已经根本不再是哲学，而只是世界观，这种世界观不应当在某种特

① 《马克思恩格斯文集》第 9 卷，人民出版社 2009 年版，第 19 页。
② 《马克思恩格斯文集》第 9 卷，人民出版社 2009 年版，第 19 页。
③ 《马克思恩格斯文集》第 9 卷，人民出版社 2009 年版，第 28 页。

殊的科学的科学中，而应当在各种现实的科学中得到证实和表现出来。"① 一方面，恩格斯在分析自然科学的新发展对辩证唯物主义自然观的意义时认为，要确立辩证的同时又是唯物主义的自然观，需要两个重要条件，一是辩证的思维方式，二是"需要具备数学和自然科学的知识"②。辩证唯物主义自然观的任务，就是要从自然界错综复杂的变化中，找出其固有的规律，并用理论的形式表达出来。关于自然科学的新发现对辩证唯物主义自然观的意义，恩格斯同样作了简要概括，指出自然科学的一系列新发现充分证明自然界的一切事物都是对立统一的，证明把自然界看成绝对不变的形而上学自然观是不可避免的，而掌握辩证唯物主义自然观，对于认识未知的领域有着重要意义，"如果人们领会了辩证思维规律，进而去领会这些事实的辩证性质，就可以比较容易地达到这种认识"③。而要学习辩证思维，必须学习两千多年来哲学发展的成果。另一方面，关于辩证法和形而上学两种思维方式的对立。他指出，辩证思维的特点在于"当我们通过思维来考察自然界或人类历史或我们自己的精神活动的时候，首先呈现在我们眼前的，是一幅由种种联系和相互作用无穷无尽地交织起来的画面，其中没有任何东西是不动的和不变的，而是一切都在运动、变化、生成和消逝"④；与之相反的是，"在形而上学者看来，事物及其在思想上的反映即概念，是孤立的、应当逐个地和分别地加以考察的、固定的、僵硬的、一成不变的研究对象。他们在绝对不相容的对立中思维"⑤。于是，恩格斯强调，马克思的现代唯物主义拯救了黑格尔的辩证法，把历史看作人类的发展过程，致力于发现这个过程的规律，概括了自然科学

---

① 《马克思恩格斯文集》第9卷，人民出版社2009年版，第146页。
② 《马克思恩格斯文集》第9卷，人民出版社2009年版，第13页。
③ 《马克思恩格斯文集》第9卷，人民出版社2009年版，第16页。
④ 《马克思恩格斯文集》第9卷，人民出版社2009年版，第23页。
⑤ 《马克思恩格斯文集》第9卷，人民出版社2009年版，第24页。

的新近的进步。在这个意义上，他和马克思"可以说是唯一把自觉的辩证法从德国唯心主义哲学中拯救出来并运用于唯物主义的自然观和历史观的人"①。因而，现代唯物主义本质上是辩证的，这不仅在自然观上坚持了辩证思维的方法，而且在历史观上以辩证思维的方法为前提，创立了唯物史观。辩证唯物主义、历史唯物主义本质上是一致的，唯物主义与辩证法的统一，唯物辩证的自然观和唯物辩证的历史观的统一，是马克思主义哲学的重要特征。

最后，唯物史观和剩余价值学说这两个伟大的发现使社会主义变成了科学。恩格斯通过剖析唯心史观的错误和以往的社会主义理论的局限性，指出它们"同这种唯物主义历史观是不相容的"②。它们固然批判了现存的资本主义生产方式及其后果，却无法说明这个生产方式，也无法对付这个生产方式，"只能简单地把它当做坏东西抛弃掉"③。马克思和恩格斯所创立的唯物史观，是"用人们的存在说明他们的意识，而不是像以往那样用人们的意识说明他们的存在"④，即从现实的人类社会及其发展规律出发，从而科学地揭示资本主义生产方式的产生、本质及其发展规律，并提出实现自己理想的物质力量和现实途径。一方面，说明资本主义生产方式的历史联系及其在一定历史时期存在的必然性，从而说明它灭亡的必然性；另一方面，针对事物的进程本身，即对资本主义生产和资本生产过程的说明，揭露这种生产方式一直隐藏着的内在性质，现在这一任务"已经由于剩余价值的发现而完成了"⑤。由于唯物史观和剩余价值学说的发现，社会主义的任务"不再是构想出一个尽可能完善的社会制度，而是研究必然产生这两个阶

---

① 《马克思恩格斯文集》第9卷，人民出版社2009年版，第13页。
② 《马克思恩格斯文集》第9卷，人民出版社2009年版，第29页。
③ 《马克思恩格斯文集》第9卷，人民出版社2009年版，第30页。
④ 《马克思恩格斯文集》第9卷，人民出版社2009年版，第29页。
⑤ 《马克思恩格斯文集》第9卷，人民出版社2009年版，第30页。

级及其相互斗争的那种历史的经济的过程；并在由此造成的经济状况中找出解决冲突的手段"①。恩格斯认为这是马克思划时代的功绩，正是"这两个伟大的发现——唯物主义历史观和通过剩余价值揭开资本主义生产的秘密，都应当归功于马克思。由于这两个发现，社会主义变成了科学"②。

（二）世界的统一性问题

在哲学部分，恩格斯从对杜林的存在论批判入手，涉猎了广泛的哲学领域，形成了对他和马克思共同创立的辩证唯物主义的哲学世界观的全面阐发。特别是，恩格斯揭露和批判了杜林在构造哲学体系的原则和方法论上的观点，阐明了辩证唯物主义的物质观。

首先，恩格斯指出了杜林从原则出发来构成哲学体系是先验主义的。从《哲学教程》来看，杜林的哲学体系是哲学与逻辑学的结合，他给哲学下了两个定义：其一，"哲学是世界和生活的意识的最高形式"③；其二，"哲学，在更广的意义上说来还包括一切知识和意愿的原则"④。这两个定义的中心点，是把哲学作为人们把握自然、社会和生活的最高思想形式，即具有逻辑意义的世界模式。由此，杜林把哲学概括为三个部分的内容：一般的世界模式论；关于自然原则的学说；关于人的学说。这三者是一个序列，其中包含某种内在的逻辑次序，即原则在先，应用原则的领域按其从属次序跟在后面。恩格斯通过批判杜林的世界模式论，阐发了他和马克思关于哲学存在的基本观点。

其次，揭露杜林世界模式论的先验主义和形而上学实质。恩格斯认为，杜林的世界模式表达的就是哲学的存在。在杜林那里，世界模

---

① 《马克思恩格斯文集》第9卷，人民出版社2009年版，第388页。
② 《马克思恩格斯文集》第9卷，人民出版社2009年版，第30页。
③ ［德］杜林：《哲学教程》，商务印书馆1991年版，"内容摘要"第2页。
④ ［德］杜林：《哲学教程》，商务印书馆1991年版，第7页。

式本身是思维的、概念的东西，它的功能是把事物综合为一个统一体，实质上是以思维统一现实的自然世界和人的世界，把自然世界和人的世界看作思想的对象，是思维统一体的展开。恩格斯揭露了杜林颠倒思维原则和客观存在关系的先验主义错误，所谓的原则在先颠倒了思维原则和客观存在的关系，其性质是先验唯心主义的。杜林错误的根源，就在于他是形而上学而非历史地看待事物，把意识、思维当成某种现成的东西，而没有去思考意识产生和发展的过程，不能辩证地理解思维和存在的对立统一关系。为此，恩格斯强调指出："原则不是研究的出发点，而是它的最终结果；这些原则不是被应用于自然界和人类历史，而是从它们中抽象出来的；不是自然界和人类去适应原则，而是原则只有在符合自然界和历史的情况下才是正确的。这是对事物的唯一唯物主义的观点。"①

最后，阐明世界的统一性并不在于它的存在，而是在于它的物质性。在世界的统一性证明上，杜林的世界模式论是从存在出发，"企图以思维和存在的同一性去证明任何思维产物的现实性"②，但是，根据存在是原则、思维的形式的这一规定，从存在出发就等同于从思维出发，以思维去统一世界。恩格斯指出，杜林在这里有两个错误。第一，把存在的唯一性变成它的统一性；第二，用世界统一的概念来说明现实世界的统一。这是纯粹的黑格尔唯心主义。恩格斯就此提出了马克思主义的一个重要观点："世界的统一性并不在于它的存在，尽管世界的存在是它的统一性的前提，因为世界必须先存在，然后才能是统一的。在我们的视野的范围之外，存在甚至完全是一个悬而未决的问题。世界的真正的统一性在于它的物质性，而这种物质性不是由魔术师的三两句话所证明的，而是由哲学和自然科学的长期的和持续的发展所

---

① 《马克思恩格斯文集》第9卷，人民出版社2009年版，第38页。
② 《马克思恩格斯文集》第9卷，人民出版社2009年版，第46页。

证明的。"① 恩格斯的这一论断充分地体现了唯物主义和辩证法：这里谈论的统一性是在我们的视野范围之内的现实世界的统一性，是由哲学和自然科学的长期的和持续的发展所证明的物质自身的内在联系；这既避免了杜林的先验模式，又杜绝了宗教信仰和神秘主义的存在空间。

世界的统一性在于它的物质性，这一重要命题包含三层基本含义：其一，世界的本原是物质，物质是精神的基础和前提，是第一性的，精神则是派生性的；其二，世界的统一性是有差别的、多样性的统一，物质既具有多种样态，又具有其基本共同特性，即客观实在性；其三，世界的物质统一性证明是一个过程，会随着哲学和自然科学的持续发展而不断得到新的证明。恩格斯后来在《自然辩证法》中对辩证唯物主义的物质概念进行过明确说明，"物、物质无非是各种物的总和，而这个概念就是从这一总和中抽象出来的"②，是对物质的共同属性的把握。列宁在《唯物主义和经验批判主义》一书中也专门论述过哲学的物质定义，强调"物质是标志客观实在的哲学范畴"③，并对恩格斯和杜林在"世界的统一性"问题上的论战进行了科学总结。

（三）真理的相对性和道德的历史性

在有关"道德和法"的章节中，恩格斯批判了杜林的永恒道德以及作为它们的哲学基础的永恒真理观，进而论述了马克思主义的真理观和道德观。

首先，阐明了思维的至上性和非至上性的辩证关系。针对杜林的永恒真理观把人的思维的至上性绝对化的观点，恩格斯从认识的个体和类的关系上阐发了人的思维的至上性和非至上性之间的辩证关系。

---

① 《马克思恩格斯文集》第 9 卷，人民出版社 2009 年版，第 47 页。
② 《马克思恩格斯文集》第 9 卷，人民出版社 2009 年版，第 500 页。
③ 《列宁选集》第 2 卷，人民出版社 2012 年版，第 89 页。

在这里，思维的至上性，是指思维所具有的对整个世界的完全把握的性质；思维的非至上性，则是指思维所具有的对整个世界的相对的、有限的正确把握的性质。恩格斯指出，人的思维是具有至上性的，但这种至上性不是每一个人的思维所能达到的，它只是作为无数亿过去、现在和未来的人的个人思维而存在，"换句话说，思维的至上性是在一系列非常不至上地思维着的人中实现的；拥有无条件的真理权的认识是在一系列相对的谬误中实现的；二者都只有通过人类生活的无限延续才能完全实现"①。人的思维"按它的本性、使命、可能和历史的终极目的来说，是至上的和无限的；按它的个别实现情况和每次的现实来说，又是不至上的和有限的"②。在这里，恩格斯一方面强调了人的思维能力，就人类层面来说，是至上的、无限的，在这重意义上，人类具有认识终极真理的能力；另一方面，恩格斯又把人类的至上的、绝对的思维能力置于个体的非至上的、相对的思维能力之中，说明了人的思维能力的至上性、无限性只有通过无数代的非至上的、有限的个体思维的延续才能实现，决不把人类的思维能力抽象化，在这重意义上，每一个人的认识是根本达不到终极真理的，终极真理只能在无数代人的无限的认识过程中实现。这样，恩格斯就以说明人类思维和个体思维的辩证法，否定了杜林在人的思维至上性问题上所表现出来的形而上学，论述了人的思维能力是一个辩证发展的过程的观点。

其次，批判了杜林的永恒真理观的绝对主义性质，论述了真理的相对性。杜林为了论证道德原则的永恒性和普遍适用性，提出永恒真理观，认为"真正的真理是根本不变的……因此，把认识的正确性设想成是受时间和现实变化影响的，那完全是愚蠢"③。恩格斯指出，杜

---

① 《马克思恩格斯文集》第 9 卷，人民出版社 2009 年版，第 91 页。
② 《马克思恩格斯文集》第 9 卷，人民出版社 2009 年版，第 92 页。
③ 《马克思恩格斯文集》第 9 卷，人民出版社 2009 年版，第 90 页。

林的永恒真理观是以形而上学的思维方式为基础的绝对主义真理观，忽视了认识的过程性、历史性，对人们在一定历史条件下获得的认识进行非历史的理解，并"企图从永恒真理的存在得出结论：在人类历史的领域也存在着永恒真理、永恒道德、永恒正义等等"①。问题是，杜林的错误并不仅仅在于承认永恒真理的存在，而是在于他把当下的真理看作永恒的，并将之推广到一切领域。他任意使用"永恒真理"的大字眼，实际上是对科学真理的庸俗化。结合人们对于无机界、有机界和人类社会的认识的成果的实际过程，恩格斯具体说明了真理的不断发展以及人们认识真理和把握真理的过程性，表明每个历史条件下人们获得的真理在本质上都是相对的，人们对绝对真理的把握则是通过人们对相对真理的把握的无限延续来实现的。

再次，论述了思维科学领域内的真理和谬误的辩证关系。针对杜林认为真正的真理是不变的绝对主义观点，恩格斯通过分析真理和谬误之间的关系，继而说明认识的辩证性质：其一，真理和谬误的对立是有着绝对分明的界限的，即只有在真理适用的范围内才是有意义的，也就是说"真理和谬误，正如一切在两极对立中运动的逻辑范畴一样，只是在非常有限的领域内才具有绝对的意义"②。在一定条件下，真理和谬误的对立是绝对的，二者之间的界限不能混淆；一旦超出这个"狭窄的领域"，真理和谬误之间的对立就是相对的了。其二，真理和谬误也是可以相互转化的，即"对立的两极都向自己的对立面转化，真理变成谬误，谬误变成真理"③。由于一定历史条件下所取得的认识包含着真理与谬误的对立统一，因而人类认识的发展过程充满着真理与谬误的相互转化。恩格斯所说的真理和谬误的相互转化是有条件的：

---

① 《马克思恩格斯文集》第 9 卷，人民出版社 2009 年版，第 95 页。
② 《马克思恩格斯文集》第 9 卷，人民出版社 2009 年版，第 96 页。
③ 《马克思恩格斯文集》第 9 卷，人民出版社 2009 年版，第 96 页。

一是真理和谬误在一定的范围内是确定的，即在对某一事物的认识上，正确的反映就是真理，反之则是谬误；二是真理是相对的，任何真理都只是对对象的近似正确的反映；三是真理和谬误的转化是相对于真理适用的范围而言的，如果超出了真理适用的范围加以运用，真理就可能变成谬误。科学的发展，人类认识的发展，都要求人们克服形而上学的思维，掌握、运用思维运动的辩证法。

最后，分析了道德观念的历史性和阶级性。恩格斯强调道德观念是从各个阶级进行生产和交换的经济关系中产生的。他指出，杜林之所以宣扬"永恒真理""终极真理"，是为了论证在社会历史领域内永恒道德的存在，即道德原则是永恒的，是凌驾于历史和现今民族特性的差别之上的，具有超历史、超阶级的"绝对的适用性"。对此，恩格斯指出：其一，"一切以往的道德论归根到底都是当时的社会经济状况的产物"①，即道德观念也是在人类历史的领域中随着经济关系的变化而发展变化的。在阶级社会中，道德具有强烈的阶级性，由于不同阶级之间利益的根本对立，因而不同阶级的道德观念以及善恶标准也不一样，根本不存在超阶级的永恒道德。其二，"对同样的或差不多同样的经济发展阶段来说，道德论必然是或多或少地互相一致的"②，肯定了共同的经济基础所决定的道德的共同性的存在，但这种共同性会随着经济基础的变化而变化，是相对的。其三，"只有在不仅消灭了阶级对立，而且在实际生活中也忘却了这种对立的社会发展阶段上，超越阶级对立和超越对这种对立的回忆的、真正人的道德才成为可能"③，即只有消灭了阶级对立以及私有制这一阶级对立的经济基础，真正人的道德才具有可能性。

---

① 《马克思恩格斯文集》第 9 卷，人民出版社 2009 年版，第 99 页。
② 《马克思恩格斯文集》第 9 卷，人民出版社 2009 年版，第 99 页。
③ 《马克思恩格斯文集》第 9 卷，人民出版社 2009 年版，第 100 页。

（四）平等观念是一种历史的产物

恩格斯揭露和批判了杜林平等观的资产阶级本质，阐明了马克思主义平等观的基本原则，划清了无产阶级平等观和资产阶级平等观的界限。

首先，剖析了杜林平等观的唯心主义和形而上学性质。恩格斯指出，杜林在历史、道德和法等社会历史领域是运用数学的研究方法，即"把每一类认识对象分解为它们的所谓最简单的要素，把同样简单的所谓不言而喻的公理应用于这些要素，然后再进一步运用这样得出的结论"①，这样所获结果的真理性具有的不过是数学的确实性，即先验主义的。这一方法不是从对象本身去认识某一对象的特性，而是从对象的概念中逻辑地推导出这些特性，其实质"不是从现实本身推导出现实，而是从观念推导出现实"②的唯心主义。这样一来，杜林就把社会分解为它的最简单的要素即"两个人"，由此进行推理，认为平等就是"两个人的意志"彼此完全的平等，并以此原则为"基本公理"即"道德上的正义的基本形式"和"法律上的正义的基本形式"③。正是按照这一基本模式，杜林来说明非正义、暴力和奴役，即"说明全部以往的应唾弃的历史的"④。在恩格斯看来，杜林的平等观是超历史、超阶级的抽象平等观，也是唯心主义和形而上学在平等问题上的典型表现。

其次，论述了平等观也不是永恒真理，而是历史地发展变化的，其形成和发展反映了人类社会的客观发展。恩格斯论述了平等的本质及其特征，指出平等观念和道德观念一样植根于社会经济状况，是对

① 《马克思恩格斯文集》第 9 卷，人民出版社 2009 年版，第 101 页。
② 《马克思恩格斯文集》第 9 卷，人民出版社 2009 年版，第 101 页。
③ 《马克思恩格斯文集》第 9 卷，人民出版社 2009 年版，第 102 页。
④ 《马克思恩格斯文集》第 9 卷，人民出版社 2009 年版，第 104 页。

一定经济关系的反映，即平等"应当是实际的，还应当在社会的、经济的领域中实行"①。平等不是从来就有的，也不是永恒不变的；平等是相对的，而不是绝对的，是随着经济社会的变化而变化的。平等观念具有历史性和具体性，在阶级社会中具有阶级性："平等的观念，无论以资产阶级的形式出现，还是以无产阶级的形式出现，本身都是一种历史的产物，这一观念的形成，需要一定的历史条件，而这种历史条件本身又以长期的以往的历史为前提。"②

最后，阐明了无产阶级平等要求的实质就是消灭私有制。恩格斯认为，资产阶级的平等观和无产阶级的平等观的根本对立体现在：资产阶级的平等观只要求消灭封建地主阶级的特权，不消灭私有制；无产阶级的平等观则要求消灭阶级剥削、消灭私有制。平等观念根源于社会的经济基础，资产阶级的平等观是随着资本主义经济的发展而出现的。资本主义商品经济要求有能够进行平等交换的商品所有者，要求一无所有但又能和工厂主订立契约的劳动力，要求根据商品所包含的社会必要劳动进行等价交换。恩格斯指出，资产阶级把平等宣布为人权，是虚伪的；等价交换背后是对工人的残酷剥削，在法律面前人人平等则掩盖了对工人的血腥镇压。因此，建立在私有制基础上的平等观念只能是形式上的平等，表达的是资产阶级的利益诉求。而无产阶级平等要求的实际内容是消灭阶级的要求，消灭不平等的根源和基础即私有制本身，唯有这样才能有事实上的平等，即"无产阶级平等要求的实际内容都是消灭阶级的要求"③。任何超出这个范围的平等要求，都必然要流于荒谬。

---

① 《马克思恩格斯文集》第9卷，人民出版社2009年版，第112页。
② 《马克思恩格斯文集》第9卷，人民出版社2009年版，第113页。
③ 《马克思恩格斯文集》第9卷，人民出版社2009年版，第113页。

（五）自由和必然的辩证关系

恩格斯认为，正确理解自由和必然的关系，是建立关于道德和法的学说的前提。而在这一问题上，杜林陷入了理论混乱，在自由问题上提出了两个相互矛盾的定义：一是说自由是合理的认识和本能的冲动、知性和非知性的合力，这个合力的大小因人而异，和必然没有关系。这个定义实质上是唯意志论的。二是说自由是人的理性"对自觉动机的感受"①，而自觉动机又受自然规律不可避免的强制，即自由完全受客观必然性制约。这个定义实质上又是宿命论的。恩格斯批判地指出，杜林关于自由和必然的关系的自相矛盾，在于形而上学地割裂自由和必然的关系。

针对杜林在自由和必然关系问题上的错误，恩格斯在实践的基础上既唯物又辩证地阐明了二者之间的关系。首先，恩格斯指出，自由不在于幻想中摆脱自然规律而独立，恰恰相反，自由是以承认自然界和社会的客观必然性为前提的。这也就明确划清了唯物主义决定论和唯心主义非决定论的界限。其次，自由是对必然性的认识。必然性不仅是客观的，而且是能认识的，在认识必然性之前人的行动是盲目的，认识了之后就有可能取得自由，自由的大小取决于对客观必然性认识的程度。这一科学论述就划清了必然性问题上的可知论和不可知论的界限。再次，自由还在于正确认识必然性基础上的实践。人们只有在实践中根据正确的认识支配自己和外部世界，才能获得自由。实践是从必然转化为自由的根本条件。这样就划清了辩证唯物主义的决定论和直观唯物主义决定论的界限。最后，自由是历史发展的产物，人类的发展过程是一个从必然王国走向自由王国的过程，"最初的、从动物界分离出来的人，在一切本质方面是和动物本身一样不自由的；但是

---

① 《马克思恩格斯文集》第9卷，人民出版社2009年版，第120页。

文化上的每一个进步，都是迈向自由的一步"①。只有在生产力高度发达的、不再有任何阶级差别的社会状态中，才"第一次能够谈到真正的人的自由，谈到那种同已被认识的自然规律和谐一致的生活"②。列宁在《唯物主义和经验批判主义》一书中，高度评价了"恩格斯关于自由和必然的论述在认识论上的意义"③。毛泽东在 1962 年的《在扩大的中央工作会议上的讲话》中，进一步提出了"自由是对必然的认识和对客观世界的改造"④ 的思想，强调只有在认识必然的基础上，人们才有自由的活动，这正是自由和必然的辩证规律。

（六）暴力是每一个孕育着新社会的旧社会的助产婆

在"政治经济学编"的"暴力论""暴力论（续）"和"暴力论（续完）"中，针对杜林把暴力看作"本原的东西"、全部历史的出发点、私有制和阶级产生的根源等历史唯心主义观点，恩格斯系统批判了杜林的唯心主义暴力论，阐述了政治与经济的辩证关系，论述了阶级的形成和暴力在历史中的作用，具体分析了暴力在历史中的作用，指出暴力不是绝对的坏事，它在一定的社会历史条件下起着革命作用。

首先，阐明了"暴力仅仅是手段，相反，经济利益才是目的"⑤。在《国民经济学和社会经济学教程》一书中，杜林提出了政治决定经济的暴力论思想，并以此作为自己的经济学的理论基础，认为政治暴力是社会生活的本原，是私有制和阶级产生的根源，并斥责暴力的作用，认为"一切经济现象都应该由政治原因来解释，即由暴力来解

---

① 《马克思恩格斯文集》第 9 卷，人民出版社 2009 年版，第 120 页。
② 《马克思恩格斯文集》第 9 卷，人民出版社 2009 年版，第 121 页。
③ 《列宁选集》第 2 卷，人民出版社 2012 年版，第 150 页。
④ 《毛泽东文集》第 8 卷，人民出版社 1999 年版，第 306 页。
⑤ 《马克思恩格斯文集》第 9 卷，人民出版社 2009 年版，第 167 页。

释"①。针对杜林的这一观点，恩格斯认为，杜林的观点并不独特，就"像历史编纂学本身一样已经很古老了"②。自从人类有文字记载的历史以来，所谓政治暴力，指的是国家以及国家权力的主要支柱——军队、警察和监狱等。在政治和经济的关系上，以往的很多思想家不了解经济的决定作用，只看到国家机器的强制性作用，认为历史的发展是由少数人的动机决定的，是一种典型的唯心史观。而唯物史观认为，不是暴力决定经济状况，而是政治暴力为经济服务，暴力是手段，经济利益是目的，而"目的比用来达到目的的手段要具有大得多的'基础性'"③。

其次，论述"私有财产在历史上的出现，决不是掠夺和暴力的结果"④。针对杜林的暴力产生奴役制的观点，恩格斯指出奴役制的产生是生产发展和分配关系变化的结果。一个人要想奴役另一个人必须具备两种东西：一是奴隶劳动所需要的工具和对象；二是维持奴隶最低限度的生活资料，这些都需要一定的超过平均水平的财产。而财产，则是生产力发展到一定阶段才能生产出来的。只有先由劳动生产出私有财产，暴力才能掠夺。进而，通过详细分析阶级产生和私有财产产生的原因、过程，恩格斯证明了私有财产的形成，是由于生产关系和交换关系发生变化，即经济的原因造成的。在人类社会发展的历史过程中，暴力对于私有财产的产生、更替和消灭"没有起到任何作用"，也就是说，暴力虽然可以改变占有状况，但是不能创造私有财产本身。

最后，论述了暴力"是每一个孕育着新社会的旧社会的助产婆"⑤，

---

① 《马克思恩格斯文集》第9卷，人民出版社2009年版，第166页。
② 《马克思恩格斯文集》第9卷，人民出版社2009年版，第166页。
③ 《马克思恩格斯文集》第9卷，人民出版社2009年版，第167页。
④ 《马克思恩格斯文集》第9卷，人民出版社2009年版，第169页。
⑤ 《马克思恩格斯文集》第9卷，人民出版社2009年版，第191页。

即是社会运动借以为自己开辟道路并摧毁僵化的垂死的政治形式的工具。恩格斯指出，一切政治权力都是以某种经济的、社会的职能为基础的，它一旦建立，对社会经济的发展就起到促进或阻碍的作用。因此，暴力的好坏，取决于它对经济和社会发展作用的性质，促进经济发展的革命暴力是孕育着新社会的旧社会的助产婆。恩格斯特别从劳动的相对不发展的生产率的角度分析了强制性分工，揭示了阶级与国家的产生、发展和消灭的历史必然性，"只要实际从事劳动的居民必须占用很多时间来从事自己的必要劳动，因而没有多余的时间来从事社会的公共事物——劳动管理、国家事务、法律事务、艺术、科学等等，总是必然有一个脱离实际劳动的特殊阶级来从事这些事务"；而在生产力高度发达之后，"才有可能把劳动无例外地分配给一切社会成员，从而把每个人的劳动时间大大缩短，使一切人都有足够的自由时间来参加社会的公共事务"①。在这种情况下，任何统治阶级和剥削阶级就成为多余的了。因此，无产阶级革命必须通过暴力的手段打碎资产阶级的国家机器，建立无产阶级专政，才能彻底改变资本主义生产方式，为生产力的发展和极大提高开辟道路，也就是说，革命暴力是无产阶级获得解放的一般原则。

《反杜林论》这一被恩格斯看作"百科全书式"的著作②，被列宁称为"一部内容十分丰富、十分有益的书"③以及每个觉悟工人必读的书籍，第一次系统地阐明了马克思主义的三个组成部分——哲学、政治经济学和科学社会主义及其内在联系，且通篇贯穿了唯物辩证法与唯物史观的科学世界观和方法论，马克思主义哲学的基本观点在其中得到了较为全面系统的论证和阐发。《反杜林论》批判了杜林的先验

---

① 《马克思恩格斯文集》第 9 卷，人民出版社 2009 年版，第 189—190 页。
② 《马克思恩格斯全集》第 36 卷，人民出版社 1975 年版，第 139 页。
③ 《列宁选集》第 1 卷，人民出版社 2012 年版，第 94 页。

主义唯心论，阐明了辩证唯物主义的反映论，论述了物质决定意识的观点；批判了杜林在世界统一性问题上的折中主义，论述了世界统一于物质的原理；批判了杜林在道德和法的问题上的唯心主义和形而上学谬论，论述了马克思主义关于真理、平等、自由和必然的唯物辩证观点；批判了杜林夸大暴力的作用、否定经济的决定性作用的谬论，论述了马克思主义关于经济与暴力政治之间关系的思想。因此，《反杜林论》的出版和传播，有力捍卫和发展了马克思主义，成功地促使德国社会主义工人党摆脱杜林思想的影响，维护了马克思主义在党内的主导地位，有力推动了国际工人运动的健康发展，大大加强了各国无产阶级政党的理论建设，在马克思主义哲学的传播和发展中发挥了巨大作用。然而，由于种种原因，它也被看作教条化的马克思主义哲学体系的雏形或范本，这种不恰当的做法抹杀了马克思主义哲学对时代、对实践的开放性，也违背了恩格斯在《反杜林论》中所阐发的马克思主义哲学的基本思想和精神。正是在对杜林的批判中，恩格斯强调，马克思主义哲学区别于旧哲学的重要特征之一，就是在哲学对象和"体系"方面实现了革命性变革；它不再是原来意义上的"哲学"体系了，"关于自然和历史的无所不包的、最终完成的认识体系，是同辩证思维的基本规律相矛盾的；但是，这样说决不排除，相反倒包含下面一点，即对整个外部世界的有系统的认识是可以一代一代地取得巨大进展的"①。恩格斯在《反杜林论》中对马克思主义哲学的内在联系的阐发，其目的并不是去刻意建构一个"体系"，即"并不是以另一个体系去同杜林先生的'体系'相对立，可是希望读者不要忽略我所提出的各种见解之间的内在联系"②。这是阅读《反杜林论》时必须注意的。

---

① 《马克思恩格斯文集》第 9 卷，人民出版社 2009 年版，第 27 页。
② 《马克思恩格斯文集》第 9 卷，人民出版社 2009 年版，第 8 页。

三　文献指南

1. 《马克思恩格斯列宁哲学经典著作导读》编写组：《马克思恩格斯列宁哲学经典著作导读》，人民出版社 2020 年版。

2. 《马克思恩格斯文集》第 9 卷，人民出版社 2009 年版。

3. ［德］海因里希·格姆科夫：《恩格斯传》，易延镇、侯焕良译，人民出版社 2000 年版。

4. 杨洪源：《恩格斯〈反杜林论〉导读》，人民出版社 2021 年版。

5. 姚颖编著：《恩格斯〈反杜林论〉研究读本》，中央编译出版社 2014 年版。

6. 中共中央马克思恩格斯列宁斯大林著作编译局：《回忆恩格斯》，人民出版社 2005 年版。

原文摘选

反杜林论

三个版本的序言

一

这部著作决不是什么"内心冲动"的结果。恰恰相反。

三年前，当杜林先生突然以社会主义的行家兼改革家身份向当代挑战的时候，我在德国的友人再三向我请求，要我在当时的社会民主党中央机关报《人民国家报》上对这一新的社会主义理论进行评析。他们认为，为了不在如此年轻的、不久前才最终统一起来的党内造成派别分裂和混乱局面的新的可能，这样做是完全必要的。他们比我能更好地判断德国的情况，所以我理应相信他们。此外，还可以看到，这个新改宗者受到了一部分社会主义出版物的热忱欢迎，诚然，这种热忱只是对杜林先生的善良愿望所作的表示，但同时也使人看出这一部分党的出版物的善良愿望：它们正是估计到杜林的善良愿望，才不加考虑地接受了杜林的学说。还有些人已经打算以通俗的形式在工人中散布这种学说。最后，杜林先生及其小宗派采用各种大吹大擂和阴谋的手法，迫使《人民国家报》对这种如此野心勃勃的新学说明确表态。

虽然如此，我还是过了一年才下决心放下其他工作，着手来啃这一个酸果。这是一只一上口就不得不把它啃完的果子；它不仅很酸，而且很大。这种新的社会主义理论是以某种新哲学体系的最终实际成果的形式出现的。因此，必须联系这个体系来研究这一理论，同时研究这一体系本身；必须跟着杜林先生进入一个广阔的领域，在这个领域中，他谈到了所有可能涉及的东西，而且还不止这些东西。这样就产生了一系列的论文，它们从 1877 年初开始陆续发表在《人民国家报》的续刊——莱比锡的《前进报》上，现汇集成书，献给读者。

由此可见，对象本身的性质迫使批判不得不详尽，这样的详尽是同这一对象的学术内容即同杜林著作的学术内容极不相称的。但是，批判之所以这样详尽，还可以归因于另外两种情况。一方面，这样做使我在这本书所涉及到的很不相同的领域中，有可能正面阐发我对这些在现时具有较为普遍的科学意义或实践意义的争论问题的见解。这在每一章里都可以看到，尽管这本书的目的并不是以另一个体系去同杜林先生的"体系"相对立，可是希望读者不要忽略我所提出的各种见解之间的内在联系。我现在已有充分的证据，表明我在这方面的工作不是完全没有成效的。

另一方面，"创造体系的"杜林先生在当代德国并不是个别的现象。近来，天体演化学、一般自然哲学、政治学、经济学等等的体系如雨后春笋出现在德国。最不起眼的哲学博士，甚至大学生，动辄就要创造一个完整的"体系"。正如在现代国家里假定每一个公民对于他所要表决的一切问题都具有判断能力一样，正如在经济学中假定每一个消费者对于他要买来供日用的所有商品都是真正的内行一样，现今在科学上据说也要作这样的假定。所谓科学自由①，就是人们可以著书

---

① 恩格斯在这里借用了鲁·微耳和的《现代国家中的科学自由》这一书名中的说法。

立说来谈论自己从未学过的各种东西，而且标榜这是唯一的严格科学的方法。杜林先生正是这种放肆的伪科学的最典型的代表之一，这种伪科学现在在德国到处流行，并把一切淹没在它的高超的胡说的喧嚣声中。诗歌、哲学、政治学、经济学、历史编纂学中有这种高超的胡说；讲台和论坛上有这种高超的胡说；到处都有这种高超的胡说；这种高超的胡说妄想出人头地并成为深刻思想，以别于其他民族的粗浅平庸的胡说；这种高超的胡说是德国智力工业最具特色和最大量的产品，它们价廉质劣，完全和德国其他的制品一样，只可惜它们没有和这些制品一起在费城陈列出来。甚至德国的社会主义，特别是自从有了杜林先生的范例以后，近来也十分热衷于高超的胡说，造就出以"科学"自炫但对这种科学又"确实什么也没有学到"的各色人物。这是一种幼稚病，它表明德国大学生开始向社会民主主义转变，而这种幼稚病是和这一转变分不开的，可是我们的工人因有非常健康的本性，一定会克服这种幼稚病。

如果在那些我最多只能以涉猎者的资格发表看法的领域里我不得不跟着杜林先生走，那么这不是我的过错。在这种情况下，我大多只是限于举出确切的、无可争辩的事实去反驳我的论敌的错误的或歪曲的论断。在法学上以及在自然科学的某些问题上，我就是这样做的。在其他情况下，涉及的是理论自然科学的一般观点，就是说，是这样一个领域，在那里，专业自然科学家也不得不越出他的专业的范围，而涉及到邻近的领域——在那里，他像微耳和先生所承认的，也和我们任何人一样只是一个"半通"。在这里，人们对于表达上的些许不确切之处和笨拙之处会相互谅解，我希望也能够得到这样的谅解。

⋯⋯⋯⋯⋯

1878 年 6 月 11 日于伦敦

二

············

不过还有另一种情况。本书所批判的杜林先生的"体系"涉及非常广泛的理论领域，这使我不能不跟着他到处跑，并以自己的见解去反驳他的见解。因此消极的批判成了积极的批判；论战转变成对马克思和我所主张的辩证方法和共产主义世界观的比较连贯的阐述，而这一阐述包括了相当多的领域。我们的这一世界观，首先在马克思的《哲学的贫困》和《共产主义宣言》① 中问世，经过足足 20 年的潜伏阶段，到《资本论》出版以后，就越来越迅速地为日益广泛的各界人士所接受。现在，它已远远越出欧洲的范围，在一切有无产者和无畏的科学理论家的国家里，都受到了重视和拥护。因此，看来有这样的读者，他们对于这一问题的兴趣极大，他们由于对论战中所作的正面阐述感兴趣，因而愿意了解现在在许多方面已经失去对象的同杜林观点的论战。

顺便指出：本书所阐述的世界观，绝大部分是由马克思确立和阐发的，而只有极小的部分是属于我的，所以，我的这种阐述不可能在他不了解的情况下进行，这在我们相互之间是不言而喻的。在付印之前，我曾把全部原稿念给他听，而且经济学那一编的第十章（《〈批判史〉论述》）就是马克思写的，只是由于外部的原因，我才不得不很遗憾地把它稍加缩短。在各种专业上互相帮助，这早就成了我们的习惯。

············

马克思和我，可以说是唯一把自觉的辩证法从德国唯心主义哲学中拯救出来并运用于唯物主义的自然观和历史观的人。可是要确立辩

---

① 即《共产党宣言》。

证的同时又是唯物主义的自然观，需要具备数学和自然科学的知识……

1885 年 9 月 23 日于伦敦

三

这一新版，除了几处无足轻重的文字上的修改，都是照前一版翻印的。只有一章，即第二编第十章《〈批判史〉论述》，我作了重要的增补，理由如下。

············

最后，我感到十分满意的是，自从第二版以来，本书所主张的观点已经深入科学界和工人阶级的公众意识，而且是在世界上一切文明国家里。

弗·恩格斯
1894 年 5 月 23 日于伦敦

引　　论

一　概论

现代社会主义，就其内容来说，首先是对现代社会中普遍存在的有财产者和无财产者之间、资产者和雇佣工人之间的阶级对立以及生产中普遍存在的无政府状态这两个方面进行考察的结果。但是，就其理论形式来说，它起初表现为 18 世纪法国伟大的启蒙学者们所提出的各种原则的进一步的、据称是更彻底的发展。① 同任何新的学说一样，它必须首

---

① 在《引论》的草稿中，这一段是这样写的："现代社会主义，虽然实质上是由于对现存社会中有财产者和无财产者之间、工人和剥削者之间的阶级对立进行考察而产生的，但是，就其理论形式来说，起初却表现为 18 世纪法国伟大的启蒙学者们所提出的各种原则的更彻底的、进一步的发展，因为它的最初代表摩莱里和马布利也是属于启蒙学者之列的。"

先从已有的思想材料出发，虽然它的根子深深扎在经济的事实中。

…………

当我们通过思维来考察自然界或人类历史或我们自己的精神活动的时候，首先呈现在我们眼前的，是一幅由种种联系和相互作用无穷无尽地交织起来的画面，其中没有任何东西是不动的和不变的，而是一切都在运动、变化、生成和消逝。这种原始的、素朴的、但实质上正确的世界观是古希腊哲学的世界观，而且是由赫拉克利特最先明白地表述出来的：一切都存在而又不存在，因为一切都在流动，都在不断地变化，不断地生成和消逝。但是，这种观点虽然正确地把握了现象的总画面的一般性质，却不足以说明构成这幅总画面的各个细节；而我们要是不知道这些细节，就看不清总画面。为了认识这些细节，我们不得不把它们从自然的或历史的联系中抽出来，从它们的特性、它们的特殊的原因和结果等等方面来分别加以研究。这首先是自然科学和历史研究的任务；而这些研究部门，由于十分明显的原因，在古典时代的希腊人那里只占有从属的地位，因为他们首先必须搜集材料。精确的自然研究只是在亚历山大里亚时期的希腊人那里才开始，而后来在中世纪由阿拉伯人继续发展下去；可是，真正的自然科学只是从15世纪下半叶才开始，从这时起它就获得了日益迅速的进展。把自然界分解为各个部分，把各种自然过程和自然对象分成一定的门类，对有机体的内部按其多种多样的解剖形态进行研究，这是最近400年来在认识自然界方面获得巨大进展的基本条件。但是，这种做法也给我们留下了一种习惯：把各种自然物和自然过程孤立起来，撇开宏大的总的联系去进行考察，因此，就不是从运动的状态，而是从静止的状态去考察；不是把它们看做本质上变化的东西，而是看做固定不变的东西；不是从活的状态，而是从死的状态去考察。这种考察方式被培根和洛克从自然科学中移植到哲学中以后，就造成了最近几个世纪所特有的局限性，即形而上学的思维方式。

在形而上学者看来，事物及其在思想上的反映即概念，是孤立的、应当逐个地和分别地加以考察的、固定的、僵硬的、一成不变的研究对象。他们在绝对不相容的对立中思维；他们的说法是："是就是，不是就不是；除此以外，都是鬼话。"① 在他们看来，一个事物要么存在，要么就不存在；同样，一个事物不能同时是自身又是别的东西。正和负是绝对互相排斥的；原因和结果也同样是处于僵硬的相互对立中。初看起来，这种思维方式对我们来说似乎是极为可信的，因为它是合乎所谓常识的。然而，常识在日常应用的范围内虽然是极可尊敬的东西，但它一跨入广阔的研究领域，就会碰到极为惊人的变故。形而上学的考察方式，虽然在相当广泛的、各依对象性质而大小不同的领域中是合理的，甚至必要的，可是它每一次迟早都要达到一个界限，一超过这个界限，它就会变成片面的、狭隘的、抽象的，并且陷入无法解决的矛盾，因为它看到一个一个的事物，忘记它们互相间的联系；看到它们的存在，忘记它们的生成和消逝；看到它们的静止，忘记它们的运动；因为它只见树木，不见森林……

…………

新的事实迫使人们对以往的全部历史作一番新的研究，结果发现：以往的全部历史，都是阶级斗争的历史；这些互相斗争的社会阶级在任何时候都是生产关系和交换关系的产物，一句话，都是自己时代的经济关系的产物；因而每一时代的社会经济结构形成现实基础，每一个历史时期的由法的设施和政治设施以及宗教的、哲学的和其他的观念形式所构成的全部上层建筑，归根到底都应由这个基础来说明。这样一来，唯心主义从它的最后的避难所即历史观中被驱逐出去了，一

① 参看《新约全书·马太福音》第5章第37节。

种唯物主义的历史观被提出来了，用人们的存在说明他们的意识，而不是像以往那样用人们的意识说明他们的存在这样一条道路已经找到了。

…………

这两个伟大的发现——唯物主义历史观和通过剩余价值揭开资本主义生产的秘密，都应当归功于马克思。由于这两个发现，社会主义变成了科学，现在首先要做的是对这门科学的一切细节和联系作进一步的探讨。

…………

第一编　哲学

…………

这样一来，全部关系都颠倒了：原则不是研究的出发点，而是它的最终结果；这些原则不是被应用于自然界和人类历史，而是从它们中抽象出来的；不是自然界和人类去适应原则，而是原则只有在符合自然界和历史的情况下才是正确的。这是对事物的唯一唯物主义的观点，而杜林先生的相反的观点是唯心主义的，它把事物完全头足倒置了，从思想中，从世界形成之前就久远地存在于某个地方的模式、方案或范畴中，来构造现实世界，这完全像一个叫做黑格尔的人的做法。

…………

真理和谬误，正如一切在两极对立中运动的逻辑范畴一样，只是在非常有限的领域内才具有绝对的意义；这一点我们刚才已经看到了，即使是杜林先生，只要他稍微知道一点正是说明一切两极对立的不充分性的辩证法的初步知识，他也会知道的。只要我们在上面指出的狭窄的领域之外应用真理和谬误的对立，这种对立就变成相对的，因而对精确的科学的表达方式来说就是无用的；但是，如果我们企图在这一领域之外把这种对立当做绝对有效的东西来应用，那我们就会完全遭到失败；对立的两极都向自己的对立面转化，真理变成谬误，谬误变成真理。

…………

但是，如果我们看到，现代社会的三个阶级即封建贵族、资产阶级和无产阶级都各有自己的特殊的道德，那么我们由此只能得出这样的结论：人们自觉地或不自觉地，归根到底总是从他们阶级地位所依据的实际关系中——从他们进行生产和交换的经济关系中，获得自己的伦理观念。

但是在上述三种道德论中还是有一些对所有这三者来说都是共同的东西——这不至少就是一成不变的道德的一部分吗？——这三种道德论代表同一历史发展的三个不同阶段，所以有共同的历史背景，正因为这样，就必然有许多共同之处。不仅如此，对同样的或差不多同样的经济发展阶段来说，道德论必然是或多或少地互相一致的。从动产的私有制发展起来的时候起，在一切存在着这种私有制的社会里，道德戒律一定是共同的：切勿偷盗①。这个戒律是否因此而成为永恒的道德戒律呢？绝对不会。在偷盗动机已被消除的社会里，就是说在随着时间的推移顶多只有精神病患者才会偷盗的社会里，如果一个道德说教者想庄严地宣布一条永恒真理：切勿偷盗，那他将会遭到什么样的嘲笑啊！

因此，我们拒绝想把任何道德教条当做永恒的、终极的、从此不变的伦理规律强加给我们的一切无理要求，这种要求的借口是，道德世界也有凌驾于历史和民族差别之上的不变的原则。相反，我们断定，

---

① 参看《旧约全书·出埃及记》第20章第15节和《旧约全书·申命记》第5章第19节。

一切以往的道德论归根到底都是当时的社会经济状况的产物。

在上述两种情况下，无产阶级平等要求的实际内容都是消灭阶级的要求。任何超出这个范围的平等要求，都必然要流于荒谬。我们已经举出了关于这方面的例子，当我们转到杜林先生关于未来的幻想时，我们还会发现更多的这类例子。

…………

可见，平等的观念，无论以资产阶级的形式出现，还是以无产阶级的形式出现，本身都是一种历史的产物，这一观念的形成，需要一定的历史条件，而这种历史条件本身又以长期的以往的历史为前提。所以，这样的平等观念说它是什么都行，就不能说它是永恒的真理。如果它现在对广大公众来说——在这种或那种意义上——是不言而喻的，如果它像马克思所说的，"已经成为国民的牢固的成见"，那么这不是由于它具有公理式的真理性，而是由于18世纪的思想得到普遍传播和仍然合乎时宜。因此，如果杜林先生能够直截了当地让他的有名的两个男人在平等的基础上料理家务，那是由于这对国民的成见来说是十分自然的。的确，杜林先生把他的哲学叫做自然哲学，因为这种哲学是仅仅从那些对他来说是十分自然的东西出发的。但是为什么这些东西对他来说是自然的呢？——这一问题他当然是不会提出来的。

…………

第二编　政治经济学

…………

事情本来已经由鲁滨逊奴役星期五这一著名的原罪证明了。这是一种暴力行为，因而是一种政治行为。这种奴役构成了到现在为止的全部历史的出发点和基本事实，并给这一历史注入了非正义的原罪，以致这种奴役在往后的时期中只是有所缓和并"变为较为间接的经济依存形式"；同样，直到现在还通行的全部"基于暴力的所有制"也是以这种原始奴役为基础的，——正因为如此，很显然，一切经济现象都应该由政治原因来解释，即由暴力来解释。而谁对此不满意，谁就是隐蔽的反动派。

首先应当指出，一个人只有像杜林先生那样自以为是，才能把这个毫不独特的观点看得"十分独特"。把重大政治历史事件看做历史上起决定作用的东西的这种观念，像历史编纂学本身一样已经很古老了，并且主要是由于这种观念的存在，保留下来的关于各国人民的发展的材料竟如此之少，而这种发展正是在这个喧嚣的舞台背后悄悄地进行的，并且起着真正的推动作用。这种观念曾支配已往的整个历史观，只是法国复辟时代的资产阶级历史编纂学家①才使之发生动摇；在这里，"独特"的只是杜林先生对这一切又毫无所知。

其次，即使我们暂且认为，杜林先生关于到目前为止的全部历史可以归结为人对人的奴役的说法是正确的，那还远未弄清事情的根底。

…………

在这里我们顺便补充一下，剥削阶级和被剥削阶级、统治阶级和被压迫阶级之间的到现在为止的一切历史对立，都可以从人的劳动的这种相对不发展的生产率中得到说明。只要实际从事劳动的居民必须占用很多时间来从事自己的必要劳动，因而没有多余的时间来从事社会的公共事务——劳动管理、国家事务、法律事务、艺术、科学等等，总是必然有一个脱离实际劳动的特殊阶级来从事这些事务；而且这个阶级为了它自己的利益，从来不会错过机会来把越来越沉重的劳动负担加到劳动群众的肩上。只有通过大工业所达到的生产力的极大提高，才有可能把劳动无例外地分配给一切社会成员，从而把每个人的劳动

---

① 指奥·梯叶里、弗·基佐、弗·米涅和阿·梯也尔。

时间大大缩短，使一切人都有足够的自由时间来参加社会的公共事务——理论的和实际的公共事务。因此，只是在现在，任何统治阶级和剥削阶级才成为多余的，而且成为社会发展的障碍；也只是在现在，统治阶级和剥削阶级，无论拥有多少"直接的暴力"，都将被无情地消灭。

…………

（选自《马克思恩格斯文集》第 9 卷，
人民出版社 2009 年版，第 7—271 页）

《路德维希·费尔巴哈和德国古典哲学的终结》导读

恩格斯的《路德维希·费尔巴哈和德国古典哲学的终结》（以下简称《费尔巴哈论》）写于 1886 年 1—2 月初，最初发表于德国社会民主党机关刊物《新时代》1886 年第 4 年卷的第 4、5 期。1888 年，恩格斯作了修改，增写了序言，并收入马克思 1845 年春所写的《关于费尔巴哈的提纲》这一"包含着新世界观的天才萌芽的第一个文献"① 作为附录，在斯图加特以单行本形式出版。《费尔巴哈论》是一部完整阐述马克思主义哲学基本原理的重要著作，在马克思主义哲学史上具有十分重要的地位。

一　写作背景

19 世纪 80 年代，处于"和平发展"时期的欧洲各主要资本主义国家的生产力发展迅速；国际工人运动蓬勃发展，马克思主义得到广泛传播，并已经在德国社会民主党内确立了统治地位。各种非马克思

① 《马克思恩格斯文集》第 4 卷，人民出版社 2009 年版，第 266 页。

主义的思潮和派别为抵制马克思主义的巨大影响，竭力从思想上瓦解工人运动，将攻击的矛头对准马克思主义哲学。

由于德国古典哲学是马克思主义哲学的直接来源，因此，他们把德国古典哲学中的一些学说改头换面，拼凑其中的唯心主义和形而上学，以"新哲学"的名义兜售折中主义的残羹剩汁。在英国与瑞典、丹麦和挪威等斯堪的纳维亚等国，出现了新黑格尔主义，新黑格尔主义对黑格尔哲学进行主观唯心主义解释，歪曲辩证法思想，着重发挥黑格尔的伦理和国家学说以服务于资产阶级的反动统治。在德国，则以新康德主义的影响最大，新康德主义以"回到康德去"的口号复活康德的先验唯心主义和不可知论；攻击马克思主义的辩证法，将之与黑格尔的辩证法混为一谈；公开反对科学社会主义，并将康德的伦理学视为社会主义的理论基础，以伦理社会主义代替社会革命和无产阶级专政理论。这些对德国古典哲学的积极成果肆意歪曲和否定的哲学思潮，通过社会民主党内的右翼人物渗透到了工人运动中。德国社会民主党内的机会主义者歪曲马克思主义哲学同德国古典哲学的关系，宣称马克思主义哲学只不过是黑格尔唯心主义辩证法和费尔巴哈机械唯物主义的"简单拼凑"，力图以此否认马克思主义的科学价值，抹杀无产阶级世界观和资产阶级世界观的根本区别，企图把工人运动引向改良主义的道路。为了反击资产阶级哲学思潮对马克思主义的进攻，消除资产阶级思想对无产阶级及其政党的影响，以及澄清对马克思主义哲学的模糊认识，恩格斯深感有必要对马克思主义哲学同德国古典哲学之间的关系进行全面说明，正面阐述马克思主义哲学的一系列原理，积极引导工人运动健康发展。

《费尔巴哈论》包括序言、正文四章及一个简短的结束语。在序言中，恩格斯简要说明了写作该书的历史背景与主要目的：一方面，为了全面系统地阐明马克思主义哲学同德国古典哲学的主要代表——黑格尔哲学以及在马克思恩格斯的世界观从唯心主义向唯物主义转变过程中起过重要作用的费尔巴哈哲学——的关系。早在 1845 年马克思恩格斯就打算阐明自己"与德国哲学的意识形态的见解的对立"①，实际上，是把他们"从前的哲学信仰清算一下。这个心愿是以批判黑格尔以后的哲学的形式来实现的"②，因此而写作了《德意志意识形态》，但囿于各种因素特别是反动当局的阻挠未能出版。40 多年来，他们对与黑格尔的关系虽然有所涉及但不够全面系统，对费尔巴哈则从来没有回顾过。另一方面，也是为了严厉抨击资产阶级反动思潮假借复活德国古典哲学对马克思主义的攻击。1885 年，丹麦哲学家和社会学家施达克（1858—1926）出版了《路德维希·费尔巴哈》一书，书中对费尔巴哈哲学的基本性质作了错误的解释，认为费尔巴哈是一个唯心主义者，这就提出了如何正确评价作为马克思主义哲学直接理论来源的费尔巴哈哲学。因此，当德国社会民主党《新时代》杂志编辑部邀请恩格斯写一篇评论文章时，恩格斯欣然同意了编辑部的请求，撰写了《费尔巴哈论》。

二　内容提示

《费尔巴哈论》是恩格斯全面阐述马克思主义哲学基本原理的重要著作。在书中，恩格斯回顾了马克思主义哲学形成和发展的历史过程，具体说明了它的理论来源和自然科学基础，详细阐述了马克思主义哲学同德国古典哲学、主要是同黑格尔辩证法和费尔巴哈唯物主义之间的批判继承关系和本质区别，深刻分析了马克思主义哲学诞生在哲学领域中引起的革命性变革及其意义，明确提出了哲学的基本问题，

---

① 《马克思恩格斯文集》第 4 卷，人民出版社 2009 年版，第 265 页。
② 《马克思恩格斯文集》第 4 卷，人民出版社 2009 年版，第 265 页。

系统论述了辩证唯物主义和历史唯物主义的基本内容。

（一）马克思主义哲学与德国古典哲学的关系

马克思主义哲学，是无产阶级世界观的理论表现形态，它批判地继承了德国古典哲学的优秀成果。要科学理解马克思主义哲学形成的过程，就需要剖析马克思主义哲学与德国古典哲学之间的关系。在正文的第一章和第二章，通过分析黑格尔哲学中的辩证法与形而上学体系的内在矛盾，以及费尔巴哈唯物主义哲学的功绩与局限，恩格斯系统阐述了马克思主义哲学与德国古典哲学的内在联系。

第一，提出了德国古典哲学是德国政治变革的前导。恩格斯运用历史比较法，指出："正像在 18 世纪的法国一样，在 19 世纪的德国，哲学革命也作了政治变革的前导。但是这两个哲学革命看起来是多么不同啊！"[①] 在这里，通过阐明 18 世纪的法国和 19 世纪的德国的哲学革命和政治变革的关系，恩格斯深刻揭示出黑格尔哲学以及整个德国古典哲学的产生背景、理论特点和历史作用。

一方面，同法国启蒙哲学和 18 世纪的唯物主义是为法国资产阶级革命作思想准备一样，从康德以来的德国古典哲学特别是黑格尔哲学，作为当时德国资产阶级的最高思想形式，表达了新兴资产阶级的政治诉求，起到了为未来政治变革作意识形态准备的先导作用；另一方面，德国古典哲学特别是黑格尔哲学的产生背景、理论特点和历史作用又有着自身特点，其哲学革命在表现形式上甚至同法国截然相反："法国人同整个官方科学，同教会，常常也同国家进行公开的斗争；他们的著作在国外，在荷兰或英国印刷，而他们本人则随时都可能进巴士底狱。相反，德国人是一些教授，一些由国家任命的青年的导师，他们的著作是公认的教科书，而全部发展

---

① 《马克思恩格斯文集》第 4 卷，人民出版社 2009 年版，第 267 页。

的最终体系，即黑格尔的体系，甚至在某种程度上已经被推崇为普鲁士王国的国家哲学！"① 相较于法国哲学的革命性所采取的公开斗争的形式，德国哲学的革命性则具有隐蔽晦涩的特点，反映了德国资产阶级从一开始在政治上就具有的革命和保守的两重性。德国特殊的历史条件和德国资产阶级的历史特点，决定了德国古典哲学特别是黑格尔哲学的内在矛盾性，即表现为革命的辩证法和保守的唯心主义体系之间的矛盾。

第二，剖析了黑格尔哲学的内在矛盾，阐明了黑格尔唯心主义辩证法及其在马克思主义哲学形成过程中的作用。

一方面，通过分析黑格尔在《法哲学原理》中提出"凡是现实的都是合乎理性的，凡是合乎理性的都是现实的"② 这个著名命题，恩格斯阐明了黑格尔唯心主义辩证法的合理内核及其哲学的真实意义。虽然这一命题看起来是在哲学上替专制制度、反动国家进行辩护，但由于"现实性在其展开过程中表明为必然性"③，因而决不是一切现存的都无条件地也是现实的、合理的，只有那些具有必然性的才具有现实性；当时的普鲁士国家只在它是必然的限度内才是合乎理性的。现实性决不是某种社会状态或政治状态在一切环境和一切时代所具有的属性。在发展过程中，以前一切现实的事物都会因丧失其必然性而变成不现实的、不合理的东西而逐渐衰亡；一种新的、富有生命力的现实的东西就会起来代替正在衰亡的现实的东西。恩格斯指出，按照黑格尔思维方法的一切规则，这个命题就会转变为另一个命题："凡是现存的，都一定要灭亡"④，由此揭示了黑格尔哲学的真实

---

① 《马克思恩格斯文集》第 4 卷，人民出版社 2009 年版，第 267 页。
② 《马克思恩格斯文集》第 4 卷，人民出版社 2009 年版，第 268 页。
③ 《马克思恩格斯文集》第 4 卷，人民出版社 2009 年版，第 268 页。
④ 《马克思恩格斯文集》第 4 卷，人民出版社 2009 年版，第 269 页。

意义和革命性质：不承认任何最终的、绝对的、神圣的东西，指出了所有一切事物的暂时性；彻底否定了关于人的思维和行动的一切结果具有最终性质的看法，揭示了人的认识和人类社会都是不断从低级上升到高级的过程，不存在最终的绝对真理和与之相应的绝对的人类状态。

另一方面，恩格斯揭示了黑格尔哲学的辩证法和唯心主义体系之间的矛盾。他指出，黑格尔并没有明确地按照自己的方法得出革命的结论；黑格尔把自己的哲学宣布为绝对真理，把君主立宪的普鲁士王国当作历史发展的顶峰，于是黑格尔哲学中"革命的方面就被过分茂密的保守的方面所窒息"①。黑格尔哲学的内在矛盾，根源于它的唯心主义体系和德国资产阶级的两面性，以及要求克服一切矛盾的哲学体系传统的束缚。但是，"黑格尔的体系包括了以前任何体系所不可比拟的广大领域"②，阐发了令人惊奇的丰富思想，在各个领域都起到了划时代的作用。一是他在自己的哲学体系中以最宏伟的方式概括了以往哲学的全部发展；二是他的辩证方法不自觉地给哲学的发展指出了一条达到真正地切实地认识世界的道路，即哲学家们不能再去追求无所不包的绝对真理体系，而应当根据社会发展的现有条件去认识世界。总之，黑格尔哲学的内在矛盾决定了它的解体和被新哲学代替的必然性。

第三，从黑格尔哲学方法和体系的矛盾出发论证了黑格尔学派解体的必然性，分析了费尔巴哈的唯物主义及其在马克思主义哲学形成中的作用。

黑格尔哲学方法和体系的矛盾，为容纳各种极不相同的实践的党派观点留下了广阔场域。由于社会矛盾和政治斗争的尖锐化，黑格尔

---

① 《马克思恩格斯文集》第4卷，人民出版社2009年版，第271页。
② 《马克思恩格斯文集》第4卷，人民出版社2009年版，第272页。

学派分裂为注重体系的老年黑格尔派和注重方法的青年黑格尔派。政治斗争，特别是对现存宗教进行斗争的实践需要，又把大批最坚决的青年黑格尔分子推回英国和法国的唯物主义。费尔巴哈的《基督教的本质》一书在1841年的出版，使唯物主义重新登上王座，起到了重要的思想解放作用。不过，费尔巴哈没有正确地对待黑格尔哲学，他虽然打破了黑格尔的体系，但只是简单地把它当作错误的东西加以抛弃，而没有从它的本来意义上"扬弃"它，即没有批判地消灭它的形式、救出通过这个形式获得的新内容。也就是说，要批判它的唯心主义体系，改造和发展它的辩证法思想，马克思主义哲学是唯一真正完成这项工作的新哲学。

在哲学基本问题的基础上，恩格斯全面评述了费尔巴哈哲学，分析了旧唯物主义的局限性。他认为，坚持物质第一性、意识第二性是费尔巴哈哲学的基本内核。费尔巴哈从唯物主义的立场出发，深刻揭露了黑格尔哲学的唯心主义实质——黑格尔把"绝对观念"看作先于世界而存在的，这不过是对世界之外的造物主的信仰的哲学体现，是变相的哲学化的宗教理论。在此基础上，费尔巴哈在哲学基本问题上确认了"物质不是精神的产物，而精神本身只是物质的最高产物"①的唯物主义，试图把哲学的立足点从抽象的观念转向感性存在的人。但是，费尔巴哈到这里就突然止步不前了。费尔巴哈把唯物主义和唯物主义的特殊形式混为一谈，他虽然坚持了唯物主义的基本路线，但并未真正超出18世纪的唯物主义。从17世纪以来到费尔巴哈的唯物主义，是在近代自然科学的基础上产生的，它的局限性主要体现在以下两点。一是机械性，用机械力学的观点解释自然界和人类历史领域的一切现象，把世界的统一性归于力学；二是形而上学的思维方法，即

---

① 《马克思恩格斯文集》第4卷，人民出版社2009年版，第281页。

"反辩证法的哲学思维方法"①，不能把世界理解为一种过程，理解为一种处在不断的历史发展中的物质。费尔巴哈没能克服这两个缺陷，也没有能够使社会科学建立在唯物主义的基础上，即他在社会历史领域中仍然是唯心主义的。由此，恩格斯概括了唯物主义的发展道路："随着自然科学领域中每一个划时代的发现，唯物主义也必然要改变自己的形式。"② 而在马克思对历史也作出唯物主义的解释后，一条全新的发展道路已在这里开辟出来了。也就是说，马克思恩格斯在批判继承费尔巴哈唯物主义哲学的基础上，克服了费尔巴哈和一切旧唯物主义的局限性，不仅在自然观上而且在历史观上彻底坚持唯物主义，创立了马克思主义哲学，实现了哲学史上的革命性变革。

（二）哲学基本问题

哲学基本问题的提出和论述，是恩格斯对人类认识史特别是两千多年来的哲学发展史所作的科学总结和精练概括，为科学把握哲学发展史，正确认识唯物主义和唯心主义、可知论和不可知论的本质区别，提供了根本原则。

第一，明确概括了哲学基本问题，指出"全部哲学，特别是近代哲学的重大的基本问题，是思维和存在的关系问题"③。这个问题包含两个方面的内容：一方面是思维和存在、精神和物质孰为本原，即何者为第一性的问题；另一方面是思维和存在的同一性问题，即世界是否可知的问题。

通过总结以往的全部哲学史，恩格斯明确了哲学基本问题，特别是世界本原问题提出的意义。他说："思维对存在、精神对自然界的关系问题，全部哲学的最高问题，像一切宗教一样，其根源在于蒙昧时

---

① 《马克思恩格斯文集》第4卷，人民出版社2009年版，第282页。
② 《马克思恩格斯文集》第4卷，人民出版社2009年版，第281页。
③ 《马克思恩格斯文集》第4卷，人民出版社2009年版，第277页。

代的愚昧无知的观念。但是，这个问题，只是在欧洲人从基督教中世纪的长期冬眠中觉醒以后，才被十分清楚地提了出来，才获得了它的完全的意义。思维对存在的地位问题，这个在中世纪的经院哲学中也起过巨大作用的问题：什么是本原的，是精神，还是自然界？……哲学家依照他们如何回答这个问题而分成了两大阵营。凡是断定精神对自然界说来是本原的，从而归根到底承认某种创世说的人（而创世说在哲学家那里，例如在黑格尔那里，往往比在基督教那里还要繁杂和荒唐得多），组成唯心主义阵营。凡是认为自然界是本原的，则属于唯物主义的各种学派。"① 在这里，恩格斯历史地叙述了哲学本原问题的提出及其意义：蒙昧时代，哲学的本原问题起源于人们对"身体的灵魂"和外部世界关系的思考，这是哲学基本问题古老的表现形式；到了中世纪，虽然思维和存在的关系问题被湮没在了宗教之中，不可能被明确地提出来，但人们还是以曲折迂回的方式提出了思维与存在的地位问题，这也就是经院哲学内部以争论一般与个别关系的形式展开的唯名论和唯实论的斗争；到了近代，思维和存在、精神和自然界何者为本原的问题被明确地提了出来，直到此时，世界本原问题才获得了它的完全的意义即对宗教的批判，由此开始获得了它的唯物主义的形式。因此，哲学基本问题在人类哲学思想史上一直存在着，且是一个核心问题，这是恩格斯系统总结古代和近代哲学史得出的结论。需要注意的是，黑格尔在《哲学史讲演录》中曾经有过"近代哲学的基本问题"的提法，海涅也曾在《论德国宗教和哲学的历史》中论及过，但二者都没有系统阐述过，尤其是没有站在唯物主义的立场上来阐述哲学基本问题的基本内容和深刻内涵，直到恩格斯着重提出并深刻论述之后，哲学基本问题才开始真正引起了人们的高度关注，显示出巨

① 《马克思恩格斯文集》第 4 卷，人民出版社 2009 年版，第 278 页。

大的哲学意义。

第二，不仅强调了思维和存在、精神和物质的关系问题是哲学基本问题，并且在此基础上系统阐述了哲学基本问题的两方面内容：思维和存在何者为第一性的问题，以及思维和存在的同一性问题。

哲学基本问题的第一个方面，即思维和存在、精神和物质何者为第一性的问题，是任何哲学家都无法回避的问题，它决定了哲学的不同路线和方向。哲学家们依据对这个问题的不同回答，形成了唯心主义和唯物主义两大阵营。凡是认为精神是本原的，属于唯心主义；凡是认为物质是本原的，属于唯物主义。恩格斯特别指出，唯心主义和唯物主义这两个术语，只是在对哲学基本问题的第一个方面的不同回答的意义上使用，离开这个基本点，"给它们加上别的意义"① 或随便扩展它们的含义，都必然会造成理论上的混乱。恩格斯批判了施达克的错误观点，即把"相信人类的进步""对理想目的的追求"叫作唯心主义，对唯物主义则庸人式地理解为贪吃、酗酒、肉欲等物质欲望的放纵，认为这既不符合哲学史实，又抹杀了哲学两大派别对立的真实意义。

哲学基本问题的第二个方面，即思维和存在的同一性问题，是关于世界是否可知的问题。恩格斯指出："思维和存在的关系问题还有另一个方面：我们关于我们周围世界的思想对这个世界本身的关系是怎样的？我们的思维能不能认识现实世界？我们能不能在我们关于现实世界的表象和概念中正确地反映现实？用哲学的语言来说，这个问题叫做思维和存在的同一性问题。"② 这个问题揭示了划分可知论和不可知论的原则和标准。凡是肯定思维和存在具有同一性的，就是可知论；相反，就是不可知论。在哲学史上，绝大多数哲学家都作了肯定的回

① 《马克思恩格斯文集》第 4 卷，人民出版社 2009 年版，第 278 页。
② 《马克思恩格斯文集》第 4 卷，人民出版社 2009 年版，第 278 页。

答，唯物主义的可知论者主张思维和存在同一于自然界，而唯心主义的可知论者主张思维和存在同一于思维；也有一些哲学家则否认认识世界的可能性，或者至少是否认彻底认识世界的可能性，是不可知论者。以休谟和康德为代表的这一类哲学家虽然否定思维和存在具有同一性，但"他们在哲学的发展上是起过很重要的作用的"①，因为他们以怀疑论的方式提出了人的认识能力的证明问题，从而也就提出了实践作为认识论概念所要解决的人的认识结果的问题，即人的思维的正确性能否得到证明的问题。

第三，把实践观引入哲学基本问题，揭示了哲学发展的真正动力。他指出，不可知论以及其他一切哲学上的怪论在理论上和实践上已被驳倒，"最令人信服的驳斥是实践，即实验和工业"②。恩格斯以茜素的制造和哥白尼假说的证明为例，说明了实践对于解决思维和存在的同一性问题的意义。其一，实践在制造某一自然的过程中创造了人的认识能力，建立了人的认识同现实世界的联系。实践，作为实验和工业的活动，是人按照自然过程的条件把某一自然制造出来并使其为自己的目的服务的过程，这一过程本身就是人的认识，在这一认识中，既包含了人的认识目的，也包含了人认识现实世界的能动性和现实性，从而证明人具有认识现实世界的能力，即人是能够认识现实世界的。其二，实践的结果可以证明人的认识的正确性。因为在实践中，人根据自己的目的改造外部世界，把外部世界从"自在之物"转化为"为我之物"，人就从这"为我之物"中确证了自己思维的正确性。恩格斯对此强调指出，"在从笛卡尔到黑格尔和从霍布斯到费尔巴哈这一长时期内，推动哲学家前进的，决不像他们所想象的那样，只是纯粹思想的力量。恰恰相反，真正推动他们前进的，主要是自然科学和工业的

---

① 《马克思恩格斯文集》第4卷，人民出版社2009年版，第279页。
② 《马克思恩格斯文集》第4卷，人民出版社2009年版，第279页。

强大而日益迅猛的进步"①。也就是说，推动哲学思想发展的真正力量
是人类实践。

由此，恩格斯不仅历史地叙述了哲学基本问题的发展，揭示了哲
学基本问题的基本内涵，而且明确了其所具有的本体论和认识论的意
义，同时也包含着实践论和价值论的内涵，为理解他和马克思共同创
立的马克思主义哲学，特别是新唯物主义的性质和内容提供了一个重
要线索。

（三）对费尔巴哈历史唯心主义的批判

恩格斯曾经捍卫费尔巴哈的唯物主义立场，批评施达克对费尔巴
哈唯物主义的曲解，但是，恩格斯也集中批判了费尔巴哈的历史唯心
主义，认为费尔巴哈并没有把他的唯物主义贯彻到历史观中去。相反，
只要"我们一接触到费尔巴哈的宗教哲学和伦理学，他的真正的唯心
主义就显露出来了"②。

首先，批判了费尔巴哈的宗教哲学及其唯心主义实质。一方面，费
尔巴哈把"心"即"人与人之间的感情的关系、心灵的关系"③ 看作
宗教的本质，在反对有神的宗教的同时主张建立以两性之爱为核心的
新宗教。恩格斯指出，费尔巴哈的唯心主义就在于，它不能按照本来
面貌看待人们之间的感情关系，以为这些关系只有用宗教名义来神圣
化才会获得完整的意义。费尔巴哈想以一种本质上是唯物主义的自然
观为基础建立真正的宗教是错误可笑的。虽然费尔巴哈揭露了基督教
的神只是人的虚幻的反映、映像，但这个"人"不是现实的人，对抽
象的人的崇拜是费尔巴哈的新宗教的核心。另一方面，费尔巴哈把宗
教的变迁看作划分人类历史各个时期的决定性因素。恩格斯认为，不

---

① 《马克思恩格斯文集》第4卷，人民出版社2009年版，第280页。
② 《马克思恩格斯文集》第4卷，人民出版社2009年版，第287页。
③ 《马克思恩格斯文集》第4卷，人民出版社2009年版，第287页。

能用宗教来解释历史，而必须用历史来解释宗教。只有在人工造成的世界宗教那里才能看到某些时期的历史运动带有宗教的色彩，这种色彩是由该时期的特殊历史条件如阶级状况决定的。如果按照费尔巴哈的宗教哲学来看待历史，会无法理解历史上重大的阶级斗争的作用，从而不可避免地陷入历史唯心主义。

其次，指出了费尔巴哈的伦理学与黑格尔相比表现出惊人的贫乏。费尔巴哈虽然把人作为出发点，但根本没讲到这个人生活的现实世界，所以这个人始终是抽象的人；就是说，费尔巴哈的伦理学在形式上是现实的，但在内容上却是抽象的。但是，黑格尔的伦理学"形式是唯心主义的，内容是实在论的"①，即他虽然以抽象的"绝对观念"为基础，却研究了一系列法、经济、政治等方面的现实问题。在善恶对立的研究上，费尔巴哈与黑格尔相比也是肤浅的，黑格尔研究了善恶范畴的辩证性质，强调了道德上的"恶"所起的历史作用，即"恶是历史发展的动力的表现形式"②。与之相比，费尔巴哈"就没有想到要研究道德上的恶所起的历史作用"③。此外，恩格斯重点分析批判了费尔巴哈"对己以合理的自我节制，对人以爱"④ 的道德基本准则。这一准则企图为一切时代、一切民族、一切情况而设计，因而是抽象的、软弱无力的，它在任何时候和任何地方都是不适用的。恩格斯从唯物史观出发，强调了道德总是历史的、具体的；在阶级社会里，每一个阶级，甚至每一个行业，都各有各的道德；费尔巴哈在一个分裂为利益直接对立的阶级的社会里鼓吹抽象的爱，就使他的道德是完全适合现代资本主义社会的，而他的哲学中最后一点革命性也消失了。

---

① 《马克思恩格斯文集》第 4 卷，人民出版社 2009 年版，第 290 页。
② 《马克思恩格斯文集》第 4 卷，人民出版社 2009 年版，第 291 页。
③ 《马克思恩格斯文集》第 4 卷，人民出版社 2009 年版，第 291 页。
④ 《马克思恩格斯文集》第 4 卷，人民出版社 2009 年版，第 292 页。

最后，分析了费尔巴哈在社会历史领域停留于唯心主义的根源，费尔巴哈虽然紧紧抓住自然界和人，但由于他所抓住的不是现实的自然界，也不是现实的亦即"在历史中行动的人"，因而在社会历史观上陷入了唯心主义。也就是说，费尔巴哈强调自己的哲学是一种感性的哲学，但仅仅把感性理解为"感性对象"而不是"感性活动"；费尔巴哈强调自己的出发点是自然界和人，但仅仅把二者之间的关系归结为"自然基础上的人"，看不到联系二者的是社会历史实践。费尔巴哈同现实世界的分离，加之当时德国的社会状况，是他不能找到从抽象王国通向活生生的现实世界的道路的根源。

马克思恩格斯彻底批判了费尔巴哈历史观的根本错误，从物质生产和社会实践出发，把人作为"在历史中行动的人"去考察，从抽象的人转向现实的人、活生生的人，真正找到了从抽象王国通向现实世界的道路，创立了"关于现实的人及其历史发展的科学"①，即历史唯物主义。

（四）马克思主义哲学的创立及其重要观点

在全面剖析黑格尔和费尔巴哈哲学的基础上，恩格斯系统阐述了马克思主义哲学在黑格尔学派解体过程中所实现的革命性变革，以及唯物主义新形式产生的自然科学基础和社会历史背景，概述了马克思主义哲学的一系列重要内容尤其是历史唯物主义基本原理。

第一，阐明了马克思主义哲学在哲学发展史上所作的革命性变革及其意义。马克思主义哲学是对黑格尔哲学和费尔巴哈哲学的扬弃。恩格斯指出，在黑格尔哲学解体的过程中，青年黑格尔派思想家如施特劳斯、鲍威尔、施蒂纳、费尔巴哈等虽然都有过努力，但他们都没有能够真正突破黑格尔哲学；费尔巴哈虽然是一个杰出的哲学家，但

---

① 《马克思恩格斯文集》第4卷，人民出版社2009年版，第295页。

他仍然没有逾越旧哲学的屏障，虽然树立了唯物主义的权威，但是并没有批判地克服而只是简单地抛弃了黑格尔，没有摆脱旧唯物主义的缺陷，尤其是在历史观上依然是唯心主义，因此作为一个哲学家，"他也停留在半路上，他下半截是唯物主义者，上半截是唯心主义者"①。与之不同，在黑格尔学派解体过程中产生的"唯一的真正结出果实的派别"② 是马克思主义哲学。马克思主义哲学在哲学发展史上所作的革命性变革及其意义主要有以下几点。一是在同黑格尔分离而返回到唯物主义观点时，第一次对唯物主义世界观采取了真正严肃的态度，并将唯心主义最终从社会历史中清除出去，创立了历史唯物主义；二是批判地改造了黑格尔哲学的革命方面即辩证方法，并使之建立在唯物主义基础之上，由此"辩证法就归结为关于外部世界和人类思维的运动的一般规律的科学"③；三是实现了整个近代哲学的对象和任务的根本性转变。在以黑格尔为代表的近代哲学那里，哲学是"似乎凌驾于一切专门科学之上并把它们包罗在内的科学的科学"④，自然哲学、历史哲学等，都是以哲学家头脑中臆造的联系来代替现实的联系。而马克思主义哲学则把自己的任务确定为：在具体科学提供材料的基础上，去发现客观世界本身的内在联系、发现支配着自然界以及人类社会历史的一般运动规律。

第二，说明了马克思主义哲学产生的自然科学基础。恩格斯指出，马克思主义哲学所作出的革命性变革，不仅汲取了德国古典哲学的积极成果，同时也与自然科学的巨大进步联系在一起。在19世纪，自然科学研究从搜集材料的阶段进入整理材料的阶段，自然科学从"关于

---

① 《马克思恩格斯文集》第4卷，人民出版社2009年版，第296页。
② 《马克思恩格斯文集》第4卷，人民出版社2009年版，第296页。
③ 《马克思恩格斯文集》第4卷，人民出版社2009年版，第298页。
④ 《马克思恩格斯文集》第4卷，人民出版社2009年版，第296页。

既成事实的科学"逐渐成为"关于过程、关于事物的发生和发展以及关于联系"的科学。"三大发现"使人们对自然过程的相互联系的认识大踏步地前进。人们能够理解和阐明自然界各个领域中的过程之间的联系，从而也就不再需要自然哲学通过观念的、幻想的联系来解释自然界，自然哲学的使命得以终结并最终被排除，取而代之的是科学的、辩证唯物主义的自然观。

第三，概述了马克思主义哲学特别是历史唯物主义的一系列重要观点。马克思主义哲学的产生，同时有着特定的社会历史背景。资本主义时代的到来，其发展使阶级关系简化，显露了资产阶级和无产阶级起源和发展的经济原因以及阶级斗争的根源。这就使以唯物主义历史观为核心的新历史形式的唯物主义即唯物史观得以产生。历史唯物主义是马克思主义哲学最伟大的贡献之一，为此，恩格斯对历史唯物主义的一系列重要观点作了阐发。概言之：

一是"世界不是既成事物的集合体，而是过程的集合体"①，一切事物包括人们的思想、概念处在生成和灭亡的不断变化中。事物的发展不都是一帆风顺的，有的时候会出现暂时的倒退，但总趋势是前进的、上升的，即前进的发展终究会实现。人们所获得的一切知识必然具有相对性，真理也是不断发展的。

二是"历史进程是受内在的一般规律支配的"②，人类历史发展具有客观规律性。但是社会发展史有不同于自然发展史的特点。马克思主义历史观的任务，归根到底就是要发现那些在人类社会的历史上作为支配规律起作用的一般运动规律。虽然在社会历史领域进行活动的，是具有自觉目的的人，然而这些无数单个愿望和单个行动相互冲突，行动的结果往往与目的相背离。这样，在历史领域就造成了一种同没

---

① 《马克思恩格斯文集》第 4 卷，人民出版社 2009 年版，第 298 页。
② 《马克思恩格斯文集》第 4 卷，人民出版社 2009 年版，第 302 页。

有意识的自然界中占统治地位的状况完全相似的状况，即存在着客观的内在规律，"在表面上是偶然性在起作用的地方，这种偶然性始终是受内部的隐蔽着的规律支配的，而问题只是在于发现这些规律"①。要深入探索这些历史发展规律，就不能停留于人们表面的动机，而要深入到动机背后的历史发展的真正动力。关注使广大群众、整个民族、整个阶级行动起来的动机，以及那些持久的、引起重大历史变迁的行动，是探索历史规律的唯一途径。

三是"一切政治斗争都是阶级斗争，而一切争取解放的阶级斗争"②，归根到底都是围绕着经济解放进行的。阶级斗争是阶级社会发展的直接动力。在阶级社会中，人们的愿望和动机，归根到底是由其所处的阶级地位决定的。通过对前资本主义社会和资本主义社会阶级斗争历史实践的梳理分析，恩格斯明确指出，资本主义时代"阶级的斗争和它们的利益冲突是现代历史的动力"③。生产方式是社会发展的决定力量。阶级的起源和发展，表面上可以归结为政治原因或暴力掠夺，但实际上是由于纯粹经济的原因，资产阶级和无产阶级是"由于经济关系发生变化，确切些说，是由于生产方式发生变化而产生的"④。在历史发展过程中，新的生产力推动了交换条件和交换需要的发展，二者的发展同旧的社会制度、社会秩序不相容，发生了冲突，于是，代表新生产力的阶级就会起来反抗旧的社会制度、社会秩序。资产阶级反对封建制度就是这样发生的；无产阶级反对资产阶级的斗争也是这样发生的。大工业同代替封建生产秩序的资产阶级生产秩序相冲突，意味着生产力的发展已经同资本主义的生产关系及建立

---

① 《马克思恩格斯文集》第4卷，人民出版社2009年版，第302页。
② 《马克思恩格斯文集》第4卷，人民出版社2009年版，第306页。
③ 《马克思恩格斯文集》第4卷，人民出版社2009年版，第305页。
④ 《马克思恩格斯文集》第4卷，人民出版社2009年版，第305页。

在其上的上层建筑发生了尖锐的矛盾，于是"这个矛盾必然要求通过改变生产方式来使生产力摆脱桎梏"①。这表明，由生产力和生产关系的矛盾运动所构成的生产方式是社会发展的决定力量，生产力和生产关系之间是一种辩证的关系，生产力决定生产关系，生产关系的状况必须适合生产力的发展，同时，生产关系也对生产力具有巨大的反作用。

四是"国家、政治制度是从属的东西，而市民社会、经济关系的领域是决定性的因素"②，经济基础决定上层建筑。国家"归根到底，是由生产力和交换关系的发展决定的"③，它以集中的方式反映了支配着生产的阶级的经济需要；公法和私法同样是由经济关系决定的。同时，国家作为第一个支配人的意识形态力量一经产生就成为对社会来说的独立力量。与政治、法律相比，哲学、宗教等更远离物质经济基础的意识形态，虽然它们"同自己的物质存在条件的联系，越来越错综复杂，越来越被一些中间环节弄模糊了"④，表面上看好像与社会的物质生活不相干，但实际上仍然是物质生活的反映，它们的发展变化"归根到底是由人们的物质生活条件决定的"⑤。同时，宗教一旦形成，总要包含着某些传统的材料，因为在一切意识形态领域内传统都是一种巨大的保守力量。"一切已死的先辈们的传统，像梦魔一样纠缠着活人的头脑。"⑥ 但是，这些材料所发生的变化，是由造成这种变化的人们的阶级关系即经济关系引起的。就是说，国家政权、法律制度、意识形态等在其产生之后，也都具有自身独立的历史发展和特点，但

---

① 《马克思恩格斯文集》第 4 卷，人民出版社 2009 年版，第 306 页。
② 《马克思恩格斯文集》第 4 卷，人民出版社 2009 年版，第 306 页。
③ 《马克思恩格斯文集》第 4 卷，人民出版社 2009 年版，第 306 页。
④ 《马克思恩格斯文集》第 4 卷，人民出版社 2009 年版，第 308 页。
⑤ 《马克思恩格斯文集》第 4 卷，人民出版社 2009 年版，第 309 页。
⑥ 《马克思恩格斯文集》第 2 卷，人民出版社 2009 年版，第 471 页。

这种独立性只是相对的独立性，不加限制地夸大这种相对独立性，割断它们同经济基础的联系，是历史唯心主义产生的认识论根源。

马克思主义的历史观和自然观，使一切虚构联系的历史哲学和自然哲学都成为不必要的和不可能的。唯物主义，彻底地贯彻到了自然和历史的所有领域，成为彻底的一元论的唯物主义世界观，"无论在哪一个领域，都不再是从头脑中想出联系，而是从事实中发现联系了"①。

第四，指出了德国的工人运动是德国古典哲学的真正继承者。在结束语中，恩格斯进一步论述了哲学与阶级斗争的关系，德国古典哲学终结的历史必然性，以及工人阶级的革命运动同马克思主义哲学、进而同德国古典哲学的密切联系。

恩格斯分析了1848年以后德国官方理论界的堕落。1848年革命之后，资本主义在德国获得了胜利，德国资产阶级成为统治阶级，他们的兴趣转向经济统治和经济剥削，已经不再需要作为德国政治变革先导的德国古典哲学，理论兴趣被追逐经济利益所替代；这个阶级的学者也从革命的思想家"变成毫无掩饰的资产阶级的和现存国家的意识形态家"②，成为资产阶级和现存国家同工人阶级对抗的工具；德国古典哲学所具有的那种革命精神和生命力已经"完全消失了"，不复存在，它在已经获得胜利的德国资产阶级那里终结了。与之相反，工人阶级的理论兴趣不仅没有丧失，反而获得了新的动力和生机。为了反抗资产阶级压迫和封建专制政权的统治，为了获得包括自身在内的所有被压迫阶级在经济上、政治上的解放，实现自身的历史使命，他们急切需要公正的、革命的科学理论来指导自己的阶级斗争实践。"科学

---

① 《马克思恩格斯文集》第4卷，人民出版社2009年版，第312页。
② 《马克思恩格斯文集》第4卷，人民出版社2009年版，第313页。

越是毫无顾忌和大公无私，它就越符合工人的利益和愿望。"① 这种革命的和公正的科学理论，只有在批判继承优秀文化遗产的基础上才能创造出来。马克思主义这一"在劳动发展史中找到了理解全部社会史的锁匙的新派别"②，成为工人阶级的理论代表，揭示了社会发展的客观规律，论证了无产阶级的伟大历史使命，为无产阶级和人类的彻底解放指明了前进的方向。

恩格斯的"德国的工人运动是德国古典哲学的继承者"③ 这一论断，揭示了马克思主义哲学同工人运动实践的内在统一，阐明了德国工人运动以马克思主义哲学为中介同德国古典哲学间的关联。德国古典哲学的终结和马克思主义哲学的创立，不仅是哲学史上的伟大革命，而且开辟了德国历史的新的发展阶段，意味着以德国资产阶级为代表的社会和文化变革的时代已经终结，德国工人阶级成为推动社会和文化变革的新的主体力量。德国工人阶级为了实现自身的解放，需要科学理论的指导，需要自己行动的指南即马克思主义哲学；马克思主义哲学必须同德国工人运动相结合，才能实现"改变世界"的历史使命。用马克思主义哲学武装起来的德国工人运动，也就成了自己的革命实践中的实现马克思主义哲学使命的承担者，从而成为德国古典哲学的继承者。

《费尔巴哈论》在马克思主义哲学史上的地位十分重要，正如列宁所强调的："在恩格斯的著作《路德维希·费尔巴哈》和《反杜林论》里最明确最详尽地阐述了他们的观点，这两部著作同《共产党宣言》一样，都是每个觉悟工人必读的书籍。"④ 在马克思主义哲学

---

① 《马克思恩格斯文集》第4卷，人民出版社2009年版，第313页。
② 《马克思恩格斯文集》第4卷，人民出版社2009年版，第313页。
③ 《马克思恩格斯文集》第4卷，人民出版社2009年版，第313页。
④ 《列宁选集》第2卷，人民出版社2012年版，第310页。

创立 40 年后回顾和总结其同德国古典哲学的关系，不仅具有特殊的历史意义，更具有深刻的理论意义。在书中，恩格斯第一次明确概括了哲学基本问题，确立了划分哲学派别的基本立场和方法；根据《反杜林论》里他关于"以往的全部哲学"被"扬弃"了的看法，[①]可以认为是针对以往的全部哲学，特别是近代哲学的，这也为观察和理解以往的哲学史提供了一个重要视角；尽管这一视角后来被夸大为唯一的并把哲学史简单化为唯物主义与唯心主义的斗争史，把马克思主义哲学单纯理解为近代哲学的一种新形式，但这不是恩格斯的本意；相反，恩格斯准确地揭示了近代哲学的问题域，阐明了近代哲学的根本缺陷之所在，特别是形而上学的非历史性问题。在书中，恩格斯系统阐述了马克思主义哲学特别是唯物史观的重要观点及其方法，特别是关于人的自觉活动和客观历史规律的辩证关系的理论阐述，发展了马克思关于作为历史主体的现实的人的能动性和受动性相统一的思想，为澄清唯物史观的基本前提和出发点作出了贡献，也为世界无产阶级革命提供了科学的思想武器。恩格斯在对马克思主义哲学的创立所实现的革命性变革及意义的阐发中，深刻分析了马克思主义哲学同德国古典哲学的内在联系和本质区别，揭示了德国古典哲学，乃至整个近代哲学由于其内在矛盾和时代变迁而发生根本转向的必然性，有助于深入学习和科学理解马克思主义哲学及其当代意义。

三 文献指南

1. 《马克思恩格斯文集》第 4 卷，人民出版社 2009 年版。

---

① 《马克思恩格斯文集》第 9 卷，人民出版社 2009 年版，第 28、146 页。

2. 陈锡喜、李国泉:《〈路德维希·费尔巴哈和德国古典哲学的终结〉精学导读》,科学出版社 2021 年版。

3. 古斯达夫·梅尔:《恩格斯传》,郭大力译,中央编译出版社 2022 年版。

4. 田毅松:《恩格斯〈路德维希·费尔巴哈和德国古典哲学的终结〉研究读本》,中央编译出版社 2016 年版。

5. 吴猛:《历史的肉身:〈路德维希·费尔巴哈和德国古典哲学的终结〉当代解读》,复旦大学出版社 2018 年版。

6. 吴晓明:《形而上学的没落》,北京师范大学出版社 2017 年版。

原文摘选

路德维希·费尔巴哈和德国古典哲学的终结

1888 年单行本序言

马克思在《政治经济学批判》（1859 年柏林版）的序言中说，1845 年我们两人在布鲁塞尔着手"共同阐明我们的见解"——主要由马克思制定的唯物主义历史观——"与德国哲学的意识形态的见解的对立，实际上是把我们从前的哲学信仰清算一下。这个心愿是以批判黑格尔以后的哲学的形式来实现的。两厚册八开本的原稿早已送到威斯特伐利亚的出版所，后来我们才接到通知说，由于情况改变，不能付印。既然我们已经达到了我们的主要目的——自己弄清问题，我们就情愿让原稿留给老鼠的牙齿去批判了"①。

············

一

……正像在 18 世纪的法国一样，在 19 世纪的德国，哲学革命也作了政治变革的前导。但是这两个哲学革命看起来是多么不同啊！法国人同整个官方科学，同教会，常常也同国家进行公开的斗争；他们

---

① 见马克思《〈政治经济学批判〉序言》（《马克思恩格斯文集》第 2 卷第 593 页）。

的著作在国外，在荷兰或英国印刷，而他们本人则随时都可能进巴士底狱。相反，德国人是一些教授，一些由国家任命的青年的导师，他们的著作是公认的教科书，而全部发展的最终体系，即黑格尔的体系，甚至在某种程度上已经被推崇为普鲁士王国的国家哲学！在这些教授后面，在他们的迂腐晦涩的言词后面，在他们的笨拙枯燥的语句里面竟能隐藏着革命吗？那时被认为是革命代表人物的自由派，不正是最激烈地反对这种使人头脑混乱的哲学吗？但是，不论政府或自由派都没有看到的东西，至少有一个人在 1833 年已经看到了，这个人就是亨利希·海涅。

举个例子来说吧。不论哪一个哲学命题都没有像黑格尔的一个著名命题那样引起近视的政府的感激和同样近视的自由派的愤怒，这个命题就是：

> 凡是现实的都是合乎理性的，凡是合乎理性的都是现实的。①

这显然是把现存的一切神圣化，是在哲学上替专制制度、警察国家、专断司法、书报检查制度祝福。弗里德里希－威廉三世是这样认为的，他的臣民也是这样认为的。但是，在黑格尔看来，决不是一切现存的都无条件地也是现实的。在他看来，现实性这种属性仅仅属于那同时是必然的东西；

> 现实性在其展开过程中表明为必然性；

…………

但是这里确实必须指出一点：黑格尔并没有这样清楚地作出如上的阐述。这是他的方法必然要得出的结论，但是他本人从来没有这样

---

① 恩格斯在这里套用了黑格尔《法哲学原理》序言中的话。

明确地作出这个结论。原因很简单，因为他不得不去建立一个体系，而按照传统的要求，哲学体系是一定要以某种绝对真理来完成的。所以，黑格尔，特别是在《逻辑学》中，尽管如此强调这种永恒真理不过是逻辑的或历史的过程本身，他还是觉得自己不得不给这个过程一个终点，因为他总得在某个地方结束他的体系。在《逻辑学》中，他可以再把这个终点作为起点，因为在这里，终点即绝对观念——它所以是绝对的，只是因为他关于这个观念绝对说不出什么来——"外化"也就是转化为自然界，然后在精神中，即在思维中和在历史中，再返回到自身。但是，要在全部哲学的终点上这样返回到起点，只有一条路可走。这就是把历史的终点设想成人类达到对这个绝对观念的认识，并宣布对绝对观念的这种认识已经在黑格尔的哲学中达到了。但是这样一来，黑格尔体系的全部教条内容就被宣布为绝对真理，这同他那消除一切教条东西的辩证方法是矛盾的；这样一来，革命的方面就被过分茂密的保守的方面所窒息。在哲学的认识上是这样，在历史的实践上也是这样。人类既然通过黑格尔这个人想出了绝对观念，那么在实践上也一定达到了能够在现实中实现这个绝对观念的地步。因此，绝对观念对同时代人的实践的政治的要求不可提得太高。因此，我们在《法哲学》的结尾发现，绝对观念应当在弗里德里希－威廉三世向他的臣民再三许诺而又不予兑现的那种等级君主制中得到实现，就是说，应当在有产阶级那种适应于当时德国小资产阶级关系的、有限的和温和的间接统治中得到实现；在这里还用思辨的方法向我们论证了贵族的必要性。

…………

二

全部哲学，特别是近代哲学的重大的基本问题，是思维和存在的关系问题。在远古时代，人们还完全不知道自己身体的构造，并且受梦中景象的影响①，于是就产生一种观念：他们的思维和感觉不是他们身体的活动，而是一种独特的、寓于这个身体之中而在人死亡时就离开身体的灵魂的活动。从这个时候起，人们不得不思考这种灵魂对外部世界的关系。如果灵魂在人死时离开肉体而继续活着，那就没有理由去设想它本身还会死亡；这样就产生了灵魂不死的观念，这种观念在那个发展阶段出现决不是一种安慰，而是一种不可抗拒的命运，并且往往是一种真正的不幸，例如在希腊人那里就是这样。关于个人不死的无聊臆想之所以普遍产生，不是因为宗教上的安慰的需要，而是因为人们在普遍愚昧的情况下不知道对已经被认为存在的灵魂在肉体死后该怎么办。由于十分相似的原因，通过自然力的人格化，产生了最初的神。随着各种宗教的进一步发展，这些神越来越具有了超世界的形象，直到最后，通过智力发展中自然发生的抽象化过程——几乎可以说是蒸馏过程，在人们的头脑中，从或多或少有限的和互相限制的许多神中产生了一神教的唯一的神的观念。

因此，思维对存在、精神对自然界的关系问题，全部哲学的最高问题，像一切宗教一样，其根源在于蒙昧时代的愚昧无知的观念。但是，这个问题，只是在欧洲人从基督教中世纪的长期冬眠中觉醒以后，才被十分清楚地提了出来，才获得了它的完全的意义。思维对存在的地位问题，这个在中世纪的经院哲学中也起过巨大作用的问题：什么是本原的，是精神，还是自然界？——这个问题以尖锐的形式针对着教会提了出来：世界是神创造的呢，还是从来就有的？

哲学家依照他们如何回答这个问题而分成了两大阵营。凡是断定精神对自然界说来是本原的，从而归根到底承认某种创世说的人（而

---

① 在蒙昧人和低级野蛮人中间，现在还流行着这样一种观念：梦中出现的人的形象是暂时离开肉体的灵魂；因而现实的人要对自己出现于他人梦中时针对做梦者而采取的行为负责。例如伊姆·特恩于1884年在圭亚那的印第安人中就发现了这种情形。

创世说在哲学家那里，例如在黑格尔那里，往往比在基督教那里还要繁杂和荒唐得多），组成唯心主义阵营。凡是认为自然界是本原的，则属于唯物主义的各种学派。

············

但是，思维和存在的关系问题还有另一个方面：我们关于我们周围世界的思想对这个世界本身的关系是怎样的？我们的思维能不能认识现实世界？我们能不能在我们关于现实世界的表象和概念中正确地反映现实？……

············

费尔巴哈的发展进程是一个黑格尔主义者（诚然，他从来不是完全正统的黑格尔主义者）走向唯物主义的发展进程，这一发展使他在一定阶段上同自己的这位先驱者的唯心主义体系完全决裂了。他势所必然地终于认识到，黑格尔的"绝对观念"之先于世界的存在，在世界之前就有的"逻辑范畴的预先存在"，不外是对世界之外的造物主的信仰的虚幻残余；我们自己所属的物质的、可以感知的世界，是唯一现实的；而我们的意识和思维，不论它看起来是多么超感觉的，总是物质的、肉体的器官即人脑的产物。物质不是精神的产物，而精神本身只是物质的最高产物。这自然是纯粹的唯物主义。但是费尔巴哈到这里就突然停止不前了。他不能克服通常的哲学偏见，即不反对事情本身而反对唯物主义这个名称的偏见。他说：

> 在我看来，唯物主义是人的本质和人类知识的大厦的基础；但是，我认为它不是生理学家、狭义的自然科学家如摩莱肖特所认为的而且从他们的观点和专业出发所必然认为的那种东西，即大厦本身。向后退时，我同唯物主义者完全一致；但是往前进时

就不一致了。

…………

这种唯物主义的第二个特有的局限性在于：它不能把世界理解为一种过程，理解为一种处在不断的历史发展中的物质。这是同当时的自然科学状况以及与此相联系的形而上学的即反辩证法的哲学思维方法相适应的。人们已经知道，自然界处在永恒的运动中。但是根据当时的想法，这种运动是永远绕着一个圆圈旋转，因而始终不会前进；它总是产生同一结果。这种想法在当时是不可避免的。康德的太阳系起源理论刚刚提出，而且还只是被看做纯粹的奇谈。地球发展史，即地质学，还完全没有人知道，而关于现今的生物是由简单到复杂的长期发展过程的结果的看法，当时还根本不可能科学地提出来。因此，对自然界的非历史观点是不可避免的。根据这一点大可不必去责备 18 世纪的哲学家，因为连黑格尔也有这种观点。在黑格尔看来，自然界只是观念的"外化"，它不能在时间上发展，只能在空间扩展自己的多样性，因此，它把自己所包含的一切发展阶段同时地、并列地展示出来，并且注定永远重复始终是同一的过程。黑格尔把发展是在空间以内，但在时间（这是一切发展的基本条件）以外发生的这种谬论强加于自然界，恰恰是在地质学、胚胎学、植物和动物生理学以及有机化学都已经建立起来，并且在这些新科学的基础上到处都出现了对后来的进化论的天才预想（例如歌德和拉马克）的时候。但是，体系要求这样，于是，方法为了迎合体系就不得不背叛自己。

这种非历史观点也表现在历史领域中。在这里，反对中世纪残余的斗争限制了人们的视野。中世纪被看做是千年普遍野蛮状态造成的历史的简单中断；中世纪的巨大进步——欧洲文化领域的扩大，在那里一个挨着一个形成的富有生命力的大民族，以及 14 世纪和 15 世纪的巨大的技术进步，这一切都没有被人看到。这样一来，对伟大历史联系的合理看法就不可能产生，而历史至多不过是一部供哲学家使用的例证和图解的汇集罢了。

…………

三

我们一接触到费尔巴哈的宗教哲学和伦理学，他的真正的唯心主义就显露出来了。费尔巴哈决不希望废除宗教，他希望使宗教完善化。哲学本身应当融化在宗教中。

"人类的各个时期仅仅由于宗教的变迁而彼此区别开来。某一历史运动，只有在它深入人心的时候，才是根深蒂固的。心不是宗教的形式，因而不应当说宗教也存在于心中；心是宗教的本质。"（引自施达克的书，第168页）

按照费尔巴哈的看法，宗教是人与人之间的感情的关系、心灵的关系，过去这种关系是在现实的虚幻映象中（借助于一个神或许多神，即人类特性的虚幻映象）寻找自己的真理，现在却直接地而不是间接地在我和你之间的爱中寻找自己的真理了。归根到底，在费尔巴哈那里，性爱即使不是他的新宗教借以实现的最高形式，也是最高形式之一。

…………

在这里，费尔巴哈的唯心主义就在于：他不是抛开对某种在他看来也已成为过去的特殊宗教的回忆，直截了当地按照本来面貌看待人们彼此间以相互倾慕为基础的关系，即性爱、友谊、同情、舍己精神等等，而是断言这些关系只有在用宗教名义使之神圣化以后才会获得自己的完整的意义。在他看来，主要的并不是存在着这种纯粹人的关系，而是要把这些关系看做新的、真正的宗教。这些关系只是在盖上了宗教的印记以后才被认为是完满的。

…………

他在这种关系中仅仅看到一个方面——道德。在这里，同黑格尔比较起来，费尔巴哈的惊人的贫乏又使我们诧异。黑格尔的伦理学或关于伦理的学说就是法哲学，其中包括：（1）抽象的法，（2）道德，（3）伦理，其中又包括家庭、市民社会、国家。在这里，形式是唯心主义的，内容是实在论的。法、经济、政治的全部领域连同道德都包括进去了。在费尔巴哈那里情况恰恰相反。就形式讲，他是实在论的，他把人作为出发点；但是，关于这个人生活的世界却根本没有讲到，因而这个人始终是在宗教哲学中出现的那种抽象的人。这个人不是从娘胎里生出来的，他是从一神教的神羽化而来的，所以他也不是生活在现实的、历史地发生和历史地确定了的世界里面；虽然他同其他的人来往，但是任何一个其他的人也和他本人一样是抽象的。在宗教哲学里，我们终究还可以看到男人和女人，但是在伦理学里，连这最后一点差别也消失了。

…………

在善恶对立的研究上，他同黑格尔比起来也是肤浅的。黑格尔指出：

> 有人以为，当他说人本性是善的这句话时，是说出了一种很伟大的思想；但是他忘记了，当人们说人本性是恶的这句话时，是说出了一种更伟大得多的思想。

在黑格尔那里，恶是历史发展的动力的表现形式。这里有双重意思，一方面，每一种新的进步都必然表现为对某一神圣事物的亵渎，表现为对陈旧的、日渐衰亡的、但为习惯所崇奉的秩序的叛逆；另一方面，自从阶级对立产生以来，正是人的恶劣的情欲——贪欲和权势欲成了历史发展的杠杆，关于这方面，例如封建制度的和资产阶级的历史就是一个独一无二的持续不断的证明。但是，费尔巴哈就没有想到要研究道德上的恶所起的历史作用。历史对他来说是一个不愉快的可怕的领域。他有句名言：

> 当人最初从自然界产生的时候，他也只是一个纯粹的自然物，而不是人。人是人、文化、历史的产物。——

甚至这句名言在他那里也是根本不结果实的。

从上述一切可以明白，关于道德，费尔巴哈所告诉我们的东西只能是极其贫乏的。追求幸福的欲望是人生来就有的，因而应当是一切道德的基础。但是，追求幸福的欲望受到双重的矫正。第一，受到我们的行为的自然后果的矫正：酒醉之后，必定头痛；放荡成习，必生疾病。第二，受到我们的行为的社会后果的矫正：要是我们不尊重他人同样的追求幸福的欲望，那么他们就会反抗，妨碍我们自己追求幸福的欲望。由此可见，我们要满足我们的这种欲望，就必须能够正确地估量我们的行为的后果，另一方面还必须承认他人有相应的欲望的平等权利。因此，对己以合理的自我节制，对人以爱（又是爱！），这就是费尔巴哈的道德的基本准则，其他一切准则都是从中引申出来的。无论费尔巴哈的妙趣横生的议论或施达克的热烈无比的赞美，都不能掩盖这几个命题的贫乏和空泛。

…………

简单扼要地说，费尔巴哈的道德论是和它的一切前驱者一样的。它是为一切时代、一切民族、一切情况而设计出来的；正因为如此，它在任何时候和任何地方都是不适用的，而在现实世界面前，是和康德的绝对命令一样软弱无力的。实际上，每一个阶级，甚至每一个行业，都各有各的道德，并且，只要它能破坏这种道德而不受惩罚，它就加以破坏。而本应把一切人都联合起来的爱，则表现在战争、争吵、诉讼、家庭纠纷、离婚以及一些人对另一些人的尽可能的剥削中。

但是，费尔巴哈所提供的强大推动力怎么能对他本人毫无结果呢？理由很简单，因为费尔巴哈不能找到从他自己所极端憎恶的抽象王国通向活生生的现实世界的道路。他紧紧地抓住自然界和人；但是，在他那里，自然界和人都只是空话。无论关于现实的自然界或关于现实的人，他都不能对我们说出任何确定的东西。要从费尔巴哈的抽象的人转到现实的、活生生的人，就必须把这些人作为在历史中行动的人去考察。而费尔巴哈反对这样做，因此，他所不了解的1848年对他来说只意味着和现实世界最后分离，意味着退入孤寂的生活。在这方面，主要又要归咎于德国的状况，这种状况使他落得这种悲惨的结局。

但是，费尔巴哈没有走的一步，必定会有人走的。对抽象的人的崇拜，即费尔巴哈的新宗教的核心，必定会由关于现实的人及其历史发展的科学来代替。这个超出费尔巴哈而进一步发展费尔巴哈观点的工作，是由马克思于1845年在《神圣家族》中开始的。

四

施特劳斯、鲍威尔、施蒂纳、费尔巴哈，就他们没有离开哲学这块土地来说，都是黑格尔哲学的分支。施特劳斯写了《耶稣传》和《教义学》以后，就只从事写作勒南式的哲学和教会史的美文学作品；鲍威尔只是在基督教起源史方面做了一些事情，虽然他在这里所做的也是重要的；施蒂纳甚至在巴枯宁把他同蒲鲁东混合起来并且把这个混合物命名为"无政府主义"以后，依然是一个怪物；唯有费尔巴哈是个杰出的哲学家。但是，不仅哲学这一似乎凌驾于一切专门科学之上并把它们包罗在内的科学的科学，对他来说，仍然是不可逾越的屏障，不可侵犯的圣物，而且作为一个哲学家，他也停留在半路上，他下半截是唯物主义者，上半截是唯心主义者；他没有批判地克服黑格尔，而是简单地把黑格尔当做无用的东西抛在一边，同时，与黑格尔体系的百科全书式的丰富内容相比，他本人除了矫揉造作的爱的宗教和贫乏无力的道德以外，拿不出什么积极的东西。

但是，从黑格尔学派的解体过程中还产生了另一个派别，唯一的真正结出果实的派别。这个派别主要是同马克思的名字联系在一起的。①

同黑格尔哲学的分离在这里也是由于返回到唯物主义观点而发生的。这就是说，人们决心在理解现实世界（自然界和历史）时按照它本身在每一个不以先入为主的唯心主义怪想来对待它的人面前所呈现的那样来理解；他们决心毫不怜惜地抛弃一切同事实（从事实本身的联系而不是从幻想的联系来把握的事实）不相符合的唯心主义怪想。除此以外，唯物主义并没有别的意义。不过在这里第一次对唯物主义世界观采取了真正严肃的态度，把这个世界观彻底地（至少在主要方面）运用到所研究的一切知识领域里去了。

…………

而这样一来，黑格尔哲学的革命方面就恢复了，同时也摆脱了那些曾经在黑格尔那里阻碍它贯彻到底的唯心主义装饰。一个伟大的基本思想，即认为世界不是既成事物的集合体，而是过程的集合体，其

---

① 请允许我在这里作一点个人的说明。近来人们不止一次地提到我参加了制定这一理论的工作，因此，我在这里不得不说几句话，把这个问题澄清。我不能否认，我和马克思共同工作40年，在这以前和这个期间，我在一定程度上独立地参加了这一理论的创立，特别是对这一理论的阐发。但是，绝大部分基本指导思想（特别是在经济和历史领域内），尤其是对这些指导思想的最后的明确的表述，都是属于马克思的。我所提供的，马克思没有我也能够做到，至多有几个专门的领域除外。至于马克思所做到的，我却做不到。马克思比我们大家都站得高些，看得远些，观察得多些和快些。马克思是天才，我们至多是能手。没有马克思，我们的理论远不会是现在这个样子。所以，这个理论用他的名字命名是理所当然的。

中各个似乎稳定的事物同它们在我们头脑中的思想映象即概念一样都处在生成和灭亡的不断变化中，在这种变化中，尽管有种种表面的偶然性，尽管有种种暂时的倒退，前进的发展终究会实现——这个伟大的基本思想，特别是从黑格尔以来，已经成了一般人的意识，以致它在这种一般形式中未必会遭到反对了。

…………

但是，社会发展史却有一点是和自然发展史根本不相同的。在自然界中（如果我们把人对自然界的反作用撇开不谈）全是没有意识的、盲目的动力，这些动力彼此发生作用，而一般规律就表现在这些动力的相互作用中。在所发生的任何事情中，无论在外表上看得出的无数表面的偶然性中，或者在可以证实这些偶然性内部的规律性的最终结果中，都没有任何事情是作为预期的自觉的目的发生的。相反，在社会历史领域内进行活动的，是具有意识的、经过思虑或凭激情行动的、追求某种目的的人；任何事情的发生都不是没有自觉的意图，没有预期的目的的。但是，不管这个差别对历史研究，尤其是对各个时代和各个事变的历史研究如何重要，它丝毫不能改变这样一个事实：历史进程是受内在的一般规律支配的。因为在这一领域内，尽管各个人都有自觉预期的目的，总的说来在表面上好像也是偶然性在支配着。人们所预期的东西很少如愿以偿，许多预期的目的在大多数场合都互相干扰，彼此冲突，或者是这些目的本身一开始就是实现不了的，或者是缺乏实现的手段的。这样，无数的单个愿望和单个行动的冲突，在历史领域内造成了一种同没有意识的自然界中占统治地位的状况完全相似的状况。行动的目的是预期的，但是行动实际产生的结果并不是预期的，或者这种结果起初似乎还和预期的目的相符合，而到了最后却完全不是预期的结果。这样，历史事件似乎总的说来同样是由偶然性支配着的。但是，在表面上是偶然性在起作用的地方，这种偶然性始终是受内部的隐蔽着的规律支配的，而问题只是在于发现这些规律。

…………

但是，在以前的各个时期，对历史的这些动因的探究几乎是不可能的，因为它们和自己的结果的联系是混乱而隐蔽的，在我们今天这个时期，这种联系已经简化了，以致人们有可能揭开这个谜了。从采用大工业以来，就是说，至少从 1815 年签订欧洲和约以来，在英国，谁都知道，土地贵族（landed aristocracy）和资产阶级（middle class）这两个阶级争夺统治的要求，是英国全部政治斗争的中心。在法国，随着波旁王室的返国，同样的事实也被人们意识到了；复辟时期的历史编纂学家，从梯叶里到基佐、米涅和梯也尔，总是指出这一事实是理解中世纪以来法国历史的钥匙。而从 1830 年起，在这两个国家里，工人阶级即无产阶级，已被承认是为争夺统治而斗争的第三个战士。当时关系已经非常简化，只有故意闭起眼睛的人才看不见，这三大阶级的斗争和它们的利益冲突是现代历史的动力，至少是这两个最先进国家的现代历史的动力。

…………

因此，在现代历史中至少已经证明，一切政治斗争都是阶级斗争，而一切争取解放的阶级斗争，尽管它必然地具有政治的形式（因为一切阶级斗争都是政治斗争），归根到底都是围绕着经济解放进行的。因此，至少在这里，国家、政治制度是从属的东西，而市民社会、经济关系的领域是决定性的因素。从传统的观点看来（这种观点也是黑格尔所尊崇的），国家是决定的因素，市民社会是被国家决定的因素。表面现象是同这种看法相符合的。就单个人来说，他的行动的一切动力，都一定要通过他的头脑，一定要转变为他的意志的动机，才能使他行动起来，同样，市民社会的一切要求（不管当时是哪一个阶级统治着），也一定要通过国家的意志，才能以法律形式取得普遍效力。这是问题的形式方面，这方面是不言而喻的；不过要问一下，这个仅仅是形式上的意志（不论是单个人的或国家的）有什么内容呢？这一内容是从哪里来的呢？为什么人们所期望的正是这个而不是别的呢？在寻求这个问题的答案时，我们就发现，在现代历史中，国家的意志总的说来是由市民社会的不断变化的需要，是由某个阶级的优势地位，归根到底，是由生产力和交换关系的发展决定的。

············

上面的叙述只能是对马克思的历史观的一个概述，至多还加了一些例证。证明只能由历史本身提供；而在这里我可以说，在其他著作中证明已经提供得很充分了。但是，这种历史观结束了历史领域内的哲学，正如辩证的自然观使一切自然哲学都成为不必要的和不可能的一样。现在无论在哪一个领域，都不再是从头脑中想出联系，而是从事实中发现联系了。这样，对于已经从自然界和历史中被驱逐出去的哲学来说，要是还留下什么的话，那就只留下一个纯粹思想的领域：关于思维过程本身的规律的学说，即逻辑和辩证法。

———

············

诚然，德国的官方自然科学，特别是在专门研究的领域中仍然保持着时代的高度，但是，正如美国《科学》杂志已经公正地指出的，在研究单个事实之间的重大联系方面的决定性进步，即把这些联系概括为规律，现在更多地是出在英国，而不像从前那样出在德国。而在包括哲学在内的历史科学的领域内，那种旧有的在理论上毫无顾忌的精神已随着古典哲学完全消失了；起而代之的是没有头脑的折中主义，是对职位和收入的担忧，直到极其卑劣的向上爬的思想。这种科学的官方代表都变成毫无掩饰的资产阶级的和现存国家的意识形态家，但这已经是在资产阶级和现存国家同工人阶级公开对抗的时代了。

德国人的理论兴趣，只是在工人阶级中还没有衰退，继续存在着。在这里，它是根除不了的。在这里，对职位、牟利，对上司的恩典，没有任何考虑。相反，科学越是毫无顾忌和大公无私，它就越符合工人的利益和愿望。在劳动发展史中找到了理解全部社会史的锁钥的新派别，一开始就主要是面向工人阶级的，并且从工人阶级那里得到了同情，这种同情是它在官方科学那里既没有寻找也没有期望过的。德国的工人运动是德国古典哲学的继承者。

（选自《马克思恩格斯文集》第 4 卷，
人民出版社 2009 年版，第 265—313 页）

恩格斯晚年"论历史唯物主义书信（1890—1894 年）"导读

　　马克思和恩格斯一生撰写了卷帙浩繁的理论著作，同时留下了大量的书信，记述了他们在革命斗争中的亲身经历，反映了他们对重大理论和实践问题的深刻洞察、透彻思考与精辟见解。其中，马克思恩格斯的书信，作为马克思主义思想资源的重要组成部分，对于完整认识和把握马克思主义学说具有十分重要的意义。本书精选的恩格斯1890—1894 年所写的 5 封书信，正是恩格斯晚年为丰富、发展和捍卫历史唯物主义、阐明马克思主义理论精髓和科学品格所作重要贡献的集中体现，在马克思主义发展史上具有重大的理论价值。在这 5 封书信中，通过纠正来自不同方面的对马克思主义，特别是历史唯物主义的曲解，恩格斯批驳了错误观点、澄清了模糊认识，深刻论述并进一步发展了历史唯物主义的一系列重要思想，丰富了马克思主义的理论宝库。这 5 封书信分别是《恩格斯致康拉德·施米特》（1890 年 8 月 5日）、《恩格斯致约瑟夫·布洛赫》（1890 年 9 月 21—22 日）、《恩格斯致康拉德·施米特》（1890 年 10 月 27 日）、《恩格斯致弗兰茨·梅林》（1893 年 7 月 13 日）、《恩格斯致瓦尔特·博尔吉乌斯》（1894 年 1 月25 日）。

一　写作背景

早在 19 世纪 40 年代马克思恩格斯创立他们的哲学世界观时，就对唯物史观及其基本理论观点作了科学论证，后来在他们一系列的哲学、历史和政治经济学著作中又作了进一步发展和完善。关于"历史唯物主义"这一专门的科学概念，却是恩格斯在《社会主义从空想到科学的发展》的 1892 年英文版导言中正式提出的："我在英语中如果也像在其他许多语言中那样用'历史唯物主义'这个名词来表达一种关于历史过程的观点，我希望英国的体面人物不至于过分感到吃惊。这种观点认为，一切重要历史事件的终极原因和伟大动力是社会的经济发展，是生产方式和交换方式的改变，是由此产生的社会之划分为不同的阶级，是这些阶级彼此之间的斗争。"① 这是恩格斯对历史唯物主义的唯物辩证的科学概括。

19 世纪 80 年代以前，马克思恩格斯在唯物史观的研究中，为了批判和克服历史唯心主义，着重强调了经济在人类历史发展中的作用。19 世纪 80 年代以后，随着资本主义开始向垄断阶段过渡，资本主义的生产关系和上层建筑出现了新的变化；同时，革命形势的迅速发展，使马克思主义在世界范围内广泛传播，并逐步在国际工人运动中确立了主导地位，其中涌现出各式各样对马克思主义的解释，特别是对历史唯物主义的曲解和攻击在理论层面和工人运动的实践方面造成了恶劣影响。这一时期，历史唯物主义主要面临着来自两方面的严峻挑战：

一方面是来自资产阶级学者的挑战，其代表人物是德国资产阶级社会学家、莱比锡大学教授保尔·巴尔特（1858—1922）。在 1890 年

---

① 《马克思恩格斯文集》第 3 卷，人民出版社 2009 年版，第 508—509 页。

刊行的《黑格尔和包括马克思及哈特曼在内的黑格尔派的历史哲学》一书中，巴尔特以 "经济唯物主义" 指称马克思恩格斯创立的理论，歪曲他们 "把经济发展当成推动历史前进的唯一因素"，指责马克思只是强调经济因素的决定作用；攻击马克思 "全盘否定一切思想观念在历史中的重要作用"，甚至将历史唯物主义所论证的历史发展的必然性与规律性视为一种 "机械决定论" 和 "社会宿命论"。在 1897 年《作为社会学的历史哲学》一书中，巴尔特对自己先前的主张作了些补缀，强调可以把马克思恩格斯的历史唯物主义观点理解为经济观点。在他看来，社会历史发展过程的客观逻辑与人的能动作用以及主观因素是互相排斥的，马克思的经济的社会形态理论只是一种思辨结构。坚决回击巴尔特的挑战，彻底廓清他制造的混乱，是捍卫马克思主义在工人运动中的指导地位和崇高声望的迫切需要。这是恩格斯在书信中完整阐述历史唯物主义科学内涵的直接原因。

另一方面是来自 19 世纪 90 年代初德国社会民主党内出现的小资产阶级派别——"青年派" 的挑战，这个派别的核心成员是一些以 "党的理论家" 和 "思想领导者" 自居的年轻著作家、地方党报编辑和大学生。"青年派" 不仅极力把冒险主义策略强加给党，而且企图在理论上左右党的前进方向：在政治上，他们奉行机会主义，反对德国社会民主党议会党团所执行的政治策略，攻击以倍倍尔等领导的议会党团，是代表小资产阶级利益的 "议会民主派"；在思想上，他们是半无政府主义者；在理论上，将马克思主义庸俗化、简单化、教条化、标签化，甚至 "直截了当地重复他从形而上学者杜林那里学来的荒谬论断"①；他们宣称唯物史观主张 "经济因素是唯一的决定性因素"，而从事社会活动的人则是 "受经济摆布的工具"。他们套用唯物史观的

---

① 《马克思恩格斯全集》第 29 卷，人民出版社 2020 年版，第 102 页。

标签传播非马克思主义的思想，造成了德国理论界对历史唯物主义认识的混乱，给巴尔特等人提供了攻击历史唯物主义的口实，在党内外造成了恶劣影响。只有坚决批判和清算"青年派"的错误论点和荒唐做法，才能击退资产阶级学者的进攻，引导工人阶级政党和革命群众正确理解和把握马克思主义的理论要义。

在上述情况下，全面阐述唯物史观的基本原理，反驳对历史唯物主义的歪曲与诋毁，就成了摆在恩格斯面前的紧迫任务。这里所选的5封书信就是恩格斯的这种努力的一部分，其核心在于阐明历史运动的辩证法，即在坚持一元论历史观的基本原则的同时，突出上层建筑诸因素的相互影响、上层建筑的相对独立性及其对经济基础的能动作用，强调人在创造历史的过程中能动性和客观性的统一，由此指明历史唯物主义只是研究社会历史的科学方式，而不是什么可供到处张贴的标签或屡试不爽的公式。

二　内容提示

恩格斯19世纪90年代致康拉德·施米特、约瑟夫·布洛赫、弗兰茨·梅林和瓦尔特·博尔吉乌斯的5封书信，全面论述和发展了历史唯物主义的基本原理，在马克思主义发展史上占有十分重要的地位，也是马克思主义关于历史辩证法的光辉文献。

分而言之：

（一）1890年8月5日《恩格斯致康拉德·施米特》

在致德国学者康·施米特的信中，恩格斯主要批判了保尔·巴尔特对于唯物史观的错误理解，以及德国"青年派"对唯物史观的简单化与庸俗化和关于未来社会的产品分配问题。首先，恩格斯指出巴尔特将唯物史观原理与笛卡儿的所谓"动物是机器"的观点混淆，因此也就根本不理解社会存在决定社会意识的唯物史观原理。唯物史观坚持社会存在决定意识的立场，"但是这并不排斥思想领域也反过来对物质生存方式起作用，然而是第二性的作用"①。其次，在当时有关未来社会中产品分配问题的抽象讨论问题上，恩格斯明确指出社会主义分配方式并不是一成不变的，相反，社会主义社会及其分配方式应当"随着生产和社会组织的进步而改变"②。最后，恩格斯强调，唯物史观只有在具体的历史研究中才能发挥指导作用，因为它"首先是进行研究工作的指南"③，如果以为可以用它来代替具体的历史研究，那么只能使它沦为套语式的标签。

（二）1890 年 9 月 21—22 日《恩格斯致约瑟夫·布洛赫》

在致德国大学生约·布洛赫的信中，恩格斯对唯物史观被歪曲为"经济唯物主义"的观点进行了有力回击。一方面，恩格斯强调，在有关历史动力问题上，唯物史观所肯定的仅仅在于这样一点，即"历史过程中的决定性因素归根到底是现实生活的生产和再生产"④，是作为必然的东西而向前发展的物质生产活动，但是，这决不意味着唯物史观认为经济因素是唯一决定性的因素。相反，唯物史观承认，即使是经济运动也是通过无穷无尽的偶然事件而向前发展的，上层建筑的诸因素对历史进程也产生着一定的作用和影响。另一方面，恩格斯指出，人们自己创造自己的历史，但是，这种创造"并不是随心所欲地创造，并不是在他们自己选定的条件下创造，而是在直接碰到的、既定的、从过去承继下来的条件下创造"⑤，因此这种历史创造受到各种因素的

---

① 《马克思恩格斯文集》第 10 卷，人民出版社 2009 年版，第 586 页。
② 《马克思恩格斯文集》第 10 卷，人民出版社 2009 年版，第 586 页。
③ 《马克思恩格斯文集》第 10 卷，人民出版社 2009 年版，第 587 页。
④ 《马克思恩格斯文集》第 10 卷，人民出版社 2009 年版，第 591 页。
⑤ 《马克思恩格斯文集》第 2 卷，人民出版社 2009 年版，第 470—471 页。

影响和作用，其中包含政治因素的作用，它虽然不是决定性的，但也不是无足轻重的。个人意志同历史最终的结果之间的关系就如"无数个力的平行四边形"，不同的个人意志在相互冲突中融合为一个总的合力，虽然其中个人意志与最终结果不完全吻合，但这并不意味着这些意志等于零，相反，人的自觉活动在历史的客观进程中有着重要的意义。

（三）1890 年 10 月 27 日《恩格斯致康拉德·施米特》

在这封致德国学者康·施米特的信中，恩格斯以分工视角探讨了国家权力、法、意识形态与经济基础的关系。他指出，从分工的观点看，国家的产生是社会内部分工的产物，它一经产生就获得了与其授权者相对立的特殊利益；国家权力固然是尾随生产的运动而产生，但它又对生产的条件和进程发生反作用，且具有相对独立性；国家权力对于经济发展的反作用可以有三种：一是同向促进，二是反向阻碍，三是变向规定，但"在第二和第三种情况下，政治权力会给经济发展带来巨大的损害"[①]。法同经济基础的关系与此相似。至于宗教、哲学等意识形态领域虽然同样以经济为基础，但作为分工的一个特定的领域，它们以前人的思想材料作为自己的前提，并且更多地受到政治、法律和道德的直接影响，要给意识形态的每一种表现形式寻找经济上的直接原因，那就太教条迂腐了。当然，经济决定着思想材料的改变和发展的方式；但这种决定多半是间接的，不能机械地理解为经济运动和上层建筑之间的关系。从分工角度探讨上层建筑和经济基础之间的关系，是恩格斯在方法论方面的一个新贡献。

（四）1893 年 7 月 14 日《恩格斯致弗兰茨·梅林》

在致德国社会民主党左翼领袖弗·梅林的信中，恩格斯驳斥了保

[①] 《马克思恩格斯文集》第 10 卷，人民出版社 2009 年版，第 597 页。

尔·巴尔特等人关于意识形态的错误观点，明晰了意识形态的本质及其对经济基础的反作用，即意识形态，从表面上看“是由所谓的思想家通过意识、但是通过虚假的意识完成的过程”①，其经济因素的真正动力每每被遮蔽在其继承的各种思想材料之中，于是，意识形态的发展表现出“独立历史的外观”，一切最终似乎都以思维为基础，而起决定性作用的“外部事实”则被默认为思维过程的果实。唯物史观当然反对这种虚假的意识形态，尤其是否认各种意识形态有独立的历史发展，但这决不意味着唯物史观否认意识形态“对历史有任何影响”②。与之相反，唯物史观恰恰承认，一种历史因素一旦产生，它就能够对它的环境，甚至对它的产生原因发生反作用。

（五）1894年1月25日《恩格斯致瓦尔特·博尔吉乌斯》

在致德国大学生瓦·博尔吉乌斯的回信中，恩格斯分条答复了来信所提到的有关唯物史观基本原理的问题。其一，唯物史观，它将经济关系理解为社会历史的决定性基础。这里的“经济关系”是指一定的生产方式和交换方式，以及相应的地理基础和外部环境，其中包括生产和运输的全部技术。其二，政治、法、哲学、宗教、文学、艺术等的发展虽然是以经济发展为基础的，但这并不意味着只有经济状况才是积极的原因，而其余一切都不过是消极的结果。各种上层建筑既相互作用又反作用于经济基础。当然，经济关系归根到底还是具有决定意义的，它构成了一条贯穿始终的作为现实历史之真正基础的红线。其三，人们自己创造自己的历史，但这种创造是在各种相互交错的意向中实现的，归根到底是经济的必然性占统治地位，这种必然性以偶然性作为自己的补充和表现形式，正如一个时代伟大人物出现的必然

---

① 《马克思恩格斯文集》第10卷，人民出版社2009年版，第657页。
② 《马克思恩格斯文集》第10卷，人民出版社2009年版，第659页。

性正好体现在某个具体的伟大人物产生的偶然性之中。

恩格斯晚年关于历史唯物主义的上述 5 封书信，对于完整准确地理解、把握唯物史观的要义具有十分重要的意义。当然，在学习这些书信时，我们更要注意的是，不要只拘泥于具有较强针对性的个别表述，关键在于把握其中所阐述的有关唯物史观的整体思想。就整体而言，恩格斯晚年关于历史唯物主义的 5 封书信，是在和历史唯物主义庸俗化的积极斗争中，对历史唯物主义的捍卫、丰富和发展。

1. "合力论"：历史发展中客观规律性和主观能动性的辩证统一

早在《神圣家族》中，恩格斯就提出了人是历史的主体的观点，他说："并不是'历史'把人当做手段来达到自己——仿佛历史是一个独具魅力的人——的目的。历史不过是追求着自己目的的人的活动而已。"① 既然人是历史的主体，历史是人的活动，那么，只有通过研究人的活动才能真正揭示历史发展的动力。晚年恩格斯依然遵循这一思路，探讨了人类历史发展的动力问题。

恩格斯首先区分了人类史和自然史，指出："社会发展史却有一点是和自然发展史根本不相同的。在自然界中（如果我们把人对自然界的反作用撇开不谈）全是没有意识的、盲目的动力，这些动力彼此发生作用，而一般规律就表现在这些动力的相互作用中。在所发生的任何事情中，无论在外表上看得出的无数表面的偶然性中，或者在可以证实这些偶然性内部的规律性的最终结果中，都没有任何事情是作为预期的自觉的目的发生的。相反，在社会历史领域内进行活动的，是具有意识的、经过思虑或凭激情行动的、追求某种目的的人；任何事情的发生都不是没有自觉的意图，没有预期的目的的。但是，不管这个差别对历史研究，尤其是对各个时代和各个事变的历史研究如何重

① 《马克思恩格斯文集》第 1 卷，人民出版社 2009 年版，第 295 页。

要，它丝毫不能改变这样一个事实：历史进程是受内在的一般规律支配的。"① 正是通过以人的活动的参与区别了社会史和自然史，恩格斯强调人的活动的目的、动机是人类史不可排除的因素，由此，研究历史规律就必须探究人的活动的目的及其背后的动机。

由此，恩格斯以 "合力论" 说明了人的活动和历史规律之间的关系，指出："历史是这样创造的：最终的结果总是从许多单个的意志的相互冲突中产生出来的，而其中每一个意志，又是由于许多特殊的生活条件，才成为它所成为的那样。这样就有无数相互交错的力量，有无数个力的平行四边形，由此就产生出一个合力，即历史结果，而这个结果又可以看做一个作为整体的、不自觉地和不自主地起着作用的力量的产物。因为任何一个人的愿望都会受到任何另一个人的妨碍，而最后出现的结果就是谁都没有希望过的事物。所以到目前为止的历史总是像一种自然过程一样地进行，而且实质上也是服从于同一运动规律的。但是，各个人的意志——其中的每一个都希望得到他的体质和外部的、归根到底是经济的情况（或是他个人的，或是一般社会性的）使他向往的东西——虽然都达不到自己的愿望，而是融合为一个总的平均数，一个总的合力，然而从这一事实中决不应作出结论说，这些意志等于零。相反，每个意志都对合力有所贡献，因而是包括在这个合力里面的。"② 在这里，恩格斯对于历史规律的探讨主要包括两层含义：第一，历史是由人们创造的，但历史规律是不以人们的意志为转移的。社会生产力和生产关系的矛盾是历史前进的根本动力，决定着社会发展的基本方向。第二，人的意志和人的自觉活动对历史的发展起着积极的作用。

恩格斯的上述论述以辩证唯物主义和历史唯物主义的方法论，深

---

① 《马克思恩格斯文集》第 4 卷，人民出版社 2009 年版，第 301—302 页。
② 《马克思恩格斯文集》第 10 卷，人民出版社 2009 年版，第 592—593 页。

刻阐明了历史发展的客观规律性和人的主观能动性之间的关系。就是说，历史规律是主观因素和客观因素的辩证统一，即历史规律既受到客观物质因素的制约和影响，也受到包括意识在内的主观因素的制约和影响，是主体和客体相互作用的结果。恩格斯的"合力论"，是对唯物史观深入探索历史秘密的重大贡献，揭示了历史发展的必然性、规律性和历史现象的复杂性。恩格斯多次阐明，社会历史的发展并不是直线的，也不是直接地表现必然性，而是通过许许多多的偶然性表现出来，我们所研究的领域越是远离经济，越是接近纯粹抽象的意识形态，我们就越会发现它在自己的发展中表现为偶然现象，它的曲线就越是曲折，正如他所言："如果您画出曲线的中轴线，您就会发现，所考察的时期越长，所考察的范围越广，这个轴线就越是接近经济发展的轴线，就越是同后者平行而进。"[1] 恩格斯的观点为正确研究复杂的社会历史现象，探索社会历史发展规律，提供了方法论的武器，坚持了历史辩证法。

2. 经济基础与上层建筑的辩证法

针对资产阶级学者把历史唯物主义曲解为"经济唯物主义"的观点，恩格斯郑重指出："根据唯物史观，历史过程中的决定性因素归根到底是现实生活的生产和再生产。"[2] 在各种各样的现实关系中，"经济关系不管受到其他关系——政治的和意识形态的——多大影响，归根到底还是具有决定意义的，它构成一条贯穿始终的、唯一有助于理解的红线"[3]。这是历史唯物主义的基本原理，是被迄今为止的全部历史进程所证实的真理。

但是，假若把这个原理加以曲解，说经济因素是唯一决定性因素，

---

① 《马克思恩格斯文集》第 10 卷，人民出版社 2009 年版，第 669 页。
② 《马克思恩格斯文集》第 10 卷，人民出版社 2009 年版，第 591 页。
③ 《马克思恩格斯文集》第 10 卷，人民出版社 2009 年版，第 668 页。

那就会把它变成毫无内容的、抽象的、荒诞无稽的空话。这是恩格斯所明确反对的，他在书信中写道："经济状况是基础，但是对历史斗争的进程发生影响并且在许多情况下主要是决定着这一斗争的形式的，还有上层建筑的各种因素。"① 结合 19 世纪下半叶西欧资本主义的发展，恩格斯对经济基础和上层建筑的关系作了许多新的说明，着重阐述了 "上层建筑的各种因素" 之间的相互影响及其对经济基础的反作用。他在书信中强调，他和马克思先前的研究 "首先是把重点放在从基本经济事实中引出政治的、法的和其他意识形态的观念以及以这些观念为中介的行动，而且必须这样做"② 之上，而忽视了这些观念对经济的作用，即 "为了内容方面而忽略了形式方面"③。为此，恩格斯以对经济因素的历史性内容的考察，论述了经济基础与上层建筑的辩证法。

恩格斯指出，经济本身是一个包括生产外部环境在内的系统，因而它是历史的发展的，也必然会把人们的观念、上层建筑的各种因素纳入经济发展的轨道，形成经济基础和上层建筑之间的相互作用关系。他说，"我们视之为社会历史的决定性基础的经济关系，是指一定社会的人们生产生活资料和彼此交换产品（在有分工的条件下）的方式。因此，这里包括生产和运输的全部技术"④，包括各种经济关系 "赖以发展的地理基础和事实上由过去沿袭下来的先前各经济发展阶段的残余（这些残余往往只是由于传统或惰性才继续保存着），当然还包括围绕着这一社会形式的外部环境"⑤，等等。

由于包括了生产过程之外的各种历史因素，经济本身就成为一个

① 《马克思恩格斯文集》第 10 卷，人民出版社 2009 年版，第 591 页。
② 《马克思恩格斯文集》第 10 卷，人民出版社 2009 年版，第 657 页。
③ 《马克思恩格斯文集》第 10 卷，人民出版社 2009 年版，第 657 页。
④ 《马克思恩格斯文集》第 10 卷，人民出版社 2009 年版，第 667 页。
⑤ 《马克思恩格斯文集》第 10 卷，人民出版社 2009 年版，第 667 页。

历史过程。科学、上层建筑中的政治、法、意识形态都是由于经济的需要而与经济发生历史的联系。在技术与科学的关系方面，恩格斯特别强调了科学就是通过生产技术的需要而进入生产过程、与经济发生相互作用关系："如果像您所说的，技术在很大程度上依赖于科学状况，那么，科学则在更大得多的程度上依赖于技术的状况和需要。社会一旦有技术上的需要，这种需要就会比十所大学更能把科学推向前进。"① 这种相互作用同样发生在经济基础与政治、法、哲学、宗教、文学、艺术等的关系上，因此"并不是说，只有经济状况才是原因，才是积极的，其余一切都不过是消极的结果，而是说，这是在归根到底不断为自己开辟道路的经济必然性的基础上的相互作用"②，例如国家发展关税、自由贸易和财政等制度就是如此。在恩格斯看来，经济基础与上层建筑的这种历史的相互作用关系实质上表现了必然性和偶然性的关系。经济基础是必然性，上层建筑的各种因素是通过大量偶然性的形式表现经济的必然性。和历史人物作用于历史必然性的关系一样，"历史上所有其他的偶然现象和表面的偶然现象都是如此"③。

恩格斯通过对经济的系统的历史性的考察，深刻揭示了经济基础与上层建筑之间的历史联系，证明上层建筑对经济的作用是由经济本身的历史状况决定的。恩格斯在书信中多次使用"归根到底"一词来说明经济因素在历史发展过程中的决定性作用，意在强调社会历史的发展过程并不是直线地、直接地决定于生产，其他因素也起着重要的作用。在历史过程的最终决定性因素的意义上，透过事物表面的直接的联系，从历史深处追寻原因，经济因素才是决定性的；上层建筑对

---

① 《马克思恩格斯文集》第 10 卷，人民出版社 2009 年版，第 668 页。
② 《马克思恩格斯文集》第 10 卷，人民出版社 2009 年版，第 668 页。
③ 《马克思恩格斯文集》第 10 卷，人民出版社 2009 年版，第 669 页。

历史进程的作用最终必须通过对经济基础的反作用发挥出来。恩格斯既强调经济因素的决定性作用，又重视上层建筑的反作用，不仅在理论上丰富和深化了历史唯物主义的基本原理，而且对 19 世纪下半叶欧洲各国的马克思主义研究产生了重要影响。

3. 上层建筑的相对独立性

针对资产阶级学者和党内"青年派"对唯物史观的肆意歪曲，恩格斯从社会分工的视角出发，对国家、法、哲学、宗教和经济基础的相互关系以及上层建筑的相对独立性作了深入阐述。

在恩格斯看来，随着工业的发展和世界市场的形成，上层建筑的各种因素也日益成为整个社会的一些部门和环节。这些部门和环节，一方面由经济所决定，服务于经济；另一方面又具有相对独立性，对经济起着反作用。

恩格斯以金融市场的发展为例，具体分析了国家对经济的反作用。国家产生于社会内部分工并具有相对独立性。"从分工的观点来看问题最容易理解。社会产生它不能缺少的某些共同职能。被指定执行这种职能的人，形成社会内部分工的一个新部门。这样，他们也获得了同授权给他们的人相对立的特殊利益，他们同这些人相对立而独立起来，于是就出现了国家。"① 作为执行某些共同职能而分裂出来的社会机构，国家尾随生产的运动产生，但它一经产生便成为一种新的独立的力量，对生产的条件和进程产生反作用，"这是两种不相等的力量的相互作用：一方面是经济运动，另一方面是追求尽可能大的独立性并且一经确立也就有了自己的运动的新的政治权力。总的说来，经济运动会为自己开辟道路，但是它也必定要经受它自己所确立的并且具有相对独立性的政治运动的反作用，即国家权力的以及和它同时产生的

---

① 《马克思恩格斯文集》第 10 卷，人民出版社 2009 年版，第 596 页。

反对派的运动的反作用"①。国家权力对经济发展的反作用有三种表现形式："它可以沿着同一方向起作用，在这种情况下就会发展得比较快；它可以沿着相反方向起作用，在这种情况下，像现在每个大民族的情况那样，它经过一定的时期都要崩溃；或者是它可以阻止经济发展沿着某些方向走，而给它规定另外的方向——这种情况归根到底还是归结为前两种情况中的一种。但是很明显，在第二和第三种情况下，政治权力会给经济发展带来巨大的损害，并造成大量人力和物力的浪费。"② 国家对经济起作用的这三种方式表明，国家对经济的反作用归根到底还是由经济决定的，因为国家只有沿着经济发展的同一方向起作用，才能促进经济的发展，相反的情况只能给经济发展造成损失。

恩格斯还以同样的方式论述了法、哲学、宗教的相对独立性。他特别指出，相较于其他社会意识形式，宗教和哲学等是"更高地悬浮于空中的意识形态的领域"③，由于它们远离经济基础的这一特点，决定了其产生和发展当然无法离开经济基础的决定性影响。但是，每一个时代的哲学和宗教作为分工的特定领域，都有自身的特殊继承性，都是以以前各代遗留下的思想资源和历史传统为出发点的，由此，它们具有相对独立的演进方式和内在规律。这是社会意识具有相对独立性的重要表现。与此同时，各种社会意识形式之间相互作用、相互制约、相互渗透、相互影响，这也是它们相对独立性的一个显著表现。至于对经济基础的能动作用，则是社会意识相对独立性的最明显表现。

由此可见，意识形态归根到底决定于经济基础，但意识形态同经

① 《马克思恩格斯文集》第 10 卷，人民出版社 2009 年版，第 596—597 页。
② 《马克思恩格斯文集》第 10 卷，人民出版社 2009 年版，第 597 页。
③ 《马克思恩格斯文集》第 10 卷，人民出版社 2009 年版，第 598 页。

济基础并不总是同步发展的，它们之间存在着不平衡性，经济上发达的国家不一定是意识形态水平发达的国家，而"经济上落后的国家在哲学上仍然能够演奏第一小提琴：18 世纪的法国对英国来说是如此（法国人是以英国哲学为依据的），后来的德国对英法两国来说也是如此"①；人们不可能根据经济基础的状况，对意识形态的每一种表现形式和变化原因直接作出一一对应的说明。因此，决不能机械地、孤立地、僵化地看待经济基础和上层建筑之间的关系，而应在唯物史观的指导下，根据客观事实进行细致考察和具体分析。这种考察和分析，无论是对马克思主义者的理论探索还是对无产阶级的革命实践，都具有十分重要的启示和意义。

恩格斯晚年关于历史唯物主义的 5 封书信，有助于批判和澄清人们对于历史唯物主义的种种误解；有助于完整把握历史唯物主义的理论要旨和科学精神，在历史唯物主义不是教条而是行动的指南的方法论意义上，自觉运用这一理论武器去分析社会历史现象、认识社会历史本质，全面认识历史唯物主义形成和发展的光辉历程；有助于进一步遵循"解释世界"和"改变世界"辩证统一、理论与实践有机结合的原则，用马克思主义指导和推进社会实践，以社会实践丰富和发展马克思主义。

三 文献指南

1. 《马克思恩格斯列宁哲学经典著作导读》编写组：《马克思恩格斯列宁哲学经典著作导读》，人民出版社 2020 年版。

2. 《马克思恩格斯文集》第 10 卷，人民出版社 2009 年版。

---

① 《马克思恩格斯文集》第 10 卷，人民出版社 2009 年版，第 599 页。

3. 《国际共产主义运动史》编写组：《国际共产主义运动史》，人民出版社 2020 年版。

4. 余源培、吴晓明主编：《马克思主义哲学经典文本导读》下卷，高等教育出版社 2005 年版。

5. 张亮、刘冰菁主编：《恩格斯研究指南》，江苏人民出版社 2021 年版。

6. 中共中央马克思恩格斯列宁斯大林著作编译局：《恩格斯论历史唯物主义书信选编》，人民出版社 2021 年版。

7. 朱传棨：《恩格斯哲学思想研究论稿》，人民出版社 2012 年版。

原文摘选

恩格斯致康拉德·施米特
柏　林

1890 年 8 月 5 日于伦敦

亲爱的施米特：

　　……我在维也纳的《德意志言论》杂志上看到了莫里茨·维尔特这只不祥之鸟所写的关于保尔·巴尔特所著一书①的评论②，这个评论使我也对该书本身产生了不良的印象。我想看看这本书，但是我应当说，如果莫里茨这家伙正确地引用了巴尔特的一段话，在这段话中，巴尔特说他在马克思的一切著作中所能找到的哲学等等依赖于物质存在条件的唯一的例子，就是笛卡儿宣称动物是机器，那么我就只好为这个人竟能写出这样的东西感到遗憾了。既然这个人还没有发现，物质存在方式虽然是始因，但是这并不排斥思想领域也反过来对物质存在方式起作用，然而是第二性的作用，那么，他就决不可能了解他所

---

　　① ［德］保·巴尔特：《黑格尔和包括马克思及哈特曼在内的黑格尔派的历史哲学》，1890 年莱比锡版。
　　② ［德］莫·维尔特：《现代德国对黑格尔的侮辱和迫害》，载于 1890 年《德意志言论》第 10 年卷。

谈论的那个问题了。但是，我已经说过，这全是第二手的东西，而莫里茨这家伙是一个危险的朋友。唯物史观现在也有许多朋友，而这些朋友是把它当做不研究历史的借口的。正像马克思就 70 年代末的法国"马克思主义者""我只知道我自己不是所曾经说过的：马克思主义者。"

在《人民论坛》上也发生了关于未来社会中的产品分配问题的辩论：是按照劳动量分配呢，还是用其它方式。人们对于这个问题，是一反某些关于公平原则的唯心主义空话而处理得非常"唯物主义"的。但奇怪的是谁也没有想到，分配方式本质上毕竟要取决于有多少产品可供分配，而这当然随着生产和社会组织的进步而改变，从而分配方式也应当改变。但是，"社会主义在所有参加辩论的人看来，社会"并不是不断改变、不断进步的东西，而是稳定的、一成不变的东西，所以它应当也有个一成不变的分配方式。而合理的想法只能是：

（1）设法发现将来由以开始的分配方式，尽力找出进一步的发展（2）将循以进行的总趋向。可是，在整个辩论中，我没有发现一句话是关于这方面内容的。

对德国的许多青年著作家来说，这个词大体上只是"唯物主义"一个套语，他们把这个套语当做标签贴到各种事物上去，再不作进一步的研究，就是说，他们一把这个标签贴上去，就以为问题已经解决了。但是我们的历史观首先是进行研究工作的指南，并不是按照黑格尔学派的方式构造体系的杠杆。必须重新研究全部历史，必须详细研究各种社会形态的存在条件，然后设法从这些条件中找出相应的政治、私法、美学、哲学、宗教等等的观点。在这方面，到现在为止只做了很少的一点工作，因为只有很少的人认真地这样做过。在这方面，我们需要人们出大力，这个领域无限广阔，谁肯认真地工作，谁就能做出许多成绩，就能超群出众。但是，许许多多年轻的德国人却不是这样，他们只是用历史唯物主义的套语（一切都可能被变成套语）来把自己的相当贫乏的历史知识（经济史还处在襁褓之中呢！）尽速构成体系，于是就自以为非常了不起了。那时就可能有一个巴尔特冒出来，并攻击在他那一圈人中间确实已经退化为套语的东西本身。

但是所有这一切都是会好转的。我们在德国现在已经非常强大，足以经得起许多变故。反社会党人法给予我们一种极大的好处，那就是它使我们摆脱了那些染有社会主义色彩的德国大学生的纠缠。现在我们已经非常强大，足以消化掉这些重又趾高气扬的德国大学生。您自己确实已经做出些成绩，您一定会注意到，在依附于党的青年著作家中间，是很少有人下一番功夫去钻研经济学、经济学史、商业史、工业史、农业史和社会形态发展史的。有多少人除知道毛勒的名字之外，还对他有更多的了解呢！在这里，新闻工作者的自命不凡必定支配一切，不过结果也是可想而知的。这些先生们往往以为，一切东西对工人来说都是足够好的。他们竟不知道，马克思认为自己的最好的东西对工人来说也还不够好，他认为给工人提供的东西比最好的稍差一点，那就是犯罪！……

（选自《马克思恩格斯文集》第 10 卷，
人民出版社 2009 年版，第 585—588 页）

恩格斯致约瑟夫·布洛赫
柯 尼 斯 堡

1890 年 9 月 21 ［—22］日于伦敦

尊敬的先生：

……根据唯物史观，历史过程中的决定性因素归根到底是现实生活的生产和再生产。无论马克思或我都从来没有肯定过比这更多的东西。如果有人在这里加以歪曲，说经济因素是唯一决定性的因素，那么他就是把这个命题变成毫无内容的、抽象的、荒诞无稽的空话。经济状况是基础，但是对历史斗争的进程发生影响并且在许多情况下主要是决定着这一斗争的形式的，还有上层建筑的各种因素：阶级斗争的各种政治形式及其成果——由胜利了的阶级在获胜以后确立的宪法等等，各种法的形式以及所有这些实际斗争在参加者头脑中的反映，政治的、法律的和哲学的理论，宗教的观点以及它们向教义体系的进一步发展。这里表现出这一切因素间的相互作用，而在这种相互作用中归根到底是经济运动作为必然的东西通过无穷无尽的偶然事件（即这样一些事物和事变，它们的内部联系是如此疏远或者是如此难于确定，以致我们可以认为这种联系并不存在，忘掉这种联系）向前发展。否则把理论应用于任何历史时期，就会比解一个简单的一次方程式更容易了。

我们自己创造着我们的历史，但是第一，我们是在十分确定的前提和条件下创造的。其中经济的前提和条件归根到底是决定性的。但是政治等等的前提和条件，甚至那些萦回于人们头脑中的传统，也起着一定的作用，虽然不是决定性的作用。普鲁士国家也是由于历史的、归根到底是经济的原因而产生出来和发展起来的。但是，恐怕只有书呆子才会断定，在北德意志的许多小邦中，勃兰登堡成为一个体现了北部和南部之间的经济差异、语言差异，而自宗教改革以来也体现了宗教差异的强国，这只是由经济的必然性决定的，而不是也由其他因素所决定的（在这里首先起作用的是这样一个情况：勃兰登堡由于掌握了普鲁士而卷入了波兰事件，并因而卷入了国际政治关系，这种关系在奥地利王室权力的形成过程中也起过决定性的作用）。要从经济上说明每一个德意志小邦的过去和现在的存在，或者要从经济上说明那种把苏台德山脉至陶努斯山所形成的地理划分扩大成为贯穿全德意志的真正裂痕的高地德语音变的起源，那么，很难不闹出笑话来。

但是第二，历史是这样创造的：最终的结果总是从许多单个的意志的相互冲突中产生出来的，而其中每一个意志，又是由于许多特殊的生活条件，才成为它所成为的那样。这样就有无数互相交错的力量，有无数个力的平行四边形，由此就产生出一个合力，即历史结果，而这个结果又可以看做一个作为整体的、不自觉地和不自主地起着作用的力量的产物。因为任何一个人的愿望都会受到任何另一个人的妨碍，而最后出现的结果就是谁都没有希望过的事物。所以到目前为止的历史总是像一种自然过程一样地进行，而且实质上也是服从于同一运动规律的。但是，各个人的意志——其中的每一个都希望得到他的体质和外部的、归根到底是经济的情况（或是他个人的，或是一般社会性的）使他向往的东西——虽然都达不到自己的愿望，而是融合为一个总的平均数，一个总的合力，然而从这一事实中决不应作出结论说，这些意志等于零。相反，每个意志都对合力有所贡献，因而是包括在这个合力里面的。

另外，我请您根据原著来研究这个理论，而不要根据第二手的材料来进行研究——这的确要容易得多。在马克思所写的文章中，几乎没有一篇不是贯穿着这个理论的。特别是《路易·波拿巴的雾月十八日》①，《资本论》这本书是运用这个理论的十分出色的例子。书中的许多提示也是这样。再者，我也可以向您指出我的《欧根·杜林先生在科学中实行的变革》②和《路德维希·费尔巴哈和德国古典哲学的终结》③，我在这两部书里对历史唯物主义作了就我所知是目前最为详

---

① 见《马克思恩格斯文集》第 2 卷。
② 恩格斯：《反杜林论》，见《马克思恩格斯文集》第 9 卷。
③ 见《马克思恩格斯文集》第 4 卷。

尽的阐述。

青年们有时过分看重经济方面，这有一部分是马克思和我应当负责的。我们在反驳我们的论敌时，常常不得不强调被他们否认的主要原则，并且不是始终都有时间、地点和机会来给其他参与相互作用的因素以应有的重视。但是，只要问题一关系到描述某个历史时期，即关系到实际的应用，那情况就不同了，这里就不容许有任何错误了。可惜人们往往以为，只要掌握了主要原理——而且还并不总是掌握得正确，那就算已经充分地理解了新理论并且立刻就能够应用它了。在这方面，我不能不责备许多最新的"马克思主义者"，他们也的确造成过惊人的混乱……

（选自《马克思恩格斯文集》第 10 卷，
人民出版社 2009 年版，第 591—594 页）

恩格斯致康拉德·施米特

柏　林

1890 年 10 月 27 日于伦敦

……经济的、政治的和其他的反映同人的眼睛中的反映完全一样，它们都通过聚光透镜，因而表现为倒立的影像——头足倒置。只是缺少一个使它们在观念中又正过来的神经器官。货币市场的人所看到的工业和世界市场的运动，恰好只是货币和证券市场的倒置的反映，所以在他们看来结果就变成了原因。

凡是存在着社会规模的分工的地方，局部劳动过程也都成为相互独立的。生产归根到底是决定性的东西。但是，产品贸易一旦离开本来的生产而独立起来，它就循着本身的运动方向运行，这一运动总的说来是受生产运动支配的，但是在单个的情况下和在这个总的隶属关系以内，它毕竟还是循着这个新因素的本性所固有的规律运行的，这个运动有自己的阶段，并且也对生产运动起反作用……

在上述关于我对生产和商品贸易的关系以及两者和货币贸易的关系的见解的几点说明中，我基本上也已经回答了您关于历史唯物主义本身的问题。从分工的观点来看问题最容易理解。社会产生它不能缺少的某些共同职能。被指定执行这种职能的人，形成社会内部分工的一个新部门。这样，他们也获得了同授权给他们的人相对立的特殊利益，他们同这些人相对立而独立起来，于是就出现了国家。然后便发生像在商品贸易中和后来在货币贸易中发生的那种情形：新的独立的力量总的说来固然应当尾随生产的运动，然而由于它本身具有的、即它一经获得便逐渐向前发展的相对独立性，它又对生产的条件和进程发生反作用。这是两种不相等的力量的相互作用：一方面是经济运动，另一方面是追求尽可能大的独立性并且一经确立也就有了自己的运动的新的政治权力。总的说来，经济运动会为自己开辟道路，但是它也必定要经受它自己所确立的并且具有相对独立性的政治运动的反作用，即国家权力的以及和它同时产生的反对派的运动的反作用……

国家权力对于经济发展的反作用可以有三种：它可以沿着同一方向起作用，在这种情况下就会发展得比较快；它可以沿着相反方向起作用，在这种情况下，像现在每个大民族的情况那样，它经过一定的时期都要崩溃；或者是它可以阻止经济发展沿着某些方向走，而给它规定另外的方向——这种情况归根到底还是归结为前两种情况中的一种。但是很明显，在第二和第三种情况下，政治权力会给经济发展带来巨大的损害，并造成大量人力和物力的浪费。

此外，还有侵占和粗暴地毁灭经济资源的情况；由于这种情况，从前在一定条件下某一地方和某一民族的全部经济发展可能被毁灭。

现在，这种情况多半都有相反的作用，至少在各大民族中间是如此：从长远看，战败者在经济上、政治上和道义上赢得的东西有时比胜利者更多。

至于那些更高地悬浮于空中的意识形态的领域，即宗教、哲学等等，它们都有一种被历史时期所发现和接受的史前的东西，这种东西我们今天不免要称之为愚昧。这些关于自然界、关于人本身的性质、关于灵魂、魔力等等的形形色色的虚假观念，多半只是在消极意义上以经济为基础；史前时期低水平的经济发展有关于自然界的虚假观念作为补充，但是有时也作为条件，甚至作为原因。虽然经济上的需要曾经是，而且越来越是对自然界的认识不断进展的主要动力，但是，要给这一切原始状态的愚昧寻找经济上的原因，那就太迂腐了。科学的历史，就是逐渐消除这种愚昧的历史，或者说，是用新的、但越来越不荒唐的愚昧取而代之的历史……但是，每一个时代的哲学作为分工的一个特定的领域，都具有由它的先驱传给它而它便由此出发的特定的思想材料作为前提。因此，经济上落后的国家在哲学上仍然能够演奏第一小提琴：18世纪的法国对英国来说是如此（法国人是以英国哲学为依据的），后来的德国对英法两国来说也是如此。但是，不论在法国或是在德国，哲学和那个时代的普遍的学术繁荣一样，也是经济高涨的结果。经济发展对这些领域也具有最终的至上权力，这在我看来是确定无疑的，但是这种至上权力是发生在各个领域本身所规定的那些条件的范围内：例如在哲学中，它是发生在这样一种作用所规定的条件的范围内，这种作用就是各种经济影响（这些经济影响多半又只是在它的政治等等的外衣下起作用）对先驱所提供的现有哲学材料发生的作用。经济在这里并不重新创造出任何东西，但是它决定着现有思想材料的改变和进一步发展的方式，而且多半也是间接决定的，因为对哲学发生最大的直接影响的，是政治的、法律的和道德的反映。

所有这些先生们所缺少的东西就是辩证法。他们总是只在这里看到原因，在那里看到结果。他们从来看不到：这是一种空洞的抽象，这种形而上学的两极对立在现实世界只存在于危机中，而整个伟大的发展过程是在相互作用的形式中进行的（虽然相互作用的力量很不相等：其中经济运动是最强有力的、最本原的、最有决定性的），这里没有什么是绝对的，一切都是相对的。对他们说来，黑格尔是不存在的……

（选自《马克思恩格斯文集》第 10 卷，
人民出版社 2009 年版，第 594—601 页）

恩格斯致弗兰茨·梅林
柏　林

1893 年 7 月 14 日于伦敦

……这一点在马克思和我的著作中通常也强调得不够，在这方面我们大家都有同样的过错。这就是说，我们大家首先是把重点放在从基本经济事实中引出政治的、法的和其他意识形态的观念以及以这些观念为中介的行动，而且必须这样做。但是我们这样做的时候为了内容方面而忽略了形式方面，即这些观念等等是由什么样的方式和方法产生的。这就给了敌人以称心的理由来进行曲解或歪曲，保尔·巴尔特就是个明显的例子[①]。

---

① 指保·巴尔特《黑格尔和包括马克思及哈特曼在内的黑格尔派的历史哲学》1890 年莱比锡版。

意识形态是由所谓的思想家通过意识、但是通过虚假的意识完成的过程。推动他的真正动力始终是他所不知道的，否则这就不是意识形态的过程了。因此，他想象出虚假的或表面的动力。因为这是思维过程，所以它的内容和形式都是他从纯粹的思维中——或者从他自己的思维中，或者从他的先辈的思维中引出的。他只和思想材料打交道，他毫不迟疑地认为这种材料是由思维产生的，而不去进一步研究这些材料的较远的、不从属于思维的根源。而且他认为这是不言而喻的，因为在他看来，一切行动既然都以思维为中介，最终似乎都以思维为基础。

正是国家制度、法的体系、各个不同领域的意识形态观念的独立历史这种外观，首先迷惑了大多数人。如果说，路德和加尔文"克服了"官方的天主教，黑格尔"克服了"费希特和康德，卢梭以其共和主义的《社会契约论》间接地"克服了"立宪主义者孟德斯鸠，那么，这仍然是神学、哲学、政治学内部的一个过程，它表现为这些思维领域历史中的一个阶段，完全不越出思维领域。而自从出现了关于资本主义生产永恒不变和绝对完善的资产阶级幻想以后，甚至重农主义者和亚当·斯密克服重商主义者，也被看做纯粹的思想胜利；不是被看做改变了的经济事实在思想上的反映，而是被看做对始终普遍存在的实际条件最终达到的真正理解。如果狮心理查德和菲利普－奥古斯特实行了自由贸易，而不是卷入了十字军征讨，那我们就可以避免500年的贫穷和愚昧。

与此有关的还有意识形态家们的一个愚蠢观念。这就是：因为我们否认在历史中起作用的各种意识形态领域有独立的历史发展，所以我们也否认它们对历史有任何影响。这是由于通常把原因和结果非辩证地看做僵硬对立的两极，完全忘记了相互作用。这些先生们常常几乎是故意地忘记，一种历史因素一旦被其他的、归根到底是经济的原因造成了，它也就起作用，就能够对它的环境，甚至对产生它的原因发生反作用……

（选自《马克思恩格斯文集》第 10 卷，
人民出版社 2009 年版，第 656—661 页）

恩格斯致瓦尔特·博尔吉乌斯

布 雷 斯 劳

1894 年 1 月 25 日于伦敦西北区
瑞琴特公园路 122 号

…………

1. 我们视之为社会历史的决定性基础的经济关系，是指一定社会的人们生产生活资料和彼此交换产品（在有分工的条件下）的方式。因此，这里包括生产和运输的全部技术。这种技术，照我们的观点看来，也决定着产品的交换方式以及分配方式，从而在氏族社会解体后也决定着阶级的划分，决定着统治关系和奴役关系，决定着国家、政治、法等等。此外，在经济关系中还包括这些关系赖以发展的地理基础和事实上由过去沿袭下来的先前各经济发展阶段的残余（这些残余往往只是由于传统或惰性才继续保存着），当然还包括围绕着这一社会形式的外部环境。

如果像您所说的，技术在很大程度上依赖于科学状况，那么，科学则在更大得多的程度上依赖于技术的状况和需要。社会一旦有技术上的需要，这种需要就会比十所大学更能把科学推向前进。……

2. 我们把经济条件看做归根到底制约着历史发展的东西。而种族本身就是一种经济因素。不过这里有两点不应当忽视：

（a）政治、法、哲学、宗教、文学、艺术等等的发展是以经济发展为基础的。但是，它们又都互相作用并对经济基础发生作用。这并不是说，只有经济状况才是原因，才是积极的，其余一切都不过是消极的结果，而是说，这是在归根到底不断为自己开辟道路的经济必然性的基础上的相互作用。例如，国家就是通过保护关税、自由贸易、好的或者坏的财政制度发生作用的，甚至德国庸人的那种从1648—1830年德国经济的可怜状况中产生的致命的疲惫和软弱（最初表现为虔诚主义，尔后表现为多愁善感和对诸侯贵族的奴颜婢膝），也不是没有对经济起过作用。这曾是重新振兴的最大障碍之一，而这一障碍只是由于革命战争和拿破仑战争把慢性的穷困变成了急性的穷困才动摇了。所以，并不像人们有时不加思考地想象的那样是经济状况自动发生作用，而是人们自己创造自己的历史，但他们是在既定的、制约着他们的环境中，是在现有的现实关系的基础上进行创造的，在这些现实关系中，经济关系不管受到其他关系——政治的和意识形态的——多大影响，归根到底还是具有决定意义的，它构成一条贯穿始终的、唯一有助于理解的红线。

（b）人们自己创造自己的历史，但是到现在为止，他们并不是按照共同的意志，根据一个共同的计划，甚至不是在一个有明确界限的既定社会内来创造自己的历史。他们的意向是相互交错的，正因为如此，在所有这样的社会里，都是那种以偶然性为其补充和表现形式的必然性占统治地位。在这里通过各种偶然性来为自己开辟道路的必然性，归根到底仍然是经济的必然性。这里我们就来谈谈所谓伟大人物问题。恰巧某个伟大人物在一定时间出现于某一国家，这当然纯粹是一种偶然现象。但是，如果我们把这个人去掉，那时就会需要有另外一个人来代替他，并且这个代替者是会出现的，不论好一些或差一些，但是最终总是会出现的。恰巧拿破仑这个科西嘉人做了被本身的战争弄得精疲力竭的法兰西共和国所需要的军事独裁者，这是个偶然现象。但是，假如没有拿破仑这个人，他的角色就会由另一个人来扮演。这一点可以由下面的事实来证明：每当需要有这样一个人的时候，他就会出现，如凯撒、奥古斯都、克伦威尔等等。如果说马克思发现了唯物史观，那么梯叶里、米涅、基佐以及1850年以前英国所有的历史编纂学家则表明，人们已经在这方面作过努力，而摩尔根对于同一观点的发现表明，发现这一观点的时机已经成熟了，这一观点必定被发现。

　　历史上所有其他的偶然现象和表面的偶然现象都是如此。我们所研究的领域越是远离经济，越是接近于纯粹抽象的意识形态，我们就越是发现它在自己的发展中表现为偶然现象，它的曲线就越是曲折。如果您画出曲线的中轴线，您就会发现，所考察的时期越长，所考察的范围越广，这个轴线就越是接近经济发展的轴线，就越是同后者平行而进。

　　…………

（选自《马克思恩格斯文集》第10卷，
人民出版社2009年版，第667—670页）